KB267768

아름다운 마침표

아름다운 마침표

초판 1쇄 인쇄 2010년 6월 15일
초판 1쇄 발행 2010년 6월 22일

글쓴이 불교여성개발원 웰다잉운동본부
펴낸이 윤재승
펴낸곳 민족사

편 집 김창현
마케팅 성재영
관 리 윤선미
디자인 나라연

등록 1980년 5월 9일(등록 제1-149호)
주소 서울시 종로구 수송동 58번지 두산위브파빌리온 1131호
전화 02)732-2403~4
팩스 02)739-7565
E-mail minjoksa@chol.com
홈페이지 minjoksa.org

ISBN 978-89-7009-525-7 03220

책값은 뒤표지에 있습니다.
잘못된 책은 바꾸어 드립니다.

아름다운 마침표

불교여성개발원 웰다잉운동본부

김애주 | 이은영 | 월호스님 | 은산스님 | 맹난자 | 강선희 | 김기호 | 지현스님 | 이근후 | 이범수

민족사

죽음이란 새삼스러운 일이 아니다

❀ 혜총스님

보시하는 자는 공덕을 얻고, 자심慈心을 지니는 자는 적敵이 없고, 선을 행하는 자는 악이 소멸하고, 탐욕을 떠나는 자는 고뇌苦惱가 없다. 만약 이런 수행을 실천한다면, 오래지 않아 열반을 얻게 될 것이다.

대반열반경

열반이란 불교 수행자의 궁극적 목표로서 생사를 초월한 영원불멸의 세계를 말합니다. 모든 불교 수행자는 생사를 뛰어넘는 영원불멸의 열반을 추구하기에 불교에서 말하는 웰다잉이란 생과 사의 미혹된 세계에 안주하지 않고 그것을 뛰어넘는 것을 말합니다.

그렇다고 해서 웰다잉을 위해서 매우 특별한 무엇이 필요한 것은

❀ 대한불교조계종 포교원장, 불교여성개발원 이사장

아닙니다. 우리가 일상생활을 할 때 보시를 하고, 자비로운 마음을 지니고, 착한 일을 행하고, 악을 멀리하며 욕심을 버리는 삶을 살다 보면 웰다잉하게 된다는 것입니다.

삶과 죽음을 둘로 보는 데서 삶에 대한 집착과 죽음에 대한 두려움이 생깁니다. 태어난 것은 반드시 죽는다는 사실과 죽음은 그것으로 끝이 아니며, 또 다른 출발이라는 사실을 안다면 삶에도 죽음에도 집착할 일이 없을 것입니다.

스피노자는 내일 지구의 종말이 온다고 하더라도 오늘 한 그루 사과나무를 심겠다고 했습니다. 우리는 이번 생애뿐만 아니라 무수한 삶을 살면서 생과 사를 반복하고 있기에 죽음이라는 것이 새삼스러운 일이 아닙니다. 하루하루 정법을 믿고 따르고 실천하는 삶, 그 삶 속에 웰다잉의 길이 있음을 알아야 합니다.

불교여성개발원에서 웰다잉운동본부를 두고 웰다잉 문화운동에 열심인 것은 탐욕과 무지로 고뇌하는 이 시대를 맑힐 수 있는 매우 의미 있는 일이라 생각됩니다. 이 책을 통해 많은 사람들이 진정한 웰다잉이란 불법을 믿고 실천하는 길이라는 사실을 깨닫기를 바랍니다. 또한 탐욕과 이기심에서 벗어나 진정한 자유를 누리고자 하는 사람들에게 좋은 길잡이가 되고, 질병과 죽음의 고통에 직면한 사람들에게 위안과 희망이 될 수 있을 것입니다.

이 책이 발간되기까지 수고하신 이은영 원장님과 김애주 본부장님을 비롯한 관계자 여러분, 그리고 바쁘신 가운데 옥고를 보내 주신 월호스님, 은산스님, 지현스님, 이근후 박사님 등 필자 여러분, 사진을 제공해 주신 지운스님, 선암스님, 이인자(불교여성개발원 초대 원장·현 고문·경기대학교 명예교수) 교수님, 김종갑 님께 진심으로 감사드립니다.

부디 대립과 미혹의 세계에서 벗어나서 어디에도 물들지 않고 본래 청정하고 진실한 열반언덕에 함께 하기를 기원합니다.

아제 아제 바라아제 바라승아제

| 차 례 |

2부 웰다잉의 권리와 과정

아름다운 마침표

☀ 김애주

2008년 여름은 유난히 더웠다. 푹푹 찌는 열기가 채 가시지 않은 9월 중순, 나는 지친 몸과 마음을 끌고 길상사에서 열린 조촐한 워크숍에 참석했다. 불교여성개발원에서 '여성 불자들의 사회 참여'란 주제로 개최한 워크숍이었다.

그때 나는 무척 아팠다. 병명을 알 수 없는 병에 시달렸다. 심한 불면증으로 졸음이 온다는 게 어떤 상태인지 잊은 지 오래였다. 강의 중에 학생들 앞에서 해야 할 말을 잊고 우두커니 서 있는 적도 자주 있었다. 조용히 앉아 있는 것마저도 힘들었다. 마음이 갈갈이 찢어져 사랑하는 남편·아이들과 함께 있어도 그들과 분리되어 있

☀ 불교여성개발원 웰다잉 운동 본부장, 동국대학교 영어영문학과 교수, 동국대 영어권문화 연구소장

는 느낌, 나만 아득히 먼 곳에 밀려나 있는 느낌, 영혼이 빠져나간 느낌이었다. 도대체 이게 무엇일까? 왜 이럴까? 어떻게 하면 다시 돌아올 수 있지?

일기장에는 그때를 '영혼의 밤'이라 적고 있다. 밤낮으로 잠을 못 이루다가 가끔 잠이 들면 어김없이 꿈에 시달렸다. 주로 돌아가신 분들이 등장하는 꿈이었다. 27년 전 암으로 돌아가신 이모는 꿈속에서 몹시 힘들어 했다. 어린 두 딸을 두고 갔기 때문이었을까? 생전에 손자들을 무척이나 사랑했던 외할머니도 기분이 좋지 않은 모습이었다. 2개월간 혼수상태로 있다 떠나신 외할머니는 제사에도 모이지 않을 정도로 사이가 벌어진 자식들 때문에 마음이 많이 상한 듯했다.

새벽녘에 동이 트는 것을 물끄러미 바라보며 지금이 꿈속인지 아니면 생시인지 스스로 묻곤 하던 내 모습이 아직도 환영처럼 떠오른다. 매일 '이제 어둠의 터널에서 벗어났는가?' 하고 혼자 묻고 '아직 아니다'라는 절망에 몸서리쳤다. 이제 와서 생각해도 도대체 뭐가 문제였는지 알 수 없다. 신경쇠약이라는 진단도 받았고, 전형적인 갱년기 증세라는 말도 들었다. 1년 동안 교환교수로 시애틀에서 지낸, 외국 생활의 후유증이라는 지적도 있었다. 그것이 무엇이든 간에 거의 2년간 나는 지독하게 마음과 몸의 어둠에 빠져 있었고, 2008년 가을, 지푸라기를 잡는 심정으로 '그' 워크숍에 참석했던 것이다.

그런데 그 모임은 내 인생의 방향을 틀게 한 일대 사건이 되었다. 내 삶의 중심에 죽음이란 화두를 심게 되었기 때문이다. 50을 갓

넘긴 나이. 아직 죽음을 심각하게 생각할 나이는 아니다. 사랑하는 사람을 잃어 가슴 아파한 적도 별로 없다. 그런데 죽음을 일상의 중심에 두게 된 것이다.

가을 냄새가 번져 오는 9월 저녁, 길상사 법당에 모인 우리들은 밤을 꼬박 새워 이야기를 했다. '나'를 열어 보였고, '어떻게 하면 여성 불자가 사회에 헌신할 수 있을까?'란 주제를 두고 마음을 나누었다. 처음 만난 도반들도 흉허물 없이 마음을 털어놓았다.

교도소 죄수들에게 불법을 전하고 있는 보살님은 그들이 불성을 찾아가는 과정을 통해 오히려 본인이 구원을 받는 것 같다고 했다. 전직 국회의원이었던 보살님은 사회에서 소외된 독거노인들을 보살필 방법을 생각했다. 불교 꽃꽂이 전문가인 보살님은 불교 꽃꽂이의 색채가 현란하지 않아야 하는 이유를 설명했다. 알록달록한 단청으로 단장된 법당에서 꽃꽂이가 제대로 눈에 들어오려면 꽃의 가짓수나 색채가 담백해야 된다는 것이었다. 오랫동안 사찰에 다니면서도 한 번도 생각해 본 적이 없는 불교문화를 그때 비로소 알게 된 셈이다.

길상사 법당에서 가졌던 명상의 순간과 도반들과의 나눔. 그 짧고도 긴 시간은 마치 영원을 맛보게 한 충만감의 시간이었다. 다음 날 아침 다시 한 번 '과연 무엇을 할 것인가?'를 놓고 토론을 하게 되었을 때, 내 입에서 불쑥 '웰다잉'이란 말이 흘러나왔고 순식간에 웰다잉 운동본부가 결성되었다. 아직도 왜 그 말이 그 순간 튀어나왔는지 모른다. 한 번도 웰다잉을 생각해 본 적이 없기 때문이다.

아마도 은산스님이 하신 말씀이 맞는지 모르겠다. 알 수 없는 어둠에 빠져 기진맥진한 상태에 있을 때 신문사 기자로 일하고 있는 사촌 동생을 따라 거창에 있는 '행복한 절'에 갔었다. 그때 처음 만난 은산스님을 붙들고는 서너 시간 동안 고통을 호소했었다. 왠지 스님께 속을 털어놓으면 병이 나을 것 같은 생각이 들었다. 스님은 고답적인 불교 교리를 말씀하지 않으셨다. 문제의 원인을 분석하지도 않았다. 명상 음악을 틀고 차를 주시면서 몇 시간이고 되풀이되는 나의 하소연을 가만히 들어주셨다. 그 이후 웰다잉 운동을 시작하면서 다시 스님을 찾았을 때 스님이 말씀하셨다.

"2년간 보살님이 경험한 상태가 바로 죽음입니다. 마음과 육신이 해체되어 가는 상태이지요. 그것을 경험했기 때문에 보살님이 웰다잉 운동을 시작하게 된 것인지도 모르지요."

미혹의 상태에서 맞이하는 죽음이 얼마나 고통스러운 것인지 나도 모르게 체험했기 때문에 그로부터 벗어날 수 있는 길을 찾고자 하며 그 길을 다른 사람들에게 전하려 한다는 것이다.

그 후 웰다잉 운동은 마치 마른 섶에 불을 붙이듯 전파되었으며 사람들의 마음을 파고들었다. 죽음을 제대로 알고 죽음을 제대로 준비하자는 것이 웰다잉 운동의 취지이다. 이렇게 아주 단순한 취지에서 시작한 운동인데 세미나를 기획하면 소리 없이 발표자들이 모였고 책을 만들고자 하면 조건을 묻지 않고 원고를 보내 왔다.

2008년 11월 5일 불교역사기념관에서 개최된 제1회 웰다잉 세미나에는 600명에 가까운 청중들이 몰려들었다. 그 바람에 장소를 옮겨야 하는 진풍경이 벌어졌다. 원래 200명을 예상하고 장소를 정했는데 그 3배인 600여 명이 온 것이다. 그날 지하 공연장으로 장소를 안내하던 스님께서 "불교 행사에 사람이 너무 많이 와서 장소를 옮긴 건 처음입니다"라는 말씀을 하셨다. 행사를 치르는 데 인연 따라 크게 품을 들이지 않는 불교 행사에 그렇게 많은 사람들이 모인 것은 참으로 놀랄 만한 일이었다. 그날 맨 앞좌석에 앉아 끝까지 자리를 지키던 탤런트 K 씨는 세미나 내내 눈물을 흘렸다. 며칠 전 자살한 동료 탤런트를 생각하고 슬퍼한 것인지도 모른다. 공연장 계단까지 빽빽이 자리 잡은 사람들은 불편한 기색도 없이 진지하게 세미나 내용에 귀를 기울이며 하나하나 내용을 기록했다.

웰다잉 운동에 참여하면서 내가 체험하고 있는 이런 놀라운 일들, 끝없이 이어지는 창조적인 아이디어들과 예기치 않은 만남들, 자발적인 참여와 말 없는 봉사들……. 사람들은 왜 이토록 웰다잉에 매료되는가? 어떻게 눈앞의 이익에 무심할 수 있을까? 매일매일의 습성에서 어찌 벗어나게 되는가? 왜 죽음이라는 실존 앞에서는 물질계의 파장으로 뭉친 '나'를 초월하게 될까?

왜냐하면 죽음에 대한 인식만큼 의식의 차원을 빠르게 높여 주는 공부가 없기 때문이다. 참선을 하고 경을 읽으면서도 속도가 잘 나지 않던 마음공부가 죽음이라는 화두를 통해 재빠르게 이루어질 수 있기 때문이다.

일본 NHK 방송에서 제작한 '티베트 사자의 서' 영상물을 본 노보살님은 죽음이 삶의 또 다른 출발점이라는 사실을 진정으로 믿게 되었다고 했다. 죽음만 생각하면 숨을 못 쉴 만큼 무서워서 상갓집에도 잘 가지 않던 그 보살님은 영상물을 보고 오히려 죽음에 대한 두려움이 사라졌다. 또 주변 인연들과도 관계가 좋아졌다는 것이다. 슬하에 두 아들을 두신 그분은 어릴 적부터 부모 속을 썩이던 둘째 아들을 몹시 미워했는데 이제 그 미움을 내려놓을 수 있겠다고 했다. 생을 마감하는 마지막 순간의 업식이 다음 생을 결정한다면, 부모자식 간의 뒤엉킨 인연이 스스로 택한 인연이라면 스스로가 지은 것은 스스로가 풀어야 할 것이 아닌가. 다음 생을 위해 좋은 인연을 지어야 하고 그러기 위해서는 응어리진 매듭을 풀어야 할 것이 아닌가. 이런 깨달음을 얻었다고 했다.

오랫동안 죽음 명상을 실천해 오신 어느 처사님은 하루 24시간이 부족하게 많은 일을 하면서도 함이 없이 하는 모습을 보인다. 그에게는 바쁘되 다람쥐 쳇바퀴 돌아가듯 숨 막히는 부자유가 없다. 또 많은 것을 가지되 결국 내 것이 아니라는, 거리를 둔 자유가 있다. 거의 10여 년간 간암으로 투병 생활을 하면서도 마음이 평화로웠던 친구 어머니는 마지막 순간을 마치 선택하듯이 가셨다. 어머니가 위독하다는 전갈을 받은 딸들이 미국에서 도착할 때까지 기다리다가 눈으로나마 작별을 고하며 가신 것이다. 그분의 장례식장은 마치 축복 같았다. 풀어야 할 응어리도, 못 다한 눈물도 없었다. 죽음을 준비하면서 가족 모두가 하고 싶은 말과 전하고 싶은 마음을 다 주고받은 결과였다.

나도 그랬다. 웰다잉 운동에 참여하면서 내게도 변화가 생기기 시작했다. 웰다잉에 관한 서적을 읽고, 신문 기사를 모으고, 강연회를 열고, 글을 쓰면서. 웰다잉 교육 프로그램을 만들고, 홍보를 위해 방송 출연을 하고, 사람들을 만나면서 나 역시 달라졌다. 제일 큰 변화는 '이유를 알 수 없는 어둠'에서 벗어나게 된 것이었다. 엘

리자베스 퀴블라로스의 죽음학에 관한 서적을 읽고 월호스님의 웰
다잉 법문을 들으면서, '티베트 사자의 서' 영상물을 보고 자비 명
상을 하면서 나는 밝아졌다.

　놀라운 사실은 죽음을 바로 아는 것이 카르마를 정화시키는 지름
길이라는 것이다. 또 죽음을 바르게 준비하는 것이 곧 웰빙이라는
것이다. 삶이 '이것'만이 아니라는 생각, 또 하나의 걸음이라는 사
실을 깊이 느끼면 느낄수록 마음이 정화되고 밝아진다는 사실을 알
게 된 것이다. 우리의 진짜 모습이 순수한 빛 그 자체라면? 그런데
도 불구하고 끝없이 어둡고 불만스럽고 조잡한 물질계에 갇혀 있다
면 얼마나 어리석은가, 얼마나 억울한가. 마지막 순간의 의식을 자
유롭게 가질 수 있도록 도와주는 것이 명상 수행이라고 한다. 그런
데 명상 수행을 하면 몸과 마음이 맑아지고 사람과 사물에 대한 집
착이 사라진다. 그것이 웰빙 아닌가? 내가 어둠에서 벗어나 나 자
신과 주위를 밝게 비추게 된 것은 우리의 실제 모습, 즉 순수한 빛
자체인 본래 모습을 영적으로 보게 된 때문이리라.

　이러한 변화와 함께 나는 그 동안 나를 얽어매던 의식의 사슬에서
조금씩 풀려났다. 예민하고 자의식적이라 사람들과의 관계가 그다
지 편안하지 않던 나였다. 누군가를 만나고 새로운 일을 하는 것 자
체가 스트레스였다. 완벽하게 하지 않으면 안 된다는 강박관념에 사
로잡혀 있었다. 상구보리 하화중생上求菩提 下化衆生을 삶의 목표로 삼
고 있는 나는 남을 돕겠다는 마음이 많지만 때로는 감정이입이 심해
스스로 압박감에 시달리곤 했다. 교수 임용이 되자마자 아버지께 상
구보리 하화중생을 직접 써 주십사 부탁을 드렸었다. 아버지가 써서

보내 주신 글을 표구해서 연구실 입구 벽에 걸어 놓고는 특히 정신적인 문제로 힘들어 하는 학생들을 도와주리라 다짐했었다.

마음법이란 참으로 묘해서 그런 마음을 먹자마자 문제를 가진 학생들이 다가왔고 도와달라고 했다. 거식증에 걸린 여학생, 어머니를 증오하는 남학생, 동생의 죽음을 목격한 후 고통스러워하는 여학생, 결혼 직후 남편과의 불화로 자살한 제자, 고통에 시달리는 사람들이 내게 손을 내밀었고 나는 진심으로 도와주려고 했다. 그러나 도움의 과정에서 나는 지나치게 그들의 문제에 몰입했고 그래서 심리적으로나 체력적으로나 기진맥진했다. 그런데 웰다잉 공부를 하고 웰다잉 운동에 참여하면서 스스로 만든 틀에서 벗어나게 되었다. 그전에 '그렇게' 어렵게 생각되었고 '그렇게' 중요하게 생각되었던 일들이 이제는 '그렇게' 어렵고 중요한 일이 아닐 수 있음을 느끼게 된 것이다. 아니 어렵고 중요하면서도 실제로 거리를 둘 수 있게 된 것이라 말하고 싶다.

이것이 자유가 아니겠는가. 하면서도 함이 없이 할 수 있는 상태, 주변의 어두운 의식에 사로잡히지 않고도 그들과 함께할 수 있는 상태, 이것이 자유일 것이다. 마음의 자유는 참으로 싱그럽다. 그리고 여유를 준다. 만약 내 어머니가 이러한 마음을 맛볼 수 있다면, 팔순을 앞두고도 아직도 자식들을 걱정하느라 애를 태우는 어머니가 이 자유를 아신다면, 하루 24시간을 건강염려증으로 소진하는 시어머니가 이 자유를 아신다면 삶이 달라지지 않겠는가. 우울증으로 고생하는 20대 후반 여학생이 자신의 본래 모습이 빛이라는 사실을 믿고 그것을 볼 수 있다면 밝아지지 않겠는가. 어머니를 증오

하는 죄책감에 자신을 미워하는 남학생이 삶과 죽음의 고리를 안다
면 자살충동에서 벗어나지 않겠는가.

개인의 변화는 사회를 움직인다. 나의 자유는 내 어머니를 자유
롭게 할 수 있고 미지의 사람들을 자유롭게 할 수 있을 것이다. 사
실 웰다잉 운동이 시작된 것은 나의 개인적인 체험도 바탕이 되었
지만 불자로서 가졌던 우리들의 서원이 단초가 된 것이었다.

길상사 모임에서 우리들은 죽음을 맞이하는 불자들의 실상을 이
야기했다. 평생을 절에 다니던 노 보살님이 너무 외로워 다른 종교
로 바꾸고 싶어 한다는 이야기를 했다. 병원에 입원을 해도, 사람이
죽어 가도, 장례식장에서도 아무도 찾지 않는 불교와 달리 천주교
나 기독교에서는 돌봄을 생활화한다. 그 노 보살님은 이제 죽음을
앞두고 마지막 가는 길에 홀로 버려질 자신의 모습을 목격한 것이
리라. 그래서 마지막 죽음의 길을 정성스럽게 보살펴 주는 다른 종

교를 원하는 것인지도 모른다.

어느 보살님은 돌아가시기 직전에 의식불명의 상태에서 기독교 교인인 자식들의 안내로 세례를 받으셨다. 만약 그분이 말을 할 수 있는 상태였다면 세례를 받았을까? 평생 반야심경을 외우고 천수경을 치고 관세음보살을 염하시던 분이. 우리는 이웃에 무심한 자신들을 반성하면서 봉사할 수 있는 길을 찾고자 했다. 우리도 천주교의 레지오단처럼 조직적으로 병든 이, 임종을 앞둔 이, 임종한 이를 위해 봉사할 수 있는 길을 찾고자 했다. 나아가 무연고 독거노인들의 건강과 그들의 사후 정리를 도와줄 길을 찾고자 했다. 그래서 웰다잉 운동본부가 만들어졌다. 나와 남의, 마음과 몸의 자유를 위하여 웰다잉 운동본부가 만들어진 것이다.

'죽음을 제대로 알고 제대로 준비하여 웰빙과 웰다잉을 다함께 누리자.'

이것이 곧 웰다잉 운동본부를 만든 우리들의 서원이다. 이렇게 단순한 의도로 시작한 일이지만 막상 무엇을 할 것인가를 고민하기 시작하면서 우리는 우주만큼이나 큰 생사의 문제를 다루려 한다는 사실을 알게 되었다. 또 접근 방법도 너무나 다양해서 어디서부터 손을 대어야 할지 막막했다. 타 종교에서 실시하고 있는 죽음 교육 프로그램을 찾았고 몇몇 사찰이나 단체에서 하는 웰다잉 프로그램을 눈여겨보았다. 대학의 커리큘럼을 뒤졌고 외국 사이트에도 접속했다. 스님들께 자문을 구하였고 '티베트 사자의 서' 영상물을 함께 보면서 토론했다. 그런 과정 속에서 우리는 다음과 같은 결론을 얻었다.

마음으로 하는 웰다잉 운동

완벽한 죽음 교육 프로그램을 만들기 전에, 조직적인 상조회를 결성하기 전에, 명상 생활을 국민운동으로 보급하기 전에 반드시 선행해야 할 일이 있다. 마음으로 소통하는 길을 배우는 것이다. 사람들을 만나고 일을 기획하고 진행하면서 머리로서가 아니라 마음으로 해야 한다는 것이다. 2009년 10월 말부터 12월 초까지 8주 동안 진행된 제1회 웰다잉 교육 '아름다운 마침표, 그 마지막 성장과 하나됨'은 바로 그러한 인식 위에서 이루어졌다. 강사진을 모으고 강의 내용을 짜면서, 매번 저녁 공양을 준비하고 명상 음악을 고르면서 웰다잉 운동 팀원들은 한마음이 되어 움직였다. 그리고 죽음 교육을 통해 사람들의 마음이 열리기를 기원했다. 마음이 열려 자신의 참 모습을 보고, 집착 없이 삶에 몰입하다 자유롭게 떠날 수 있기를 기원했다.

마음으로 하는 웰다잉 교육, 교육을 끝내고 수강생들은 몇몇 서투른 진행과 충실하지 못한 강의를 지적하면서도 죽음 교육을 통해 일어난 내면의 변화를 놀라워했다.

"지知보다 행行이라 느끼며 열심히 살아야겠다."

"하루하루 살아 있다는 것이 감사합니다."

"새로운 세상에 대해 안 느낌!"

"내 삶을 다시 돌아볼 수 있고 정리할 수 있었다."

그들은 죽음을 앎으로써 삶이 귀중하다는 사실을, 위대하다는 사실을 자각했다. 그러면서 수행이 얼마나 필요한 것인지 토로했다. 명상에 대한 체계적인 수업을 원하였고 실제 명상 시간을 많이 가지기를 간절히 바랐다. 얼마나 극적인 변화인가?

이러한 변화는 바로 우리가 웰다잉 교육을 기획하면서 세웠던 서원이다. 나의 자생중생과 이웃의 구원을 갈구하는 서원은 웰다잉 교육에 이어 2010년 여름에 있을 웰다잉 예술제로, 곧 세상에 모습을 드러낼 웰다잉 책으로 구현된다. 2008년 11월에 있었던 세미나 내용을 중심으로 구성된 이 책은 죽음을 통해 인생에 대한 당신의 생각을 바꾸고, 세상을 정화시키기 위해, 그래서 순간순간이 충족이고 자유인 생生을 말한다. 중생들을 제도하시는 스님들, 명상 수행을 교육하는 재가불자들, 그리고 죽음을 삶의 화두로 삼는 각 분야의 학자들이 모여 만든 《아름다운 마침표》는 각자가 체험한 죽음을 전하면서 결국 삶을 이야기하려 한다.

웰다잉을 불교적 관점으로 풀이한 글 〈웰다잉에 대한 불교적 고찰〉, 〈참선 잘한 저 도인은 서서 죽고 앉아 죽고〉는 죽음에 관한 불교의 정의를 설명하며 웰다잉에도 여러 차원이 있다는 점을 일깨운다.

삶과 죽음을 둘로 보지 않는 불교적 사유에서 볼 때 웰다잉은 한 가지 차원만 있는 것이 아니다. 천상에 태어나는 생천生天, 윤회의 사슬에서 벗어나 더 이상 태어나지 않는 불생不生, 지장보살님처럼 중생의 고통을 덜어 주기 위해 원을 세워 태어나는 원생願生의 세 가지 단계가 있다. 그 중 가장 높은 단계가 원생이다. 웰다잉을 위한 길도 여러 단계가 있다. 마지막 순간까지 건강한 마음과 몸을 누리다가 별 고통 없이 가기 위해 평소에 건강관리를 철저히 하는 것이 가장 기본일 것이다.

또 마음을 잘 다스려 집착 없이 자유롭게 가기 위해서는 참선, 명상, 염불 등 수행이 필수이다. 다른 사람들의 고통을 함께 나누고 잘되도록 비는 방생의 마음 역시 삶을 마무리할 때 의식을 높여 주는 최선의 길이다. 불교 외에 기독교, 유교, 도교에서 죽음을 어떻게 보고 있는지를 다룬 〈죽음의 무도회〉는 죽음을 어떻게 정의하는지에 따라 웰다잉의 방식이 달라질 수 있음을 보여 준다.

임사체험을 경험한 적이 있거나 그 동안 교육 과정에서 접해 본 적이 있는 필자들은 죽음의 체험이 얼마나 극적인 삶의 변화를 만들어내는지를 말한다. 〈웰다잉으로 향하는 마음〉, 〈내 인생 최고의 스승, 죽음 수행법〉, 〈임사체험과 증언, 그리고 재가불자의 명상실천〉 세 편의 글은 필자 자신과 다른 사람들의 죽음 체험, 그리고 그 이후에 일어난 내적 변화를 기록한다.

놀랍게도 임사체험의 기록은 '티베트 사자의 서'에서 기술한 죽음의 과정과 유사하다. 하늘의 문이 열리는 것 같은 경험, 그리고 나타나는 눈부신 밝은 빛, 물질로 이루어진 현재의 생과 다른 존재들의 출현, 이러한 사후 세계를 경험한 사람들은 한결같이 삶을 바라보는 눈이 달라진다고 한다. 우선 죽음을 더 이상 두려워하지 않게 되며, 살아 있는 동안 무엇을 할 것인지 선명하게 깨닫는다. 대부분 진리를 추구하고 봉사하는 삶을 선택하며 삶이 얼마나 아름다운지를 깊이 자각한다. 〈호스피스 이야기〉도 죽음 직전의 환자들을 간호하면서 오히려 생의 깊이가 드러남을 보여 준다. 죽음이 삶의 윤리를 일깨워 줄 수 있다는 역설을 보여 주는 것이다.

〈정신의학, 존엄하게 죽음을 선택할 수 있는 권리〉와 〈유족의 사별슬픔과 사십구재를 통한 치유〉는 존엄사, 유족 심리 등 보다 현실적인 죽음의 문제를 학술적으로 다루고 있다. 외국은 물론이고 한국 내에서도 한창 논란의 초점이 되고 있는 존엄사 문제는 생명에 대한 인간의 권리와 그 한계를 적나라하게 노출시키는 부분이다. 임종 환자를 많이 접해 본 의사로서 '과연 인간답게 죽는다는 것이 어떤 것인지?'를 치열하게 고민해 온 필자는 결국 의학적·법률적 사실로서 해결되지 못하는 영적 문제를 논제의 중심에 둔다.

사랑하는 사람을 잃고 상실감에서 헤어나지 못하는 사람들을 상담해 온 또 다른 필자는 유족들이 슬픔에서 벗어나기 위해서는 애도 기간이 필요한데 그때 주변 사람들이 어떻게 마음을 써야 하는지를 조언한다. 그리고 불교의 사십구재 같은 제식은 망자를 위해서이기도 하지만 실상 유족들이 애도를 통해 자신들을 치유하는 길이기도 하다는 점을 알려 준다.

이와 같이 《아름다운 마침표》는 종교적 관점으로, 혹은 체험을 통해, 때로는 학술적인 입장에서 죽음을 다룬다. 그럼으로써 죽음에 대한 사람들의 이해를 돕고자 한다. 살아가면서 한 단계 한 단계 삶의 계단을 오를 때마다 준비를 안 하고 가는 적이 있던가? 학교를 갈 때도 준비를 하고, 결혼을 할 때도 준비를 하고, 여행을 갈 때도 준비를 한다. 준비를 하는 인생이 성공한다는 사실쯤은 누구나 알고 있다. 그런데 인생의 가장 큰 일, 마지막 가는 길을 위해 준비하지 않고 그냥 간다는 것은 모순이 아닌가?

죽음에 대해 조금만 알게 되어도 준비를 하지 않을 수 없다. 그리고 죽음을 알겠다는 마음만 먹어도 이미 삶을 보는 눈이 달라진다. 삶의 한 부분인 죽음을 '끝'이 아닌 '길목'으로 여길 때 하루의 일상은 달라진다. 오늘의 의식이 내일을 결정한다는 생각만으로도 내 의식이 무엇으로 가득 차 있는지 점검하게 된다. 그리고 무엇으로 채워야 할지 알게 된다. 오늘의 어두움이 내일 밝음으로 바뀔 수 있을까? 나의 어두움이 내 가족과 이웃의 빛이 될 수 있을까? 역설적이게도 죽음은 삶의 빛이다. 웰다잉 교육이 필요한 이유는 바로 여기에 있다. 이 책이 필요한 이유도 바로 여기에 있다.

이 책은 많은 분들의 마음이 하나가 되어 세상에 나올 수 있었다. 웰다잉 운동이 사회 정화의 밑거름이 되도록 격려해 주신 혜총스님, 옥고를 주신 월호스님, 은산스님, 지현스님, 그리고 이은영 원장님, 맹난자 선생님, 이근후 박사님, 이범수 선생님, 강선희 선생님, 김기호 선생님께 진심으로 감사를 드린다.

아름다운 사진과 그림으로 책을 꾸며 주신 지운스님, 선암스님, 이인자(불교여성개발원 초대 원장·현 고문·경기대학교 명예교수) 교수님, 김종갑 님께도 더 없는 감사의 마음을 전한다. 귀중한 조언을 아끼지 않은 동국대학교 정각원장 법타스님께도 감사의 마음을 전하고 싶다. 그리고 무엇보다도 이 책을 출판하겠다고 선뜻 마음을 내어 주신 민족사 윤창화 대표님, 정성스럽게 책을 만들어 주신 김창현 편집부장님, 편집위원들께도 다시 한 번 감사드린다.

세상을 정화하여 빛이 되겠다는 우리의 마음이 세상을 밝히기를 염원하며.

2010. 4.

1부
웰다잉으로 가는 길

ⓒ 김종갑

웰다잉으로 향하는 마음

❋ 이은영

웰다잉 운동을 시작하다

늦여름 길상사에서의 템플스테이는 참가한 수련생들의 마음을 활짝 여는 계기가 되었다. 우리는 불자로서 평화롭고 아름다운 뒷모습을 남기고 싶다는 데에 한마음이 되었다. 아직 죽음을 생각하기에는 이른 사·오십대 중장년층이 주축을 이루었지만, 우리는 이미 죽음에 관심을 갖고 있었다. 참가자들은 언제부터인가 종종 집안어른의 죽음이 아닌 자신의 죽음을 상상하는 시간을 갖게 되었다고 털어놓았다.

길상사의 넓은 경내에는 커다란 전통식의 법당과 서너 채의 현대

❋ 불교여성개발원장, 한국외대 법학전문대학원 교수, 17대 국회의원 역임

식 수련시설이 널찍하게 자리하고 있었다. 정원 구석의 연못에는 넓적한 잎새 사이로 커다란 연꽃 봉오리가 고개를 쑥 내밀고 있었다. 토요일 오후의 공기는 나른했고 햇살은 힘없이 따스했다. 우리의 삶도 이미 치열했던 근무일을 지나 휴일로 다가가고 있다는 데에 생각이 미쳤다. 나른해지려는 몸을 추스르며 하루하루를 버티고 있지만 얼마 안 있어 일손을 놓고 휴식으로 접어들어야 한다고 어렴풋이 느끼고는 있었다. 그런데 길상사 뜰을 거닐던 순간 조만간 다가올 휴식기를 아무렇게나 보낼 수는 없다는 자의식이 가슴속에서 솟구쳤다.

지금과는 딴판이었던 길상사의 수십 년 전 모습이 눈앞을 스쳐 갔다. 군사정권 시절 권력자들만 출입하던 호화 요정이 대중을 위한 한식집으로 바뀌었을 때 잔뜩 호기심을 안고 요모조모 살펴봤던 기억이 선명히 떠올랐다. 언덕을 끼고 온돌방 한 개씩으로 이루어진 작은 한옥이 띄엄띄엄 놓여 있었다. 다른 손님들과 마주칠 일이 없는 은밀하고 고즈넉한 장소였다. 예전에는 기생이 있었다고 들었지만 우리가 갔을 때는 한복을 입은 종업원들이 주방 쪽에서 별채로 밥상을 들고 왔다. 햇빛을 적절히 걸러 주는 하얀 창호 안쪽 아늑하게 한식으로 꾸며진 방에 앉아 수십 가지의 요리가 촘촘히 놓인 수라상을 받고 우리는 잠시 양반이 된 기분을 느꼈다. 한복 차림의 종업원이 다식과 수정과를 들여 오며 장지문을 활짝 열어젖혀 두었다. 정원의 흐드러진 진분홍 목단꽃을 바라보며 선비의 정취에 푹 빠져 권력의 무상함을 읊은 시조를 떠올렸다. 권세도 인간의 삶도 무상한 것임을 누구인들 부정할 수 있을까.

새벽녘 수련을 마치고 오랜만에 온돌방에 반듯이 누웠다. 지친 몸이 우두둑 소리를 냈지만 마음은 반듯하게 펼쳐지는 느낌이었다. 창문을 여니 바로 앞에 상사화가 한 무리 피어 있었다. 상사화는 앙상하게 긴 줄기에 커다란 꽃을 얹고 있는 특이한 화초이다. 연분홍 꽃잎 주위에 실타래 모양의 꽃술을 잔뜩 끌어안고 있는데 중심에서 멀어질수록 가늘어졌다. 마침 사찰의 큰 종이 울리고 있었다. 상사화의 꽃술을 바라보며 아, 바로 이 모습이 종소리의 여운을 시각적으로 표현한 것이구나 하는 발견을 하였다. 상사화는 꽃이 다 지고 난 가을녘에야 잎이 돋아나기 때문에 꽃과 잎이 함께 어우러진 다른 화초와는 다르다. 인연의 엇갈림으로 서로 만나지 못하고 애만 태우는 연인들 같다고 해서 '상사화'라는 이름이 붙여졌다고 들었다. 처녀 시절에는 그 꽃을 바라보노라면 사랑의 상처가 연상되어 가슴이 애잔했었다. 그런데 그날은 전혀 다른 느낌이었다. 젊은 시절 애써 피워 냈던 꽃이 다 진 중년에 접어들어 난 또 무언가를 피워낼 수 있을 것만 같은 생각에 가슴이 후두둑 떨렸다.

아침 공양 후 수련생들은 노후의 정신적 풍만함을 얻기 위해 웰다잉 운동을 펼치기로 마음을 모았다. 떠나 보낸 젊은 시절을 아쉬워할 필요는 없었다. 바쁜 일정에서 평화로운 휴식으로, 젊음의 열정에서 노년의 지혜로 예전에 우리가 갖지 못했던 것들이지만 이제는 얻을 수 있는 것들에 눈을 돌리기로 했다.

웰다잉에 관한 글을 찾아 읽다

그동안 무심히 넘겼던 말이나 글이 새삼 가슴에 와 닿았다. 죽음을 의식하고 주위를 둘러보니 죽음을 언급한 것이 너무도 많았다. 서가에서 젊은 시절 읽던 책들을 찾아 먼지를 떨고 책장을 펼쳤다.

불교에서는 죽음을 연기법으로 설명한다. 꽃이 짐으로써 열매가 맺고 그 열매로 인해 싹이 트고 자라 꽃이 피고 그리고는 다시 진다. 무명으로 인하여 태어남이 있게 된다.

부처님은 말씀하셨다.

"인생이란 행복한 열반에 도달하기 위한 자기 부정이다."

우리의 선조들은 말했다.

"사람은 원래 흙에서 온 것이므로 흙으로 돌아가는 것이 마땅하다."

철학자 하이데거Heidegger는 《존재와 시간》에서 말했다.

"이미 경험해 본 죽음이 지금 이 순간의 나의 삶을 반성하게 만들고 실존적으로 결단하여 새 삶을 기획하도록 만든다. 아직 도래하지 않은 나의 미래가 현재의 나의 삶을 바꾸어 놓는 것이다."

러시아 작가 톨스토이Tolstoi는 〈인생론〉에서 죽음에 관해 많은 지면을 할애했다.

"병에 걸렸거나 늙어서 수명이 얼마 남지 않았다고 슬퍼하는 것은, 빛을 향하여 걷고 있는 인간이 빛이 가까워짐에 따라 자기의 그림자가 작아지는 것을 탄식하는 것과 같다. 육체가 멸한다고 해서 자기 생명이 멸한다고 믿는 것은 물체가 빛이 없는 밀실 속으로 들어가 물체의 그림자가 소멸하는 것을 보고 물체 그 자체가 소멸된 증거라고 믿는 것과 같다. 사람들은 너무나 오랫동안 그림자만 보았기 때문에 결국 그 그림자를 물체 자체라고 생각하기에 이르렀다.”

프랑스 작가 질베르 세브론Gilbert Cesbron은 죽음에 임하는 느낌을 잘 묘사했다.

“죽음에 임할 때의 두려움은 차가운 바닷속으로 들어갈 때의 떨림과 비슷하다. 차가운 바닷속으로 들어가는 순간 우리는 전율한다. 그러나 일단 그 속으로 들어가면 그곳에는 커다란 생명의 바다가 펼쳐져 있다.”

의학자 로스Kubler Ross는 사람이 죽음을 인지할 때 다섯 단계의 과정을 거친다고 했다.

“죽음에 대한 첫째의 인지단계는 부정과 격리 단계denial & isolation이고, 둘째는 분노의 단계anger이고, 셋째는 협상의 단계bargaining이고 넷째는 우울의 단계depression이고 마지막으로 수용의 단계acceptance에 접어든다.”

신학자 포이어바흐Feuerbach는 《기독교의 본질》에서 기독교를 비판하고 죽음을 두려워하는 인간을 묘사했다.

“신은 인간이 이루지 못한 바람의 투영물이다. 인간은 불완전하고 죽어야만 하는 존재이며 항상 비참한 상황에 놓여 있기 때문에 반대의 것을 희구한다. 인간이 더욱더 힘들고 비참한 상황에 놓여 있으면 반대의 것에 대한 희구는 더욱더 커진다. 인간은 자신이 유한하고 불완전한 존재란 사실과 자신의 비참한 처지를 잊으려 한다. 이를 위해

ⓒ 지운스님

완전성과 불멸성을 갖는 존재를 만들어 놓고 그것으로부터 위로를 받는다. 인간이 신에게 긍정적인 성질을 부여하면 할수록 신은 더 이상적이 되지만 반대로 인간은 더 가난한 처지에 빠지게 된다."

미국의 알폰스 데켄Alfons Deeken 교수는 죽음 준비 교육death education을 받으라고 제안했다.

"우리는 자신이 마음 편하게 죽음을 맞이하기 위해서 미리 죽음 교육을 받아 놓을 필요가 있다. 유가족은 슬픔을 이겨내기 위해 죽음을 준비하고 슬픔을 극복하기 위한 교육을 받아 놓는 것이 좋다."

이런 글들을 읽고 난 후 나는 생각한다. 육체적 생존의 시간적 · 공간적 중단은 아무런 실질적 의미를 가지지 않는다. 죽음은 나의 참된 생명을 중단할 수 없으며 파괴할 수 없다. 인생이란 공간과 시

간의 테두리 속에 나타난 물질적인 힘의 우연한 장난이다. 의식이
란 물질의 일정한 상태 하에서 그 속에서 번쩍이고 일어나는 불꽃
이다. 이 불꽃은 불이 붙고 타오르고 다시 어두워지고, 마침내는 완
전히 꺼져 버린다. 두 개의 시간 사이에서 일정한 시간 동안만 경험
되는 의식의 불꽃은 원래가 무無이다. 죽음이란 원래 존재하지 않
는 것이다. 그러니까 죽음을 두려워하거나 애써 외면하는 것은 바
보짓이다. 그저 죽음을 준비할 뿐이다.

죽음의 문턱에 다가섰던 회상

　내가 죽음에 바싹 다가갔던 것은 히말라야에서 산행하던 중
추락했을 때였다. 속세에서 벗어나고 싶다는 유혹에 푹 빠져 있던
그 당시, 산행 중에 나의 발과 머리는 각자 따로 놀았다. 위험한 낭
떠러지가 이어진 내리막길에서 발밑을 보지 않고 눈을 허공에 두고
걷는다는 것이 얼마나 위태로운 짓인지 인식하지 못한 채 휘적휘적
걸었던 내 잘못에 비하면 그 추락으로 인한 부상은 가벼운 체벌이
었다.

　나는 지금도 추락의 순간을 선명히 기억한다. 한참을 생각에 골
몰하다가 문득 정신을 차렸을 때 건너편 언덕에 티 하나 없이 투명
하게 빨간 야생화가 무리지어 피어 있는 것이 눈에 띄었다. 아름다
운 것이 선한 것이라는 시어가 문득 떠올랐다. 자세히 보니 야생화

뒤쪽 바위가 푹 패여 있는 것이 동굴이 있는 듯 했다. 저 동굴은 깊을까 아니면 얕을까. 저 동굴 속에는 무엇이 있을까. 나는 그러한 의문에 빠져 야생화를 향해 고개를 잔뜩 왼쪽으로 기울인 채 발걸음을 옮기려 발을 높이 들었다.

발을 바닥에 내려놓으려는데 아래쪽에서 누군가가 그 발을 자기 손바닥 위에 놓고 사뿐히 들어 올리는 느낌이 들었다. 나는 귀신에 홀린 듯 다른 한쪽 발마저 그 누군가의 손바닥 위에 올려놓으려 걸음을 내딛었다. 두 발이 모두 손바닥 위에 얹어지는 듯했다. 어쩜 손바닥이 내 두 발을 모두 얹어 놓아도 넉넉할 만큼 큼지막할까, 손을 내밀어 준 사람은 남자이겠지, 어쩌면 히말라야에 사는 산신령일지도 몰라, 나는 잠시 그런 환상에 빠졌다.

그 손바닥은 발바닥을 가볍게 밀치며 빠져 나갔다. 그러자 나는 몸이 허공에 뜨는 것을 느꼈다. 몸이 뜨는 순간에도 엉뚱한 생각이 들었다.

'이 계곡이 하늘나라로 연결되는가 보다. 아니 그런데 보통 오르막길이 하늘나라로 이어진다고 들었는데, 지금 보면 내리막길이 그곳으로 이어지고 있잖아. 사람들이 잘못 알고 있었던 것이구나. 오르막길이 하늘나라로 이어진다고 믿은 사람들은 그 입구를 찾지 못했을 거야. 정말은 내리막길에 들어가는 문이 있는데.'

나는 그 손바닥이 가볍게 내 머리에 닿으면서 움직임의 방향을 지시하는 것을 느끼고 그 지시에 따랐다. 머리를 낮추어라, 다리를 가볍게 해서 저절로 뜨게 해라. 하늘나라에는 지구의 중력이 미치지 않는가 보았다. 지시에 따라 움직이면서 내 몸이 편안해지는 것

을 느꼈다. 하늘나라로 들어가는 방법은 현실세계와 거꾸로 되어
있었다. 그 입구를 통과해 지나가려면 머리를 아래로 하고 발을 위
로 향하도록 자세를 잡아야 했다. 하늘나라는 머리를 낮추어야 들
어갈 수 있는 곳이었다. 나는 머리가 문턱에 닿고 발이 문 위쪽에
닿을랑 말랑 물구나무서기의 자세로 잠시 기다렸다.

　한순간이 지나고 하늘나라의 문이 열리면서 바람이 내게로 확 몰
려드는 것을 느낄 수 있었다. 그 바람은 삽시간에 나를 에워쌌다.
바람이 잡아끄는 대로 몸이 빠르게 바닥에 내려앉는 기분이 들면서
눈앞이 하얗게 바랬다. 하얀 빛이 주위를 에워쌌다. 나는 하얀 빛의
소용돌이 속에서 박하사탕이라도 먹은 듯 화하게 아린 가슴의 통증
을 느꼈다.

　그때 무엇인가가 다가와 나의 몸에 세게 부딪쳐 나를 부서뜨리는
느낌이 들었다. 나를 부서뜨리는 순간은 어리둥절했으나 충격은 곧
없어지고 따뜻한 편안함이 가슴속에서 천천히 퍼져 나갔다. 이제까
지 느껴본 것과는 차원이 다른 환상적인 감각이었다. 이렇게 놀라
운 쾌감이 이어진다면 비록 이곳이 저승이라도 기꺼이 머무를 용의
가 있다고 생각했다.

　나는 잠깐 의식을 되찾았다. 감각은 쾌감이 사라지면서 급속히
회복되었다. 뺨에 느껴지는 돌의 감촉이 딱딱하고 차가웠다. ‘차가
워’ 하고 말하고 싶었지만 말이 되어 나오질 않았다. 마음속의 말을
누군가가 들어주었으면 하는 안타까움이 간절했다. 나는 다시 환상
에 빠졌다. 누군가가 내 말을 알아듣고 따뜻한 액체를 뺨에 부어 차
가운 피부를 녹여 주는 것을 느꼈다. 이젠 차갑지 않아. 그 자세대

로 불편 없이 얼마든지 있을 것 같았다.

의식이 점점 또렷이 돌아왔다. 이건 산악사고야. 정신 차려야 해. 나는 사고라는 것도 알아채지 못하고 추락을 즐기고 있었던 자신이 의아했다. 사람들은 높은 데에서 떨어지는 걸 가지고 왜 '뛰어내렸다'고 표현할까. 자살하는 마당에 힘을 들여 뛰어내리는 사람이 어디 있을까. 높은 곳에서는 몸을 그저 아래로 향하기만 해도 팔랑팔랑 떨어져 내릴 텐데.

얼굴을 뒤덮고 흘러내리는 따뜻한 액체는 피였다. 이제 나는 상황을 파악할 수 있게 되었다. 살아야 해. 그러자면 사람들에게 발견되어야 해. 이대로 돌바닥에 엎어져 있으면 아무도 날 발견하지 못할 거야. 나는 안간힘을 써서 머리를 들려고 애썼다. 이곳은 인간 세상이고 여기서 살아남으려면 머리를 위로 들어 올려야 하는 거야. 어서 머리를 들어. 나는 자신을 강하게 재촉하여 간신히 머리를 들어 올렸다.

히말라야에서 마주친 남자

명산은 사진만으로도 사람의 혼을 홀릴 수 있다고 했던 한 산악인의 말이 기억난다. 산이 사진 속에서 걸어 나와 사람을 산으로 빨아들인다고 했다.

지금 돌이켜 보면 그때의 사고는 출발 전 사진에 홀렸던 것에서부터 조짐을 보였다. 인터넷에 올려 있던 히말라야 사진은 컴퓨터 앞에 앉아 있는 나를 유혹했다. 커다란 삼각형 모양의 봉우리 사이에 몇 채의 납작한 집이 보였다. 지붕과 지붕 사이에는 가는 줄에 끼워진 깃발들이 바람에 나부꼈고 깃발 사이로 차곡차곡 쌓인 돌무더기가 보였다. 집들 뒤로 흘러가는 하얀 뭉게구름이 신혼 이불처럼 곱게 펼쳐져 있었다. 왼쪽 아래에는 마을로 오르는 좁은 돌계단이 보였다. 히말라야의 사진은 전에도 여러 번 본 적이 있었다. 그런데 웬일인지 그 사진은 나를 꽉 붙잡고 놓아 주지 않았다. 그 사진 속의 마을에 들어서기만 하면 하늘나라로 사뿐히 걸어 올라갈 수 있을 듯 했다. 나는 그 요기가 두려우면서도 겨울방학에 있을 히말라야 산행이 기다려졌다.

중년에 접어든 지 한참 지난 그즈음 난 정치권의 부대낌 속에서 파삭 지쳐 있었다. 여성으로서 정치활동을 한다는 일이 얼마나 힘들지 미처 예상하지 못한 채 들어섰던 정치의 길이었다. 연일 계속되는 심야회의에 몸이 지치기도 했지만 그보다 악의에 찬 비방을 받으며 마음에 입은 상처도 깊어 갔다. 난관에 부딪칠 때마다 힘에 겨워 하는 몸과 마음에 스스로 격려와 채찍질을 해 보았지만 자꾸 사람들에 대한 혐오가 치밀었다. 인간 세상에서 벗어나고 싶었다.

어쨌든 휴식이 없이는 정치가로서든 교수로서든 계속 일할 수 없을 것이라는 판단을 하기에 이르렀다. 사찰에 들어가 비구니 수련을 받아 보거나 아니면 최소한 템플스테이라도 하고 싶다는 생각이 절실했다. 오랜만에 만난 대학 시절 등산반 친구가 히말라야 산행에 동행하면서 마음을 정리해 보면 어떻겠냐고 권유했을 때 나는 바쁜 업무를 접고 배낭을 꾸렸다.

우리 일행이 히말라야 산기슭 남체마을 입구 작은 롯지에 도착했을 때에는 이미 어둠이 드리워져 있었다. 나는 현지인의 안내를 받으며 가파른 등성이를 넘어 산언덕에 지어진 산장에 간신히 도착하여 가쁜 숨을 몰아쉬며 마루에 쓰러지듯 몸을 걸쳤다. 산장은 양 방향으로 방을 조종조롱 매달고 있는 낡은 흙집이었다. 고산지대라서 방이 귀한 만큼 투숙객들은 비좁게 자는 것을 불편해 하지 않았다. 나는 친구 두 명과 함께 작은 방을 배정 받았다. 우리는 이미 중년을 넘어서고 있었기에 방문이 떨어져 나간 방에서 자는 데에 아무 스스럼이 없었다. 처녀 시절 수줍음으로 잔뜩 오그렸던 마음은 사라져 친구에게 돌아앉으라고 요구할 필요도 없이 등산복을 벗고 간편복으로 갈아입었다. 젊은 시절 친구란 오래 헤어졌다 만나도 할 얘기가 많은 법이다. 아이들 이야기이건 남편 이야기이건 펼치기만 하면 주르륵 쏟아내기 바빴다. 산기슭의 적막함에 아랑곳하지 않고 우리 셋은 여관이 떠나가라 하고 웃어대곤 했다.

몇 시나 되었을까. 방문을 두드리는 소리에 문을 열어 보니 산악 반장이었다. 그는 이제 그만 자 두는 게 내일을 위해서 좋을 거라고 따끔하게 한마디를 하고 사라졌다. 우리는 그러지 않아도 취침할 생각이었다. 더 이상 웃을 기운이 없을 정도로 지쳐 있었다. 깊이 잠이 들려면 화장실에 갔다 와서 침대에 드는 것이 좋겠다는 생각에 나는 손전등을 꺼내 들고 방 밖으로 나섰다.

흙집 뒤의 뒷간 쪽으로 발을 옮겼다. 손전등으로 쪽문을 비추다가 깜짝 놀랐다. 한 손에 곡괭이를 든 남자가 그곳에서 마악 나오려는 참이었다. 불빛이 얼굴 쪽으로 향할 때 그의 얼굴을 보았다. 우리 일행은 아니었지만 한국 사람인 것 같았다. 그는 불빛에 눈을 찡그리지도 않고 그 자리에 멈추어 서 있었다. 오히려 당황한 쪽은 나였다. 얼른 손전등 불빛을 옆으로 비껴서 허공을 비추었다. 낯이 익었다. 눈매가 익숙하게 느껴졌다. 어디에서 봤던 사람일까 잠시 생각해 봤지만 잘 떠오르지 않았다. 그 여관에는 우리 말고도 등산 팀이 몇 더 머무르고 있었지만, 그의 옷차림에서는 등산객의 티가 조금도 느껴지지 않았다. 방에 돌아와 친구에게 얘기하니 시큰둥한 반응을 보였다. 나이 들면 모두 얼굴이 비슷해지잖아. 중년의 얼굴이 다 거기서 거기지. 우리더러 어디서 본 듯하다고 말 걸어 오는 사람이 종종 있는 걸 보면 몰라. 나는 그 남자에 대한 궁금함을 접고 내일의 산행을 위해 억지로 잠을 청했다.

다음 날 새벽 산을 오르는데 죽을 듯이 숨이 가빠 왔다. 등산반에 들어 휴일마다 이 산 저 산 쫓아다니던 대학시절이 그리웠다. 그 동안 집과 사무실만을 오가며 단조로운 생활을 한 때문에 과거의 기량이 다 사라졌나 보았다. 그러고 보니 높은 산에 오른 게 까마득히 오래 전이었다.

해발 사천 미터를 넘어서고부터는 발이 잘 떼어지지 않았다. 약간만 언덕이 져도 힘이 부쳤다. 우리 일행은 강파른 오르막길 앞에서 잠시 휴식을 취했다. 물을 두어 모금 마시고 나서 다시 출발했다. 나는 한 걸음 한 걸음 발을 떼 놓을 때마다 가슴에 통증이 느껴졌다.

"쉬엄쉬엄 가세요. 뒤에 처지더라도 제가 곁에 있을 것이니까 길

잃을 염려는 없어요."

현지 안내인이 내 짐을 뺏어 짊어지며 말했다.

안내인은 야트막한 나무 아래 놓인 납작 돌을 가리키며 내게 앉으라는 시늉을 하고 물병을 건네주었다. 물을 마시려는데 심장이 투두둑 하고 뛰는 것을 느낄 수 있었다. 이대로 하산할까 하는 생각이 들었지만 일행에게 불편을 주게 될 것이 두려웠다. 낙오자를 챙겨 주는 안내인의 마음 씀씀이가 고마워서라도 이대로 하산하는 무례를 범할 수는 없었다. 언제인가 산악반장이 했던 말이 생각났다.

"내가 등산반장이라는 체면과 책임이 없었더라면 명산을 그렇게 많이 등산하지 못했을 거야!"

오르막이 잠시 끝나고 내리막길로 접어들었다. 나는 안도의 숨을 내쉬었다. 내가 등산을 좋아하는 이유는 내리막길의 낭만 때문이다. 올라갈 때는 힘에 겨워 아무 생각을 못하지만, 내려올 때는 여유만만하게 이 생각 저 생각 하면서 걸을 수 있다. 올라가는 길은 일행들이 바짝 붙어 걸으며 서로 격려하지만 내려오는 길은 긴장을 풀고 각자의 보폭대로 걷는다. 각자의 보폭에 따라 속도 차이가 크게 나기 때문에 일행과 한참 벌어져 혼자 걷게 되는 것도 내리막길이다. 마치 우리네 인생처럼……. 그 격차 속에서 나는 혼자만의 상상 속에 빠져 상대적 고독을 즐기곤 한다. 산에 혼자 버려져 있는 절대적 고독은 나를 두려움에 떨게 하겠지만 상대적 고독은 부담스럽지 않은 외로움을 만끽하게 해 준다.

나는 이번 히말라야 산행에서도 여느 때처럼 혼자 뒤처져 내리막길을 즐기면서 걷고 싶었다. 하지만 그날은 내 예상과 달리 내려오

© 이인자

는 길인데도 쉬워 보이지 않았다. 올라왔던 길보다 훨씬 경사가 심하고 바위가 많았다. 산악반장은 여자 단원들을 앞장세우고 자신은 뒤에 처졌다.

잠시 걸음을 멈추고 사진으로 흠모했던 눈 덮인 에베레스트를 멀리 마주 보며 발아래 골짜기를 굽어보았다. 아래 세상과 위의 세상의 경계에 서 있는 느낌이었다. 어떤 경계에 서 있으면 언제나 짜릿한 스릴을 느낀다. 이쪽으로도 갈 수 있고 저쪽으로도 갈 수 있는 선택의 가능성이 있는 것처럼 보인다. 그 결정이 비록 내 선택에 맡겨져 있지 않고 보이지 않는 힘에 의해 결정되는 경우가 더 많지만……. 어쨌든 기로에 서서 운명적 결정을 기다릴 때에 느끼는 초조함은 짜릿한 쾌감을 수반한다.

나는 끝없이 이어진 돌계단 앞에서 아래를 내려다보며 심호흡을 했다. 주위를 둘러봤다. 아무도 없었다. 안내인은 짐을 메고 먼저 내려간 것 같았다. 등산화에 마른 낙엽이 밟힐 때 사각사각 하는 소리가 꽤 크게 울리는 것을 들었다. 낙엽이 떨어지기 무섭게 치워지는 도시에서 사는 나는 낙엽 밟는 감촉에서 자연의 품을 느꼈다. 잠시 쉬기로 했다. 발밑을 자세히 보니 작년에 떨어진 낙엽인 듯했다. 주위의 낮은 관목 줄기에는 잎이 아직 붙어 있었다.

내가 뒤쪽 관목 숲 사이로 어제의 그 남자를 다시 본 것은 몸을 일으키고 막 걸음을 딛으려 몸을 틀던 때였다. 나는 너무 놀라서 그 자리에 멈추어 서서 뒤쪽을 다시 쳐다봤다. 남자의 모습은 더 이상 보이지 않았다. 나는 그 남자가 왜 이곳에 왔을까 궁금했다. 등산객도 아닌 것 같았는데, 약초나 버섯이라도 채취하러 왔나? 아니 그런 것 같지 않아, 아무것도 손에 든 것이 없잖아. 호미라든가 자루라던가 무어라도 들고 있어야 할 텐데 그는 그냥 이쪽을 향해 서 있을 뿐이었다. 큰 키에 마르지도 뚱뚱하지도 않은 좋은 체격을 가지고 있었다. 노동으로 단련됐음직한 탄탄한 어깨를 가지고 있어 잠깐의 인상이었지만 당당해 보였다. 얼굴은 그늘에 가려 잘 보이지 않았지만 그의 눈빛이 이쪽을 쏘아보는 것을 느낄 수 있었다. 나는 관목 더미를 뒤지듯 샅샅이 훑어보다 다시 걸음을 옮겼다.

돌계단을 한참 내려갔다. 남자들의 보폭에 맞추어 만들어진 계단이라 내게는 맞지 않았다. 한 걸음에 한 계단씩 내려가기에는 너무 멀었고 한 계단을 두 걸음씩으로 가기에는 너무 가까웠다. 기분에 따라 한 걸음으로 성큼성큼 걷다가 두 걸음으로 나누어 어기어기 걸어 보기도 하며 내려갔다. 계속 바닥을 보며 걸었더니 어지러웠다. 옆의 나무에 어깨를 기대었다.

그때 문득 어젯밤 헛간 앞에서 마주쳤던, 그리고 조금 전 관목 숲에서 본 듯한 그 남자와의 인연이 떠올랐다.

마음을 쉬러 절을 찾다

대학 시절 사귀던 남자와 처음 데이트를 시작한 것은 여름이 막 시작하려던 어느 무더운 오후였다. 그는 분수를 바라보며 내게 데이트 신청을 해 왔고, 나도 그의 눈을 보지 않은 채 분수에다 대고 고개를 끄덕거렸다. 그와 첫 데이트는 거의 마주 보지 않은 채 서로 딴 곳을 바라보며 대화를 나누었다. 나는 그의 눈을 바라보지 않고도 그의 마음을 느낄 수 있었다. 그의 불붙기 시작한 사랑은 탁자를 마주하고 앉은 일 미터의 거리에서 그의 앉음새만 흘낏 보는 것으로도 충분히 읽을 수 있었다. 그는 첫 데이트 다음 날 서울을 떠나는 것을 무척 아쉬워했다. 고시공부를 위해 절의 암자에 두 달 가 있기로 예정되어 있었다. 입영일자처럼 꼭 날짜를 맞추어 가지 않으면 안 되는 사정은 없었지만, 여자로 인하여 입산을 늦춘다는 것은 상상도 못하는 모범생이었다.

남자 친구는 다음 날 아침 새벽같이 전화를 해서는 머뭇머뭇 알맹이 없는 몇 마디를 남기고는 경상남도 어딘가에 있다는 절로 떠났다. 사법시험 준비를 하는 사람이면 누구나 절의 암자에 들어박혀 공부하던 시절이었다. 그가 떠난 후 일주일간 난 잠을 잘 이룰 수 없었고 일이 손에 잡히지 않았다. 산골에 있는 암자의 생활은 어떨까. 절은 내 남자를 빼앗아 가는 곳이었다. 두 달 헤어지는 것을 두고도 이렇게 안타까우니, 애인이 어느 날 갑자기 절로 훌쩍 떠나 머리를 깎는다면 어떤 기분일까. 만약 하나밖에 없는 아들이 출가한다면……. 눈물이 번져서 절을 마주 쳐다볼 수 없겠지.

남자 친구가 가 있는 암자는 서울에서 하루에 다녀올 수 있는 곳이 아니었다. 서울역에서 새벽에 출발하는 기차를 타고 대도시에 내려 완행열차를 갈아타면 저녁에야 소도시에 내리는데, 그곳에서 밤을 지내고 다음 날 아침 버스를 타고 털털거리며 두 시간을 달려야 도착하게 된다고 들었다. 다 큰 처녀의 외박을 허락하는 것은 상상조차 하지 못할 보수적 집안 분위기여서 그곳으로 찾아가는 것은 엄두도 낼 수 없었다. 그런 이유가 아니라도 그 암자에까지 가고 싶지는 않았다. 여자로 인해서 시험공부가 방해받아서는 안 된다는 각오를 다지고 있을 사람을 찾아가서 뭘 어쩌겠단 말인가. 나중에라도 수험생의 집중력을 흐리게 했다는 원망이 남을까 두려웠다.

하지만 나는 절이란 곳에 한번 가보고 싶다는 절실한 소망을 갖게 되었다. 남자 친구가 보고 싶어서 참을 수 없을 만큼 안절부절하던 날 아침 나는 우이동 골짜기의 작은 절을 찾아 집을 나섰다. 도봉산을 오를 때에 지나치면서 눈여겨 봐 두었던 절이었다. 한때 부잣집 별장이었음직한 양옥 슬레이트 건물을 본당으로 하고 그 옆으로 단아한 기와집을 스님들 거처로 삼고 있었다. 우이동 버스 종점에서 한참을 걸어 그곳으로 갔을 때 내 몸은 완전히 땀에 젖어 있었다. 마침 깔끔한 주황색 장삼을 입은 스님이 막 절의 입구로 걸어들어가고 있었다. 난 그의 뒤에 멀찌감치 떨어져서 걸으며 양옆을 기웃거렸다. 법당에 가서 부처님께 인사를 드리고 나오는데 그 스님이 나를 발견하고 불렀다.

"거기 보살님, 더운데 이리 와서 시원한 물 한잔 마시고 마음을 가다듬으세요. 그러고 나서 집으로 돌아가도 늦지 않아요."

나는 목이 몹시 말랐던 터였기에 구원이라도 받은 듯이 스님 옆의 우물로 다가갔다. 시원한 우물물을 한 바가지 가득 떠 마셔야지 하고 바가지를 잡는데, 스님은 나더러 창호지문이 활짝 열어젖혀진 방을 가리키며 들어오라 하시곤 자리를 뜨셨다. 환한 밖에 비해 방안은 어두운 편이어서 어둠에 빨리 적응하지 못한 내 눈에는 방 안의 모습이 잡히질 않았다. 선풍기가 돌아가고 있는 방 안에서 서늘한 바람이 방 밖으로 나왔다.

스님의 목소리가 방문 앞에서 주춤거리던 내 마음을 물리쳐 주었다.

"안으로 드세요."

나는 신발을 벗고 쪽마루로 올라섰다. 다시 한 번 재촉을 받고 방 안으로 들어가 바닥에 깔려 있는 두툼한 방석 위에 앉았다. 조금 지나니 사물들이 또렷이 드러나 보였다. 낡았지만 깔끔한 방 안의 한쪽 횃대에는 방금 벗은 듯한 주황색 장삼이 납작하게 개켜져 걸려 있었고 그 옆에 회색빛 바랑이 걸려 있었다. 다른 쪽 벽면 가득 책장이 들어차 있었다.

스님은 뒷모습으로 짐작했던 것보다 훨씬 젊었다. 햇볕에 그을린 얼굴에도 불구하고 깨끗한 인상을 갖고 있었다. 눈은 크고 맑은 편인 데다가 광채까지 내뿜고 있었다. 나는 그의 나이를 전혀 가늠할 수 없었다. 다섯 살 이상 연상인 사람의 나이는 잘 가늠이 되질 않는 데다가 스님의 나이는 더구나 짐작이 안 되었다. 하여간 뒷모습으로 노승이라고 속단했던 것과는 달리 앞모습을 보니 그리 나이 먹지 않았을 것이 분명했다. 어찌 보면 내 나이 또래인 이십대가 아닐까 하는 생각도 들었다.

빨간 살의 수박덩어리가 동동 떠 있는 화채가 담긴 큼지막한 유리그릇과 앙증맞은 화채 그릇 두 개가 다탁 위에 놓여 있었다. 스님은 손수 작은 그릇에 화채를 덜어 내 앞으로 밀어 주었다. 나는 수박을 떠먹으면서 좀 더 자세히 주위를 살폈다. 그 방의 책장은 모양이 특이했다. 투박한 자연목을 그대로 사용해서 만든 것으로 칠을 하지 않은 채였다. 허리 높이 위는 투명한 유리문이 달려 있고 그 아래에는 나무 문이 달려 있었다. 유리문 안에는 경전들이 가지런히 꽂혀 있었다. 아래쪽 나무 문으로 가려진 뒤쪽에는 어떤 물건이 숨겨져 있을까 궁금했지만 열어 볼 수는 없는 노릇이었다. 그렇게 한참을 책장을 훑어보고 있자니 스님은 내 마음을 읽은 듯 말했다.

"책을 좋아하는가 보네요. 뭐 빌려가고 싶은 게 있으면 빌려가세요. 아마 빌리고 싶은 것들은 아래쪽에 있을 거에요. 열어 보세요. 난 나가 있을 테니."

아래쪽에는 불교와 관계없는 수필집, 소설책, 철학책 들이 꽂혀 있었다. 심지어 기독교 서적도 몇 권 있었다. 전부터 보고 싶었지만 구할 수 없었던 책들이 여러 권 있었다. 그렇다고 생면부지의 사람이 몰염치하게 여러 권 빌려 달라고 할 수는 없는 터였다. 나는 한참을 살피다 한 권을 골라 들고 툇마루로 나왔다. 이번에도 그 스님이 내 마음을 읽고 한두 권 더 빌려가라고 말해 주지 않을까 하는 기대를 했지만 그의 독심술은 그 경지에는 이르지 못한 듯 했다.

스님의 법명은 무성이라고 했다. 없을 무無 자에 깨달을 성醒 자라고 하니 스님의 이름으로는 최상이라고 여겨졌다. 그는 주지스님을 모시면서 자기가 실질적으로 그 절의 살림을 맡아 운영하고 있다고 했다. 나는 책을 한 권씩 빌려가느라 그 절에 꽤 자주 드나들게 되었다. 무성스님은 절에 있는 날보다 출타 중인 날이 더 많았다. 무성스님이 없을 때에도 그를 보좌하는 스님이 책을 빌려가도록 해 주었다.

무성스님은 참 많은 이야기를 알고 있었고, 불교를 모르는 나를
위해 경전을 대학생의 구미에 맞게 각색하여 들려주기를 잘했다.
나는 무성스님과 얘기를 나누면서 남자 친구를 향한 그리움으로 안
타까웠던 마음을 달랬다.

파계한 승려

　　여름방학 두 달이 그럭저럭 흘러가고 남자 친구는 서울로 돌
아왔다. 나를 만나러 나오는 날 이발과 면도를 했다고 하는데도 그
의 모습에서는 시골 사람의 냄새가 풍겼다. 떠나기 전 만났을 때의
그와는 사뭇 다른 분위기여서 다른 사람이 아닌가 하는 의심이 들
정도였다. 야들야들한 뺨과 가녀린 턱은 사라지고 딱딱한 뺨과 투
박한 턱으로 변해서 왔다. 그를 요리조리 바라보며 무엇이 저 사람
을 이렇게끔 변하게 했을까 하고 여러 생각을 해 보았지만 내 얕은
경험으로는 알 수 없었다. 그밖에도 변한 것이 있었다. 그에게서 강
한 야망이 배어 나왔다. 나는 쉽게 접근할 수 없는 남자만의 세계를
갖고 있는 그가 생소하게 여겨졌다.

　　우린 자주 만났지만 얼마 지나지 않아 서로 답답함을 이기기 어
려웠다. 그 친구는 만난 직후 한 시간은 짜증을 내고 나머지 한 시간
은 다정하게 굴었다. 그 순서는 매번 바뀌었다. 어떤 날은 그의 짜증
을 참아내기 힘들어서 그냥 일어나 집으로 갈까 하는 생각에 골몰

하기도 했다. 그와 헤어지고 나면 무언가 다 이야기하지 못한 찌꺼기가 남는 기분이었다. 나에게 짜증 내는 이유는 대개 아주 사소했다. 어제는 무얼 하느라 저녁 먹을 때까지 집에 들어가지 않았느냐, 집에 전화했는데 너의 어머니가 받아서 네가 아직 안 들어왔다고 그러더라 등등. 내가 무엇을 했는지 낱낱이 설명해 주기 싫어서 얼버무리듯이 대답하면 그는 벌컥 화를 내고 토라지기 십상이었다. 그러면 우리는 다방에서 틀어 주는 음악을 들으며 한두 시간을 꼼짝 않고 앉아 있곤 했다. 그러다가 그가 다시 말을 걸곤 했다. 그는 자기의 포부에 대해 큰 소리로 얘기하곤 했다. 나는 여러 번 들어 익히 알고 있는 얘기였지만 큰 포부를 가진 사람과 마주 앉아 있는 게 자랑스러워 참고 들어주었다. 그는 한참을 얘기하다가는 너의 부모가 걱정하니 이제 집에 가봐야 하지 않겠냐며 집에 바래다 주곤 무슨 말을 더할 듯 하다가 휭 하고 돌아서곤 했다.

나는 다시 우이동 절에 다니기 시작했다. 남자 친구를 만나고 난 후 남는 피로와 불안을 혼자서 감당하기 힘들었기에 부처님 앞에서 마음을 다스릴 필요가 있었다. 한번은 무성스님이 내게 남자 친구가 있는지 물었다. 나는 있다고만 대답했을 뿐 남자 친구에 관한 자세한 사항은 말하지 않았다. 아직 깊은 관계가 아니군. 나는 무성스님이 넘겨짚는 거라고 생각해서 아무 대답을 하지 않았다.

"남자는 여자를 사귀게 되면 번민이 깊어지지요. 더구나 보살님같이 건드리기 어려운 여자는 더욱 남자를 힘들게 만들지요."

무성스님의 말을 듣는 순간 나는 남자 친구가 왜 번번이 이유 없는 짜증을 냈는지 이해할 수 있을 것 같았다. 그는 왜 나에 대한 욕

© 김종갑

구를 한 번도 표현하지 않았을까. 내가 차갑게 거절할 거라고 생각했나. 내가 그렇게 까다롭게 보였을까. 무성스님은 어떻게 만나 보지도 않은 내 남자 친구의 고민을 이해할 수 있었을까. 스님에게도 성적 갈등이 있었을까. 그런 생각을 하면서 무성스님을 물끄러미 쳐다보았다. 그의 눈망울은 한 번도 성적 충동을 느껴 본 적이 없을 것같이 맑기 그지없었다.

　남자 친구는 겨울방학에 다시 절로 들어갔다. 떠나기 전날 그는 나에게 말했다. 자기를 기다리지 말라고. 좀 더 자랑스러운 모습으로 내 앞에 나타날 수 있을 때까지 나를 만나고 싶지 않다고 했다.

그가 무슨 의도로 그 말을 했는지 이해하기 힘들었다. 고시에 합격하면 다시 만나자는 말인가 아니면 그때 가서 생각해 보고 결정하겠다는 말인가. 혹시 내가 싫어졌다는 말을 그런 식으로 표현한 것인가. 그의 태도로 보아서는 어떤 추측도 가능했다. 이 문제는 내 능력으로는 도저히 풀 수 없는 난제였다. 무성스님과 상의해 보기로 마음먹고 절을 찾았다.

하필 그 날은 무성스님이 절에 없었다. 무성스님이 없을 때면 내게 그의 출타 소식을 전해 주던 보좌 스님도 보이지 않았다. 옆방 장지문을 빼꼼히 열고는 무성스님이 돌아올 때까지 방에 들어가 기다리라고 말해 주던 그의 목소리를 기다렸지만 그곳에는 적막이 감돌 뿐이었다. 무성스님의 방문 앞 쪽마루가 평소처럼 반질반질하게 닦여 있지 않고 누가 신발을 딛고 올라선 듯 흙 발자국이 남아 있는 것이 좀 이상했다.

도봉산 쪽으로부터 눈발이 다가오기 시작했다. 마당에 서 있던 내 얼굴에 눈송이가 쏟아졌다. 절집을 여기저기 기웃거리다가 수련실 앞에서 보좌 스님을 만나긴 했지만 그는 나와 눈이 마주치자 황망히 눈길을 거두고는 절 뒷산으로 뚜벅뚜벅 걸어갔다. 무성스님에게 무슨 일이 있었구나 하는 직감이 내 등을 훑었다. 무성스님에게 좋지 않은 일이 일어난 것이 틀림없었다. 허망한 마음으로 버스정류장으로 걸어왔다. 이대로 집에 가면 궁금해서 잠을 이룰 수 없을 것이었다. 나는 다시 절 쪽으로 걸음을 돌렸다. 부엌에 마침 밥 짓는 할머니 보살이 있었다. 할머니는 험상궂게 생겼지만 인정이 많은 분이었다. 그녀가 무친 나물은 속가에서는 먹어 볼 수 없는 정갈한 맛을 지

니고 있다면서 무성스님은 그를 나물보살이라고 불렀다. 나물보살
은 주위에 아무도 없는 것을 확인하고는 내 귀에 대고 속삭였다.

"글쎄 무성스님이 여자 신도랑 바람이 나서 야반도주했대."

나물보살은 그날 아침 밥하러 와서 무성스님 애기를 듣고 깜짝
놀랐다고 했다. 일 년 가까이 봐 왔지만 그런 사람인 줄은 몰랐다고
하면서 한참 동안 푸념을 쏟아 놓더니 급기야 육두문자를 섞어 가
면서 무성스님의 욕을 해댔다. 속담에 열 길 물속은 알아도 한 길
사람의 속은 알 수 없다고 했던가. 나는 다시 버스정류장으로 걸어
내려오면서 무성스님에 대한 실망과 분노로 몸을 떨었다.

속죄의 행로

어제 마주친 남자는 분명 무성스님이었다. 무성스님은 이십
년 전의 모습 그대로였다. 무성스님이 이곳 히말라야에는 왜 왔을
까. 이 동네에서 사는 것일까. 그런데 그때는 무성스님이 야반도주
했다는 사실에 왜 그다지 분개했었는지. 그날 이후 난 남자 친구와
헤어진 슬픔을 잊기보다 무성스님에 대한 분노를 다스리느라 힘든
나날을 보냈었다. 그새 나는 세파를 겪으며 마음도 외모도 억세졌
다. 지금 그 애기를 들었다면 무성스님의 파계를 이해해 줄 수도 있
을 것 같았다. 무성스님은 지금까지도 그때 같이 도주했다는 여자
랑 살고 있을까. 그럼 아까 관목 사이에서 흘낏 보았던 남자도 무성

스님일까?

　산을 내려가는 길로 어제 그를 만났던 산장에 다시 가 보아야겠다고 생각하던 그 순간 나는 발을 헛딛고 언덕 아래로 추락하고 말았다.

　얼마나 지났는지 다시 의식이 돌아왔다. 나는 바위에 기대 앉혀져 있었다. 목이 기울어 떨어지는 것을 막기 위해 어떤 남자가 내 목을 손으로 받치고 있었다. 의식이 돌아오자 혼자 힘으로 목을 가눌 수 있었고 남자는 손으로 그것을 느끼고는 내게 말을 걸어왔다.

　"이제 의식이 돌아왔군요. 어떠세요?"

　나는 순간적으로 아무 문제가 없는 것처럼 편안히 느껴져서 괜찮다는 말을 하려 했지만 말이 나오질 않았다. 그는 그런 기색을 눈치채고 친절히 말했다.

　"말하실 필요 없어요. 조금 쉬세요. 피를 많이 흘리고 있거든요. 수건으로 닦아 내고 있지만 피가 멈추지 않는군요."

　난 눈을 뜨고 내 상태를 확인하고 싶었지만 눈도 떠지지 않았다. 한쪽 눈은 부은 듯 열리지 않았고 다른 쪽 눈은 조금 열 수 있었지만 피로 덮여 앞이 보이질 않았다. 몹시 심하게 다쳤다는 것을 직감할 수 있었다. 얼굴 전체를 덮어 주는 따뜻한 피의 마스크를 쓰고 있는 느낌이었다.

　남자의 목소리가 들렸다.

　"구조를 요청하고 있는데 응답이 없군요."

나는 이제 확실히 현실감각을 회복했다. 사고 중 경험했던 것이 이 세상의 일이 아니었다는 것을 깨달았다. 나의 체험은 하늘나라의 문턱을 통과하는 것까지에서 그쳤다. 하늘나라의 입구를 지난 다음에는 과연 무엇이 펼쳐질지 궁금했지만 내가 도달한 곳에서는 그것까지 체험할 수 없었다. 회생한 것이 무엇보다 고마웠지만, 마음 한구석에 궁금증이 남는 것을 어쩔 수 없었다.

정신부터 또렷하게 바로잡아야지. 피를 흘리는 상황에서는 정신을 차리는 게 꼭 필요해. 나는 지금 어디에 있는 거지? 히말라야 어떤 바위 위에. 내 이름은? 이 아무개. 이런 식으로 나는 문답을 이어 나갔다. 문답은 매우 빠르게 진전되었다. 내 직업은? 내가 등반 오기 직전에 하던 일은? 내 가족의 이름은? 나이는? 등 모든 질문에 정확히 대답하는 자신이 대견하고 고마워서 눈물이 났다. 기억력은 붙어 있군. 다음은 말할 차례야. 내 이름은? 말이 되질 않고 입술만 달싹거렸다. 다시 내 이름은? 몇 번을 재촉한 후에야 '이'라는 소리가 입술 사이로 작게 새어 나왔다.

남자가 내 몸을 끌어 바위에 등을 대고 앉혔다. 목을 조심스레 바위에 기대게 하고 내게서 조금 물러서며 말했다.

"이제 한고비를 넘겼습니다."

"고마워요."

나의 말은 입 속에서 웅얼거리며 맴돌 뿐 소리가 되어 나오지는 못했다.

"제가 얼마나 다친 거죠? 왜 앞이 안 보일까요?"

간신히 혀가 풀리기 시작했다.

"머리를 다쳐서 의식이 쉽사리 돌아오지 않을까 걱정했어요. 머리 앞부분에서 피가 흐르고 있어요. 수건으로 동여매 놨지만 계속 흐르고 있어요. 눈도 다친 것 같아요. 눈꺼풀만 다쳤는지 안구도 다쳤는지 알 수 없어요. 빨리 병원으로 옮겨야 할 텐데. 이곳에서는 무전기가 터지질 않는군요. 조금 내려가면 무선이 연결될지 모르는데."

남자가 조심스레 수건으로 내 눈을 동여맸다. 그리고 내 옷을 풀어헤쳤다. 등산복 단추를 풀고 티셔츠를 찢고 속옷을 헐겁게 해 놓았다. 허리띠도 빼고 바지 앞단추도 열었다. 마지막으로 구두와 양말을 벗겼다. 찬 공기에 발가락이 움츠러들었다. 남자가 내 맨발을 볼 걸 생각하니 몹시 부끄러웠다. 나는 피식 웃었다. 그다지 위급한 상태는 아닌가 보았다. 의사가 했던 말이 생각났다. 환자가 자기 모습을 부끄러워하거나 치장하고 싶어 하면 그건 죽을 만큼 심각한 상태는 아니라고 했었다.

나는 일어서려 애써 보았다. 어떻게 해서든 구조를 받을 수 있는 곳으로 일 초라도 빨리 내려가야 한다. 산악훈련을 받을 때 들었던 말이 기억났다. '산악사고가 났을 때 제일 중요한 일은 일분일초라도 빨리 병원으로 옮기는 것입니다. 응급조치를 한다고 시간을 끌면 안 돼요.' 난 일어서겠다고 고집했다. 남자는 안 된다고 말리면서 나를 업으려 했다. 이런 가파른 산길에서 누굴 업고 걸음을 옮겨 놓는 것은 불가능하다고 생각해서 나는 업히지 않으려 그의 등을 밀쳤다. 나는 눈을 감고 몸을 일으키려 애썼지만 균형을 잃고 바닥에 넘어졌다. 남자가 내 팔을 잡고 일으키다가 마음을 바꾸어 나를 얼른 등에 업었다.

내 몸은 계속해서 떨고 있었다. 몸의 한기 때문에 떠는 것인지 마음의 흔들림으로 떠는 것인지 구분이 잘 안 되었다. 남자의 어깨에서 몸이 미끄러질 것 같아 위태롭게 여겨졌다. 몸을 바로잡기 위해 움직여 보려 했지만 몸이 말을 듣지 않았다.

정신은 말짱했다. 여러 생각들이 동시에 보통 때보다 더욱 선명하게 떠올랐다. 처음에는 슬펐던 기억들이, 그리고 나서는 행복했던 기억들이 떠올랐다. 엄마, 지금의 나의 가족, 친구들, 그리고 처녀 시절의 남자 친구와 나누었던 얘기들이 까맣게 지워졌던 기억 저편에서 흘러나왔다. 아이들을 키우면서 속상한 일 때문에 눈물로 베개를 적시며 잠들고 나선 아침에 몰래 뜯어냈던 자수무늬의 베갯잇과 그 위의 눈물 얼룩이 머릿속에 또렷이 그려졌다. 그리고 살아오면서 일어났던 잡다한 일들이 시간의 전후에 관계없이 불쑥불쑥 생각났다. 원고지를 가져다 주면 당장 글을 써 내려갈 듯했다.

눈물이 내 의도와 관계없이 흘렀다. 눈물은 충격을 완화시키기 위해서 배출되는 완화제라는 얘기를 얼핏 들은 적이 있는데, 이 눈물은 그저 그런 기능을 하는 액체일 수도 있었다. 가만히 누워서 눈을 싸맨 수건 바깥으로 눈물만 흘려보내고 있는 내 모습을 바라보는 또 하나의 내가 느껴졌다.

나의 몸은 또 다시 의식을 떠나보내고 있었다. 의식은 몸 밖에서 나를 아무 감정 없이 바라보고 있었다. 그랬다가는 조금 후에 내 의식이 다시 내 몸 안으로 들어오는 것을 느낄 수 있었다. 의식이 돌아오면서 눈물이 주르륵 흘러내렸다. 사람의 정이 그리웠다. 혼자만 외롭게 떨어져 있다는 느낌으로 가슴이 저려 왔다. 지금 이 눈물을 닦아 주는 사람이 있다면, 손을 꼭 잡아 주는 사람이 있다면 그 사람에게 온 마음을 바칠 것 같았다.

남자가 무슨 낌새를 챘는지 불안한 목소리로 말을 걸어왔다.

"내 말 듣고 있는 건가요? 듣고 있다면 대답을 해 주세요."

청각은 아주 예민했다. 남자의 침 삼키는 소리가 들렸다. 난 깨어 있다는 표시로 손가락을 약간 쳐들었다. 그것이 나의 통제력이 미치는 전부였다. 남자는 내가 의식을 잃지 않도록 계속 말을 붙였다.

나는 조그만 목소리로 부탁했다.

"목이 말라요. 물 좀 주세요."

컵에 물을 따르는 소리가 들리는 듯 했다. 나는 입술에 물의 시원함이 느껴지기를 애타게 기다렸다.

"피를 많이 흘린 사람이 물을 마시면 죽습니다."

물에 적신 손수건이 내 입술을 닦아 냈을 뿐이었다.

"이걸로 참으십시오. 많이 울었군요. 피와 눈물이 범벅이 되었어요."

뺨을 닦는 손길이 느껴졌다. 난 마음속으로 부정했다. 난 울지 않았어요. 오히려 환희를 느꼈는데요. 지금 내게 슬프다거나 하는 감정은 없어요. 그런데 눈물이라니.

남자는 또 한참을 걸어 산봉우리 아래 마을 입구에 있는 피난처에 도착했다. 나는 피난처의 마루에 눕혀졌다. 남자의 구조를 요청하는 소리와 무전기 속의 응답이 들려왔다. 나는 눈을 싸맨 채 마룻바닥에 누워 언제 올지 모르는 헬리콥터를 기다렸다. 남자의 힘들어 하는 거친 숨소리가 또렷하게 들릴 정도로 주위는 고요했다.

남자는 평상시의 숨소리를 되찾고 나서 내게 말을 걸었다.

"저는 당신을 압니다. 그 동안 쭉 지켜봤지요."

나는 남자의 목소리에 정신을 집중하였다. 목소리는 전부터 귀에 익은 것이었다. 기억을 더듬었다. 이제 나는 그 남자가 누군지 알 것 같았다. 처녀 시절에 대한 회상 속에서 무성스님을 찾아냈다.

"당신, 무성스님이지요?"

"법명을 부르지 마세요. 저는 이제 중도 아무것도 아닙니다."

"제게 당신은 언제나 스님입니다. 비록 승복을 벗었더라도 말이죠. 그때의 여성과는 행복하게 살고 계신가요?"

"얼마 지나지 않아 헤어졌어요. 승려일 때에는 육체의 결핍이 고통스러웠는데 막상 환속하고 보니 정작 내가 구했던 것은 정신적인 것이었다는 것을 깨달았지요. 당신은 그때 그 남자 친구와 결혼하셨나요?"

"아니오. 전 스님의 사건을 듣고 남자에 대한 혐오감에 빠져 제 남자 친구와 연락을 끊고 말았어요. 스님은 이곳 히말라야에서 무엇을 찾고 계신가요?"

"전 티베트불교를 공부하고 있지요. 승려로서가 아니라 신도로서 말이죠. 티베트불교는 정말 깊은 울림을 줍니다. 산에서 조난사고를 당한 사람들과 마주치면서 한국에서와는 달리 사후세계에 관심을 갖게 되었어요. 그래서 요즈음은 죽은 사람의 영혼을 인도해 주는 〈사자의 서〉에 푹 빠져 있지요."

"〈사자의 서〉가 뭐예요? 저에게 좀 알려 주세요."

"당신에게는 공부할 시간이 많이 남아 있어요. 저기 당신의 동료들이 오는군요. 저는 이제 가 보겠습니다."

"안 돼요. 불안해요. 좀 더 옆에 있어 주세요."

"죽음의 과정에 눈을 뜨게 되면 마음이 편안해지지요."

무성스님이 떠나며 내는 낙엽 밟히는 소리가 들렸다. 이제 내 옆에는 아무도 없었다. 나는 무성스님과의 두 번째 만남에 대해서 되새겨 봤다. 무성스님을 다시 만난 것은 다행이라고 생각했다. 이제는 무성스님을 이해할 수 있을 것 같았다. 인간은 자신의 의지로 어쩌지 못하는 욕망을 갖는 불완전한 존재이다. 나는 죽음의 문턱에 다가갔다 돌아오면서 너그러움이라는 선물을 가지고 왔다는 것을 깨달았다. 나는 혼자 누워 있는 것이 두렵지 않았다. 오히려 죽을 고비를 넘겼다는 안도감으로 마음이 들떴다. 어차피 언제인가는 떠나야 할 생이라고 생각해 왔지만 살아 있다는 것이 행복 그 자체라는 사실을 발견했다.

구조의 손길

얼마 후 헬리콥터의 굉음이 정적을 깨뜨렸다. 산악반장과 조종사가 내 몸을 조심스레 이송 침대로 옮겨 실었다. 침대는 간신히 헬리콥터로 들어갔다. 헬리콥터는 산악반장이 조종사 옆 자리에 올라타자마자 출발했다. 빠른 속도로 나는 헬리콥터 안에서 침대가 몹시 흔들렸다.

산악반장은 내 침대 앞에서 미안한 듯이 말했다.

"내가 제일 뒤에서 모두 잘 갔는지 점검하며 내려오다가 당신이 혼자 누워 있는 것을 발견했어요. 머리가 온통 피투성이더군요. 어떻게 알고 왔는지 곧 헬리콥터가 다가오더군요."

헬리콥터 조종사는 여기저기에 무전을 치고 있었다. 의사가 근무하는 병원을 찾는 듯 했다. 한 병원에 당직의사가 있으니 환자를 데리고 오라는 응답이 왔다.

헬리콥터가 땅 위에 내려 서자마자 내 침대는 간이병원으로 옮겨졌다. 다행히 그곳에는 한 명의 의사가 근무하고 있었다. 의사는 나를 황급히 침상에 눕혔다. 부산하게 침대 이동시키는 소리, 약통 잡아당기는 소리, 간호사의 발자국 소리가 또렷이 들렸다.

"여기에 눕히세요. 음……. 꽤 심하게 다쳤군요. 어떻게 사고를 당했는지요?"

산악반장이 대답했다.

"등산 중에 큰 바위에서 아래로 떨어진 것 같습니다. 머리를 아래로 하고 떨어졌는지 발견되었을 때에는 얼굴과 이마가 피투성이였어요."

"떨어지고 나서 한참 동안 의식을 잃지는 않았습니까. 그때 상황을 자세히 말해 보세요."

"그게 실은 저희들이 옆에 있질 않아서……."

"사고 직후 머리에 수건을 동여매 두어서 다행히 피를 그다지 많이 흘리지는 않았습니다. 이제 수건을 풀어야겠군요. 자 여기 수건

받으십시오.”

“이거 우리 산악반의 수건이 아닌데. 누구 수건일까?”

“머리에서 아직도 피가 흐르고 있군요. 두개골이 깨지지 않았는지 걱정입니다. 내출혈이 있는지 단층촬영을 해 보면 알 수 있겠지만, 이곳에는 그런 기계가 없어서 알 수 없네요. 저는 응급조치만 할 테니 병원으로 옮겨 정밀검사를 해 보십시오.”

수건을 풀고 상처에 엉긴 피를 닦아 내고 나니 앞이 보이기 시작했다.

“안구에는 상처가 없습니다. 눈꺼풀이 찢어졌을 뿐이예요. 그리고 머리 부분이 뾰족한 돌멩이에 짓이겨진 듯하군요. 옆으로 찢어진 상처는 꿰매기가 쉬운데, 이건 좀 어렵겠어요.”

의사는 보호자 대신으로 내 옆에 서 있는 산악반장과 친구를 향해서 설명했다.

“이 상처를 보십시오. 가운데가 푹 들어갔지 않습니까. 어떤 식으로 꿰매야 잘 아물게 될지…….”

“여자 분이니 최대한 예쁘게 꿰매 주십시오.”

여자 친구가 의사에게 부탁하는 소리였다.

“자, 마취 없이 꿰맬 테니 참으셔야 합니다.”

의사는 꼼꼼한 사람이었다. 상체를 침대 위로 구부리고 한 삼십 분 이상을 바느질에 골몰했다. 머리의 상처 부위의 신경이 무디어졌는지 바늘 들어가는 것이 그다지 많이 아프지는 않았다. 하지만 눈꼬리를 꿰맬 때에는 바늘이 들어갈 때마다 이를 악물어야 했다.

“얼핏 보기에는 얼굴 반쪽이 모두 짓이겨진 듯 보이지만 자세히 살펴보면 그다지 심각하지는 않아요. 얼굴 반쪽에 걸쳐 깊은 멍이 들었군요. 혹시 오른쪽 광대뼈가 깨졌는지 모르겠습니다."

봉합수술을 끝낸 의사가 산악반장에게 말했다.

"상처로 봐서는 꽤 높은 곳에서 떨어진 듯한데. 머리 내부는 별로 다치지 않았습니다. 떨어지는 순간에 의식을 잃었거나 아니면 추락에 대한 의식적 저항을 전혀 하지 않았다는 추측이 가능합니다. 특이하군요. 아이들은 사고가 무언지 몰라 방심한 채로 있을 수 있지만 어른은 사고 순간에 무심할 수 없는데."

산악반장이 걱정스럽게 질문했다.

"얼마 전 뉴스를 보니까 등산 중에 넘어져 가볍게 머리를 부딪치고 집에 돌아가 잠든 채로 깨어나지 않았다가 이틀 후에 죽은 사람도 있던데요."

"이 환자는 두개골 앞부분에 출혈이 있었을 뿐이지만, 갑자기 출혈이 심해져서 위험해질 수도 있습니다. 환자를 계속 관찰할 필요가 있습니다. 빨리 다른 병원으로 옮겨서 입원시키든지 아니면 이곳에서 한두 시간 안정을 취하면서 경과를 본 후 이송시키든지 선택하십시오."

"빨리 이송하는 편이 낫겠지요."

의사는 주의할 점을 알려 주었다.

"이송 중에도 환자의 변화를 주의 깊게 살피도록 하세요. 구토를 하면 위험한 상태입니다. 뇌에 내출혈이 있을 때 나는 증세이지요."

산악반장은 다시 헬리콥터를 불렀다. 헬리콥터를 기다리는 동안 의사가 산악반장에게 물었다.

"신속하게 구조되어서 다행입니다. 누가 헬리콥터를 불렀나요?"

"아 예, 조종사가 그러는데 이곳에 산악구조 자원봉사를 하는 한국 남자가 있대요."

"한국 남자요?"

"사고만 나면 그곳에 귀신같이 나타나는 사람이랍니다. 전에 자신이 지은 업보를 풀기 위해 이곳에 와서 봉사활동을 한다고 들었어요."

"봉사활동만 해서 어떻게 먹고 살 수 있어요?"

"마을 뒤쪽 산기슭에 사는데 가끔씩 내려 와서 허드렛일을 하고 임금을 받아다가 사는 것 같아요. 들리는 얘기로는 젊었을 때 스님이었다고 하더군요. 사랑에 빠져 승복을 벗었다고 하더군요."

"그럼 이곳에서 그 여자와 살고 있나요?"

"아니오. 헤어지고 나서 히말라야에 들어왔다고 해요."

"그 남자도 헬리콥터로 같이 왔나요?"

"그 남자는 사람들이랑 어울리는 것을 싫어해요. 아까도 이 여자를 헬리콥터 태우는 걸 먼 곳에서 확인하고는 곧 사라졌어요. 그 사람 언제나 그런대요."

"가파른 산길에서 한 사람 힘으로는 구조가 불가능했을 텐데."

"마을 사람들의 얘기로는 무술을 닦아 힘이 장사라고 하던데요."

병원 침대에서 무성스님의 얘기를 들었을 때 나는 마음이 환하게 밝아지는 기분이 들었다. 세상에는 아직도 아름다운 사람들이 많이 있다는 안도감이 들었다. 그 동안 내 마음에 티가 박혀 있었기 때문에 온통 세상이 더럽게 보였던 것이었다. 이제 맑은 눈으로 사물을 바라보겠다고 다짐했다.

여분의 삶과 웰다잉

다시 헬리콥터에 실린 나는 깊은 회한에 잠겼다. 자살이라는 출구를 열어 놓고 살지 않으면 숨 막혀 죽을 듯 했던 게 그 동안의 생활이었다. 예전에 자신을 억누르는 생활을 견디지 못해 자살을 결심하고 바닷가 낭떠러지 위에 올라갔던 일이 생각났다. 아래로 나풀나풀 떨어지는 구두 한 짝을 보고 한참을 망설이다 그냥 돌아 왔다. 산에 오르기 전만 해도 스트레스를 감당할 수 없을 정도로 힘들고 메말랐던 나날에서 벗어나기 위해 심장을 찔러 자살하는 상상을 했었다. 날카로운 비수를 오른손에 잡고 내 왼쪽 가슴에 꾹 찔러 넣는 상상, 한 번으로 깨끗이 끝낼 수 있게 힘을 주어야겠다 는 생각, 그 한 번으로 모든 것을 마감하고 싶은 생각 등으로 몸을 떨었다.

이번 추락사고 이후에는 다른 삶을 살게 될 것 같았다. 이제는 자 신이 달라졌다는 확신이 섰다.

귀국하여 병원 침대에 누우니 긴장이 풀리면서 피로가 한꺼번에 몰려 왔다. 잠이 쏟아져 눈꺼풀이 저절로 감기려고 했다. 이대로 잠 들었다가 내출혈이 진행되면 영영 깨어나지 못할지 모른다고 말했던 의사의 경고가 떠올랐다. 지금 나에게 절박한 문제는 과연 내일 아침에도 살아서 눈을 뜰 것인가 하는 것이었다. 나는 병원 침상 위에서 삶을 돌이켜보았다. 사람들에게 마음의 빚은 많이 졌지만 금전적 채무는 거의 없는 편이었다. 만약 오늘 밤 나의 명을 달리한다면 그 동안 내게 잘해 준 사람들에게 신세를 갚지 못하고 떠나게 되어 아쉬웠다. 그 사람들도 내가 갑자기 저 세상으로 떠난 걸 알면 불쌍해 할 것이고 그러면 마음의 빚을 탕감해 줄지도 모르겠다고 스스로를 위로했다.

저세상으로 떠나기 전에 주변을 정리해야 할 텐데 하는 걱정이 들었지만 일어나 움직일 수 없는 처지이니 누워서 머리로 검토할 뿐이었다. 집안에는 나의 부재중에 일거리가 잔뜩 쌓여 있을 것이고 직장에는 처리해야 할 일거리가 책상 위에 수북이 놓여 있을 터였다. 장롱도 정리해야 하고 책상서랍에 쑤셔 박혀 있는 편지들도 찢어 버려야 할 것이다. 그밖에도 정리할 일은 수없이 많았다.

내 생각이 유서에 미쳤다. 언젠가 남편이 유서를 써 두자고 했던 기억이 떠올랐다. 우리도 만약의 사고에 대비해서 유서를 준비해야 하지 않겠냐고 했을 때, 나는 간단히 대답했었다.

"난 지금은 유서를 써 두고 싶지 않아요. 유서는 결국 재산상속에 관한 것인데 지금으로서는 법률에 정해진 대로 상속되는 것 이외에 달리 계획이 없어요. 난 가족관계가 복잡한 것도 아니고, 법대로 하면 내 재산은 당신과 두 아이에게 상속되겠지요. 내가 바라는 것도 그거예요. 아이들은 아직 자기 재산을 관리할 나이가 안 되었으니 당분간 당신이 관리해 주어야 되겠지요. 나중에 사회복지나

교육을 위해서 재산을 기부하고 싶을 곳이 생기면 그것을 위해서
유서를 써서 공증을 받아 둘래요."

만약 내가 내일도 살아 있다면 유서를 쓰겠다고 생각했다. 재산
상속의 문제만이 아닌 내 삶을 정리하고 남길 말을 골라 유서에 담
아 두겠다.

나는 누구에게 살려달라고 빌고 싶지 않았다. 나의 운명이 삶을
여기에서 끝맺게 한다면 미련 없이 떠나야겠다고 마음을 정리했다.
한학자인 아버지는 최선을 다하며 살다가 때가 되면 그저 떠나는
것이라는 말을 하셨다. 나는 기독교 가정의 아이들이 갖는 종교적
인 죄의식은 물려받지 않았다. 자신이 떠나면 그 뒤를 자식이, 그리
고 그 뒤를 자손이 있게 되는 것이니 모든 것을 뒤에 남기고 떠나기
만 하면 되는 것이라고 생각해 왔다. 다만 채무라든가 불명예 같은
것을 자식에게 남겨 가문에 누를 끼쳐서는 안 된다고 배웠다.

문득 피안의 세상이 있을까 하는 의구심이 들었다. 확인할 수는
없지만 꼭 있을 것 같았다. 자신이 경험하지 못한 세계라고 해서 존
재하지 않는다고 단정해서는 안 된다고 믿어 왔다. 그 동안 내 나름
으로는 새로운 세계를 개척하면서 살아왔다. 하나의 목표를 갖고
높은 언덕을 힘들게 넘어서기 전까지 상상하지 못한 세계가 존재한
다는 경험을 했다.

만약 오늘 밤 저세상에 가야 한다면 갈매기처럼 바다 저편으로
날아가게 될 것이다. 내 육체는 해변의 벤치에 벗어 둔 채 내 영혼
은 갈매기에 실려 바다 저편으로 날아갈 것이다. 나는 그 순간 영혼
들만이 누리는 또 다른 세상이 존재한다고 믿고 있다는 것을 느꼈

다. 선한 사람이든 악한 사람이든 영혼을 남겨서 저세상으로 건너
갈 것이다. 저세상으로 건너가는 데에 심판을 거칠 것이라는 믿음
은 뚜렷하지 않았다. 각자 자기에게 맞는 곳을 찾아 가기 위한 어떤
분류방법은 있겠지만 그 분류방법을 이 세상의 잣대로 정하지는 않
을 것 같았다. 저세상은 이 세상과 차원을 달리할 것이다. 저세상이
란 이 세상으로 다시 넘어올 수 없는 곳이다. 이 세상에 미련을 둘
필요는 없다. 이 세상에 나를 기억해 줄 아이들을 남겨 두고 가는
것으로 충분하다. 그리고 운이 좋다면 아이들 외에도 내 이름을 기
억해 주는 이가 몇 명은 더 있을 것이다.

만약 내일 아침 무사히 깨어난다면 이제부터는 진정으로 하고 싶
은 일을 하면서 살리라 스스로에게 약속했다. 시간과 더불어 쉽게
퇴색하지 않는 작업에 앞으로의 시간을 바치고 싶었다. 문학을 전
공하고 싶었고 소설가가 되고 싶었던 소녀 시절을 회상했다. 죽음
에 직면하여 느꼈던 회한을 글로 적어 보고 싶다는 욕망이 가슴속
에서 솟구치는 것을 느꼈다.

나는 그 산악사고가 있은 얼마 후 정치의 짐을 벗게 되었다. 짐을
벗어 던지고 나니 그 동안 바쁘게 사느라 잊었던 나 자신을 찾고 싶
어졌다. 정말 하고 싶은 일이 무엇인지에 대해 숙고해 봤다. 늦었지
만 지금이라도 '소설을 쓰고 싶다'는 소망을 충족시켜 주고 싶었다.
소설을 쓰면서 젊은 시절을 다시 되새김하고 싶었다. 나의 이야기
를 적어 보고 싶었다. 내가 인간으로서 느꼈던 감정을 진솔하게 적
는다면 그 얘기는 보편성을 가질 수도 있을 것이다. 가장 힘들었던
시절을 회상하고 글로 남겨 두고 싶었다. 법대에 홍일점으로 다니

던 시절 힘들었던 경험을 토대로 소설을 집필했다. 〈로스쿨을 꿈꾸다〉라는 소설을 출간하고 나니 그 동안 가슴속 깊이 맺혔던 응어리가 풀어진 것이 느껴졌다.

일단 소설로 가슴속의 응어리를 풀고 나니, 그 다음으로 죽음이 다가올 때까지 아름답고 의미 있는 삶을 영위하고 싶다는 욕망이 솟구쳤다. 지금까지 '죽음'이란 주제를 금기로 삼아 오지 않았던가 하고 자문했다. 그러고 보니 죽음을 그저 두려워했고, 피하고 싶은 슬픔으로 여겨왔었다. 하지만 지금은 죽음을 사람이 반드시 거쳐야 하는 통과의례로 담담히 받아들이게 되었다. 나는 죽음에 대한 공포와 슬픔을 극복하고 죽음을 긍정적으로 받아들이는 의식의 전환이 필요하다고 생각했다.

히말라야에서 죽음의 체험으로 얻은 것이 있다면 '잘 죽는 방법' 즉 웰다잉well-dying을 하게 되었다는 것이다. 이제부터는 잘 사는 것만큼이나 아름답게 삶을 마무리 짓기 위해 노력할 것이다. 그리고 앞으로는 정말 숙성된 삶을 살아야겠다고 결심했다. 건강하게 잘 먹고 잘사는 법 이상으로 인생의 황혼에 이르러 아름답고 품위 있게 죽음을 맞이하는 것well-dying은 인간에게 매우 중요한 일이라고 받아들이게 되었다. 그러려면 죽음에 대한 이해가 필요하다고 생각했다.

나는 인간의 존엄성을 존중하는 차원에서 품위 있는 죽음을 맞이할 수 있도록 노력하는 웰다잉well-dying 운동을 펼치겠다고 다짐했다. 우리 사회의 의식을 바꾸고 싶었다. 이런 활동은 사회를 위한 노력이기도 하지만 나 자신을 위한 것이기도 하다. 우리 모두는 시간이 지나면 노인이 되니까 노인 돌봄은 우리 스스로를 위한 운동이다. 웰다잉 운동은 타인을 위한 운동이며 동시에 자신을 위한 수련이기도 하다. 삶과 죽음은 궁극적으로는 하나인데 지금까지 웰빙well-being만 강조해 왔다. 노인문제에 좀 더 많은 관심을 기울여야 하겠다. 노인 돌봄을 실천하면서 경제적인 도움은 물론 심리적인 만족감을 충족시킬 수 있는 '성년후견제도'의 도입을 위한 운동도 적극적으로 펼쳐야겠다. 명상, 대화, 다도 등을 통해 죽음까지의 삶을 함께 설계해 나가는 중·장년 생활공동체를 만들고 싶었다. 그동안 우리의 문화운동이 젊은이 위주로 치우쳐 있었고 중·장년층과 노년층을 위한 문화운동은 없었다. 이제부터는 중년층 이상과 함께 하는 '웰다잉 문화운동'을 펼쳐야 하겠다. 웰다잉을 문화운동으로 확산해 나가면서 물질과 정신을 함께 연결시키는 고리를 만들어야 할 것이다.

죽음의 체험은 체험자를 타인의 고통을 이해하는 감성이 풍부한 인간으로 성장시킬 수 있다고 한다. 이제 나는 다가올 죽음을 당당하게 맞이할 수 있을 것 같다.

"당신은 이 세상에 누에고치를 남기고 나비가 되어 날아가는 것이에요."

나는 이 구절을 기억해 두고 싶다.

© 김종갑

웰다잉에 대한 불교적 고찰

❋ 월호스님

자살과 그 원인

최근 잇따른 유명 연예인들의 자살로 인하여 많은 사람들이 정신적 후유증을 겪고 있으며, 심지어 모방자살인 베르테르효과까지 나타나고 있다고 한다. 우리나라는 2003년 이후 OECD국가 중 자살률이 가장 높은 나라 중 하나이며, 해마다 하루 평균 33명가량이 스스로 목숨을 끊는다고 한다.

자살의 원인은 여러 가지가 있을 수 있다. 흔히 경제적 원인이나 외부의 스트레스 혹은 자신의 처지에 대한 비관이나 상대적 박탈감 등을 들곤 한다. 하지만 이런 것들은 그 자체로서 자살의 직접적 원

❋ 쌍계사 승가대학 교수, 서울 행불선원 원장

인이라고 보기는 어렵다. 이를 테면, 자살자보다 더한 경제적 궁핍과 스트레스 혹은 비관적 상황 등을 겪고 있는데도 불구하고 자살하지 않는 사람들이 훨씬 많지 않은가?

이는 국가별 행복지수가 경제지표와 일치하지 않는 점에서도 드러난다. 예컨대 우리나라를 비롯해 미국과 영국, 프랑스 등 경제대국이라고 하는 나라들의 행복지수는 대부분 100위권 이하이며, 뉴질랜드 근처의 자그마한 섬나라인 바누아투나 방글라데시같이 경제적으로 보잘것없는 나라들이 행복지수 1위를 달리고 있다. 결국 외부적 원인은 행복과 불행의 주된 요인이 아니며, 보다 근본적 원인은 스스로의 마음가짐에 있음을 반증하는 것이 아닐까?

인연因緣의 공식

불교에서는 인연설因緣說을 말한다. 여기에서 인因은 주관적 요인이며, 연緣은 객관적 요인이다. 주관적 요인이란 나의 마음가짐이나 노력 등을 말하며, 객관적 요인은 주변 상황을 의미한다. 예컨대 경제적 상황은 연緣이며, 이러한 상황을 받아들이는 나의 마음가짐은 인因이라고 하는 것이다. 어떤 사람은 이전에 비해 경제적 상황이 대단히 열악해졌음에도 불구하고 과거보다 훨씬 더 행복하게 살고 있다고 말한다. 반면에 어떤 사람은 과거에 비해 경제적으로는 훨씬 풍요로워졌지만, 삶은 더욱 고통스럽다고 말한다. 왜 그럴까?

인因×연緣=과果가 되기 때문이다. 외부에서 주어지는 스트레스가 100만큼이고 이를 받아들이는 마음가짐이 100만큼이면 고통은 100×100=10,000이 된다. 하지만 외부에서 주는 스트레스가 두 배인 200이 되더라도, 이를 수용하는 마음가짐이 10으로 줄어들게 된다면, 고통은 10×200=2,000으로 오히려 감소하게 되는 것이다. 즉 연이 커지거나 줄어들더라도 인이 어떠하냐에 따라 결과는 사뭇 달라진다. 여기서 연緣은 이미 주어진 현실이거나 끊임없이 변화하는 외부적 상황이기 때문에 내 마음대로 통제하기가 어렵다. 그러므로 우선적으로 다스려야 할 것은 인因인 것이다.

현대사회에서 외부적 상황인 연緣은 점점 복잡다단해져 가고 있다. 외국에서의 유가폭등이나 주가폭락 등이 그대로 우리 경제에 영향을 미친다. 아울러 인터넷에서의 악성댓글이나 근거 없는 루머 등으로 인해 극심한 정신적 고통을 겪게 된다. 물론 이러한 폐해들은 근절되어야겠지만, 가지 많은 나무에 바람 잘 날 없다는 속담처럼, 얽히고설킨 현대사회일수록 어떠한 상황에도 여여부동하게 대처할 수 있는 마음가짐을 연습하는 것이 중요하다.

부처님 당시에 젊은 비구 한 사람이 사리뿟따 장로가 자기를 꾸짖고 욕설하며 마구 때렸다고 거짓말을 했다. 그래서 부처님께서는 사리뿟따 장로를 불러 사실을 확인했고, 사리뿟따 장로는 이와 같이 대답했다.

"부처님이시여, 저는 마치 저 대지와도 같아서 어느 누가 꽃다발을 바친다고 즐거워하지도 않으며, 혹은 대소변이나 쓰레기를 쌓아 놓는다고 불쾌해 하지도 않습니다. 또한 저는 출입문 앞에 놓인 깔판과 같아서 거지가 밟거나 뿔이 부러진 황소가 밟거나 개의치 않습니다. 부처님이시여, 저는 더러움으로 가득한 이 몸에 대해서 어떠한 애착이나 혐오를 갖고 있지 않습니다.”

마침내 젊은 비구는 사리뿟따 장로에게 자기의 행동이 어리석었음을 크게 뉘우쳐 정중히 사과하며 용서를 빌었고, 장로도 젊은 비구의 참회를 받아들이는 한편, 자기가 혹 젊은 비구에게 어떠한 허물이 있었다면 용서해 달라고 청하였다. 이때 그 자리에 있던 모든 대중은 사리뿟따 장로를 칭찬해 마지않았으며, 부처님께서는 게송을 읊으셨다.

아라한의 인욕은 대지와 같아 성내어 상대방을 자극하지 않는다.
뜻은 문기둥처럼 견고하여 칭찬과 비난에도 동요가 없으며,
마음은 맑은 호수처럼 고요하여, 이러한 아라한에게 다시 태어남은 없다.

아라한은 근거 없는 비방에도 흔들리지 않는다. 마치 저 대지와 문기둥처럼. 이것은 인이 공(0)이 된다면 연이 아무리 크더라도 결과가 공(0)이 되는 것과 같은 이치이다. 그리고 이러한 이에게 더 이상의 태어남은 없다. 왜 그런가? 다시 태어난다는 것은 동요하는 마음, 아직 못 다한 숙제, 다 태우지 못한 업이 남아 있기 때문이다. 하지만 사리뿟따 장로처럼 무아無我와 공空을 체득한 아라한은 무학無學의 경지로서 더 이상 불완전연소란 없다. 결국 다시 태어나지 않는 것이야말로 웰다잉이라고 하는 것이다.

웰다잉의 세 차원

웰다잉에도 세 가지 차원이 있다. 흔히 알듯이 죽어서 천상에 태어나는 것生天은 가장 낮은 차원이며, 그보다 수승한 것은 다시 태어나지 않는 것不生, 그리고 최상의 차원은 서원으로 다시 태어나는 것願生이다. 그러므로 금강경에서도 마음공부의 차원으로서 먼저 수다원·사다함·아나함·아라한과를 설하고, 궁극적으로 보살도를 강조하고 있다. 수다원은 인간과 천상세계를 7왕래하는 경지이며, 사다함은 1왕래, 아나함은 천상에 가서 다시 돌아오지 않는 경지, 아라한은 금생으로 마쳐서 더 이상 태어나지 않는 경지를 말한다. 보살은 다시 태어나지 않을 수 있지만 중생구제를 위하여 일부러 다시 태어나는 경지이다. 이른바 원생이다. 말하자면 중생은 업으로 태어나는 것이요, 보살은 원으로 태어나는 것이다. 겉모습은 비슷해 보이지만 품질은 완전히 다른 것이다.

생천生天

웰다잉의 가장 초보적 단계는 죽어서 천상에 태어나는 것이다.

사례1

부처님 당시에 바라나시의 큰 상인 한 사람이 오백 대의 수레에 옷감을 비롯한 갖가지 상품을 잔뜩 싣고 사왓티에서 열리는 축제에 가 물건을 팔아 큰 재미를 보았다. 그는 한 번 더 재미를 보려고 부지런히 바라나시로 되돌아가 물건을 떼어 두 번째로 사왓티로 향했다. 그런데 사왓티 근처의 강에 도착했을 때, 큰 비로 강물이 불어서 강을 건널 수가 없었으며, 축제가 거의 끝날 즈음에야 비가 그쳤다. 그러자 그는 사람들에게 말하기를, 자기는 사왓티에 계속 머무르다 다음 축제가 열리면 이 물건을 팔 것이라고 하였다.

이때 부처님께서는 탁발을 다녀오시다가 상인이 그같이 생각하는 것을 아시고는 미소를 지으시며 아난다에게 말씀하셨다.

"아난다여, 저 상인은 자기가 앞으로 이레 안에 죽는다는 것을 까마득히 모르고 있구나. 그는 해야 할 일이 있으면 망설이지 말고 지금 하는 것이 옳으리라. 아난다여, 중생은 죽음의 왕과 '나는 어느 날 죽겠습니다' 하고 날짜를 약속한 일이 없느니라. 그러므로 마땅히 마음을 집중하기 위해 밤이나 낮이나 열심히 노력해야 한다. 무릇 자신의 몸과 마음에서 일어나고 사라지는 모든 현상을 면밀하게 관찰하여 마음이 일념으로 집중된 사람은 한 순간일지라도 망상에 방해받지 않고 평화롭게 살아갈 수 있느니라."

아난다는 그 상인에게 부처님의 말씀을 전하고, 당신의 수명이 이제 얼마 남지 않았으니 지금부터라도 태만하지 말고 열심히 수행에 매진하라고 권했다. 그 상인은 소스라치게 놀라 그 다음 날부터 이레 동안 부처님과 비구들에게 공양을 올리고 설법을 들었으며, 또 마음 집중 수행도 열심히 했다. 그렇게 하기를 칠 일, 마침내 상인은 수다원과를 성취하였다. 그리고 자기가 머무는 곳에서 죽었고, 즉시 도솔천에 태어났다.

아나타삔디까 장자의 아들 깔라는 부처님이나 제자들이 자기 집에 오실 때 멀리 숨는 버릇이 있었다. 장자는 아들이 이 습관을 고치지 않는다면 다음 생에는 반드시 낮은 세계에 태어나리라 염려했다. 그래서 그는 아들에게 부처님께서 설법하시는 곳에 가 하룻밤을 새고 오면 얼마간의 돈을 주겠다고 약속했다. 그래서 깔라는 절에 갔지만 법문은 듣지 않은 채 그저 시간만 때우고 와서 돈을 요구하는 것이었다. 다음 날 장자는 아들에게 부처님에게서 게송 한 구절을 배워서 외면 일천 냥의 돈을 주기로 약속했다. 마침내 부처님께서는 게송 한 편을 가르쳐 주시고, 강한 의지를 깔라에게 보내어 그 게송을 외울 수 없도록 만드시었다. 깔라는 게송을 외려고 열심히 애를 썼지만 끝내 외지는 못하였고, 그 대신 뜻을 깨우치게 되었다. 그는 그 게송의 의미를 터득하면서 일념삼매를 이루어 수다원과를 성취하였다.

다음 날 아침 깔라는 부처님과 비구들을 따라 자기 집에 도착했다. 장자는 공양을 올린 다음 아들에게 일천 냥의 돈을 상금으로 내놓았다. 그러자 놀랍게도 아들은 그 상금을 부끄러이 여기며 받지 않는 것이었다. 돈을 받으라고 거듭 권했지만, 깔라는 아주 겸손한 태도로 돈 받기를 거절했다. 이를 본 아나타삔디까 장자는 부처님께 자초지종을 설명하였고, 부처님께서는 말씀하셨다.

"아나타삔디까여, 그대의 아들 깔라는 이제 세계를 다스리는 전륜성왕보다, 그리고 천상의 브라흐마 천왕보다 더 큰 보배를 갖게 되었느니라."

그리고 부처님께서는 다음 게송을 읊으셨다.

이 땅 위에서 왕이 되는 것보다, 또는 천상에 태어나기보다, 더 나아가 우주 전체를 지배하는 것보다도, 수다원과를 성취하는 것이 훨씬 낫다.

어째서 천상에 태어나는 것, 심지어는 우주의 지배자보다도 나을까? 수다원과만 성취해도 최소한 삼악도를 면하게 된다. 더 이상 퇴보는 없다. 진전이 있을 뿐!

불생不生

천상에 태어난다는 것도 또한 아직 윤회를 벗어나지 못한 것이다. 천상의 복업이 다하면 얼마든지 추락할 수 있다. 옛적에 제석천왕은 목숨이 다할 줄 미리 알고, 부처님 계신 곳으로 가서 뵙고 큰 절을 드리고 땅에 엎드린 채 지극한 마음으로 부처님과 가르침과 스님들께 귀의하였다. 땅에 엎드린 몸을 일으키지 아니한 그 시간에 홀연히 수명이 끝나고 바로 옹기장이 집의 나귀 뱃속에 잉태되었다. 이때에 나귀가 고삐를 끊고 기와와 그릇을 깨뜨리며 내닫자, 옹기장이는 나귀를 몽둥이로 때렸다. 몽둥이에 맞은 나귀는 즉시 유산을 했고, 나귀에게 잉태되었던 제석천왕의 정신은 부처님 앞에 엎드린 제석천왕의 몸속으로 돌아가 다시 본래의 제석천왕이 되었다. 운명하는 때를 당하여 삼보에게 귀의하였기 때문에 죄업이 이미 없어져 다시 괴로워하지 않게 되었다고 하는 것이다.

난타 비구는 출가하기 전에 아름다운 아내를 두고 있었다. 출가한 이후에도 아내 생각에 수행이 되지 않았다. 하루는 부처님께서 정원으로 데려가 늙고 추한 원숭이를 보여 주며 물었다.

"이 원숭이와 너의 출가 전 아내는 누가 더 아름다운가?"

"제 아내는 이 지방에서도 최고의 미녀입니다. 하물며 늙고 병든 원숭이 따위와 비교가 되겠습니까?"

얼마 후 부처님께서는 난타를 데리고 천상으로 올라가셨다. 한 천상에 가니 500명이나 되는 절세의 미녀들이 누군가를 맞이하기 위해 준비를 하고 있었다. 궁금해 물어 보니 '난타 비구가 출가해 수행을 하고 있어 그를 기다리고 있다'는 것이었다. 다시 부처님이 물으셨다.

"너의 아내와 천상의 미녀들 중 누가 더 아름다운가?"

"그것은 마치 원숭이와 나의 아내를 비교하는 것과 같습니다."

부처님께서는 난타가 수행을 열심히 한다면 그 천상에 태어남을 보증하셨고, 난타는 마침내 아라한과를 증득하였다. 하지만 그는 윤회에서 초탈했기 때문에 천상에 태어나는 것조차 더 이상 관심사가 아니게 되었다. 수준이 바뀌면 관심사도 바뀌는 것이다.

부처님 당시에 이름이 웃따라인 여인이 있었다. 그녀의 아버지는 본래 가난한 농부였으나 사리뿟따 장로에게 자신의 점심을 공양 올린 공덕으로 흙덩이가 황금으로 변하여 복락을 누리게 되었다. 훗날 웃따라는 다른 집의 며느리로 가게 되었는데, 그 집은 불교도가 아니었으므로 부처님과 비구들에게 공양을 올리고 법문을 들을 기회가 없었다.

이를 아쉬워하던 웃따라는 백중을 보름가량 남겨 두고 마침내 유녀인 시리마를 사서 보름간 남편을 시봉케 하고 자신은 부처님과 그 제자들에게 공양 올리는 일에 몰두하게 되었다. 백중을 하루 앞둔 날, 남편은 웃따라가 음식을 준비하기 위해 몸소 이리저리 뛰어다니는 모습을 보며 이해가 안 간다는 듯이 피식 웃었다. 우연히 이를 목격한 시리마는 자신의 처지를 잊고 질투심이 솟아올랐다. 그래서 웃따라에게 끓는 기름을 끼얹게 되었다.

이때 웃따라는 이렇게 생각했다.

'나는 시리마의 도움으로 부처님과 비구스님들께 공양을 올릴 수 있었고, 또 법문도 들을 수 있었다. 자비로운 마음만 있다면 기름을 써도 아무렇지 않을 것이다.'

실제로 웃따라는 전혀 다친 바가 없었으며, 오히려 부처님으로부터 큰 칭찬을 듣게 되었다고 한다.

이것은 결코 쉽지 않은 일이다. 다만 얘깃거리에 불과하다고 치부할 수도 있다. 하지만 마음의 차원이 바뀌면 고민도 바뀐다는 것을 알 수 있다. 사람들은 저마다의 차원에서 여러 가지 고민과 문젯거리를 말하지만, 대부분은 차원이 바뀌면 저절로 해결되는 것들이다. 마치 어렸을 적에 그토록 중대하다고 여겼던 문제가 성인이 되면 하찮게 여겨지는 것처럼. 선사들의 좌탈입망坐脫立亡이 가능한 것도 이 때문이다. '어떻게 그렇게 쉽게 죽고 살 수 있습니까?' 하는 말이 선사들에게는 이렇게 들린다.

"어떻게 그렇게 쉽게 옷을 갈아입을 수 있습니까?"

사례3

한 비구가 부처님으로부터 좌선수행에 관한 설법을 듣고 수행했지만 큰 진전을 보지 못했다. 적합한 수행 주제를 받기 위해 부처님을 향해 길을 가다 멀리서 아지랑이가 아른거리는 것을 보았고, 이렇게 생각했다.

'저 아지랑이는 먼 데서 보면 실제처럼 보이지만 가까이 가 보면 실체를 잡을 수 없다. 이처럼 마음이란 것도 일어나고 사라지는 현상이 있지만, 그것은 인연의 소치일 뿐 불변하는 실체가 있는 것이 아니다.'

여기에 마음 집중하며 길을 가다 폭포를 만났다. 폭포의 물거품을 바라보며 또 이렇게 생각했다.

'인간이 이 세상에 존재하는 것도 저 물거품과 같다. 태어남은 물거품이 일어나는 것과 같고, 죽는 것은 물거품이 사라지는 것과 같다.'

이때에 부처님께서 그 비구 가까이 몸을 나투어 말씀하셨다.

"몸이 물거품처럼 허무하고 마음이 아지랑이처럼 실체 없음을 깨닫는다면, 그는 능히 감각적 쾌락의 화살을 꺾으리니 죽음의 왕도 그를 보지 못한다."

몸은 물거품과 같고 마음은 아지랑이와 같은 것이다. 물거품과 아지랑이는 고정된 실체가 없으며 일시적 현상이 있을 뿐이다. 몸과 마음도 이와 마찬가지이다. 이를 터득하게 되면 더 이상 몸과 마음에 대한 애착은 없다. 그러므로 죽음의 왕도 그를 보지 못하며, 다시 태어나지 않게 되는 것이다.

'좋은 일도 없는 것만 못하다好事不如無'라는 말이 있다. 대부분의 사람들은 좋은 일만 생기고 나쁜 일은 피해 가기를 기원하지만, 세상에 좋은 일만 생겨날 수는 없다. 맑은 날이 있으면 궂은 날도 있고, 흐린 날이 있으면 갠 날도 있는 법이다. 사시사철 맑은 날만 있으면 좋겠다고 생각할 수도 있지만, 그곳은 다름 아닌 사막이다.

꿈도 마찬가지이다. 사람들은 좋은 꿈 꾸기만을 바라고 있지만, 그럴 수는 없다. 좋은 꿈을 꾸는 날이 있는가 하면 나쁜 꿈을 꾸는 날도 있게 된다. 오랫동안 살아가다 보면 길흉화복을 두루 겪게 되는 것이다. 특히 종교를 믿는 많은 사람들이 밖으로 운수대통과 부귀영화 그리고 무병장수를 구걸하지만, 성직자들조차도 생로병사의 법칙에서 벗어날 수 없음을 유념해야 한다.

영생을 말하는가? 삶에는 반드시 늙고 병들고 죽음이 따른다. 그러므로 영구히 산다는 것은 영구히 늙고 병들고 죽는 고통을 겪는다는 얘기가 된다. 윤회의 세계에서 벗어나지 못하는 한 고와 낙을 반복해서 겪을 수밖에 없다. 불생불멸의 경지야말로 최상이다. 따라서 생천은 하급 웰다잉이요, 불생이 더욱 수승하다고 하는 것이다.

사람이 죽으면 몸뚱이는 불로 태우거나 흙에 묻혀 사라지지만 마음은 사라지지 않는다. 마음은 타지도 썩지도 않기 때문이다. 그래서 죽은 후에 살아생전 연습하던 마음에 맞는 코드의 몸뚱이를 새로 받아 태어나기 때문에, 살아생전에 그 차원을 업그레이드시키는 것이 중요하다. 그러자면 마음공부가 필수이다.

마음공부에도 3단계가 있다. 첫째는 일심一心공부, 둘째는 무심無心공부, 셋째는 발심發心공부이다. 일심공부는 기도요, 무심공부는 참선이며, 발심공부는 행불行佛이라 말할 수 있다.

그 처음은 일심공부一心工夫이다. 심원의마心猿意馬라는 말이 있다. 마음은 마치 원숭이처럼 오락가락하며 말처럼 치달린다는 의미이다. 예컨대 좌선을 하면서 자신의 마음을 들여다보면 잠시도 가만히 있지를 못하고 과거에서 미래로 여기에서 저기로 왔다 갔다 하는 것을 알 수 있다. 따라서 마음공부의 첫 단계는 이렇게 갈팡질팡하는 마음을 하나로 모으는 것에서 시작한다. 그것은 한 가지 주제를 정하여 거기에 몰두하는 것이다. 예컨대 '관세음보살'을 염念한다고 하자. 처음에는 앉거나 서서 염하고 듣는다. 거기서 익숙해지면 오나가나 염한다. 좀 더 익숙해지면 꿈에서도 염한다. 이렇게 해서 완전히 숙달이 되면 죽으나 사나 염할 수 있게 되는 것이다. 이를 간단히 표현하면 다음과 같다.

"앉으나 서나 관세음보살! 오나가나 관세음보살!, 자나 깨나 관세음보살! 죽으나 사나 관세음보살!"

다음으로 마음공부의 두 번째 단계는 무심공부無心工夫이다. '관세음보살'이나 '마하반야바라밀'을 계속 부르고 듣다 보면, 나중에는 부르는 이도 듣는 이도 모두 공空해져서 매사에 무심해질 수 있게 된다. 나라든가 남이라든가, 선이나 악, 좋고 싫은 상대적인 경지를 초월해서 언제 어디서 무엇을 하든 항상 무심하게 '바로 지금 여기에서 ~~할 뿐!'인 상태가 되는 것이다. 이렇게 되면 무엇을 하든 걸림이 없게 되고, 걸림이 없으므로 두려움이 없게 되어 뒤바뀐 생각을 떠나서 필경에는 마음이 참으로 쉰 자리에 이르게 된다.

"바로 지금 여기에서 밥 먹을 땐 밥 먹을 뿐! 잠잘 땐 잠잘 뿐! 공부할 땐 공부할 뿐! 일할 땐 일할 뿐! 쉴 땐 쉴 뿐! 죽을 땐 죽을 뿐!"

마지막으로 마음공부의 마지막 단계는 발심공부發心工夫이다. 마음이 푹 쉰 자리에서 일부러 한 마음 일으켜서 중생제도에 나서는 것이다. 여기서의 발심은 초보자의 발심과는 다르다. 예컨대 초보자의 발심이 무쇠에 해당한다면, 무심을 거친 이후의 발심은 강철과도 같다. 깨어지기 쉬운 무쇠는 용광로의 불과 대장장이의 단련을 거쳐서 비로소 강력한 강철로 만들어진다. 초보자의 발심은 깨어지기 쉬우며, 성취하기 어렵다. 하지만 일심공부와 무심공부를 거친 이후의 발심은 깨지지도 않으며 성취하기도 쉽다. 아니 성취 여부에 집착하지 않고 계속된다. 이른바 대발심인 것이다. 그 예로 관세음보살은 '누구든지 내 이름을 부른다면 달려가 고통에서 건져주리라' 하였으며, 지장보살은 '지옥 중생이 사라지지 않는 한 성불하지 않고 보살로 머물면서 지옥 중생을 제도하리라' 하는 것이다. 이 정도까지는 아니더라도 다음과 같이 마음을 낼 수는 있다.

"나는 내가 창조한다."

“내가 선택한다.”

“나는 억세게 재수 좋은 사람이다.”

“나는 성공한다.”

“일체 중생을 제도하리라.”

“머무는 바 없이 베풀리라.”

“나는 부처님의 제자다.”

“나는 복덕과 지혜를 두루 갖춘 사람이다.”

이 정도 경지에 이르면 업業에 의해 이 세상에 다시 태어나지 않게 된다. 이른바 원願에 의해 자유자재로 다시 태어날 수 있게 되는 것이다.

소유냐, 관리냐?

이 몸은 본래 내 것이 아니다. 진정 내 것이라면 내 마음대로 되어야 한다. 하지만 내 마음과는 달리 늙거나 병들고 죽어 가는 이것이 어찌 내 소유란 말인가? 이 몸뚱이가 내 소유라는 생각은 한마디로 착각이었을 뿐이다.

부처님께서 제따와나 수도원에 계시던 어느 때, 띳사 장로가 몸에서 나오는 피고름이 썩는 냄새 때문에 홀로 떨어져 누워 있었다. 부처님께서는 아침 일찍 신통력으로써 시방 세계를 두루 살펴보시다가 헛간에서 신음하고 있는 띳사 비구를 보시었다. 부처님께서는 그가 법을 깨달을 때가 왔음을 아시고 직접 그를 치료하셨다. 이때 부처님께서는 그 비구의 침상 곁에 서서 이렇게 설법하셨다.

"비구들이여, 너희 마음이 몸을 떠나게 되면 너희의 육신은 아무 쓸모가 없어 마치 나무토막과 같이 흙바닥에 뒹굴게 되느니라."

그리고 부처님께서는 다음 게송을 읊으셨다.

오래지 않아 이 몸 흙바닥에 버려지고 마음 또한 어디론가 사라져 버리리.

그때 덧없는 이 몸은 실로 썩은 나무토막보다도 소용없으리.

부처님의 이 게송 끝에 띳사 비구는 아라한과를 성취하였고, 곧 열반에 들게 되었다.

나는 이 몸뚱이의 관리자였을 뿐이다. 임시로 관리를 맡아 먹여 주고 입혀 주고 재워 주고 가꾸어 주느라 바쁜 세월을 지내 왔다. 한마디로 몸뚱이 시봉하기에 바빠 참 나를 돌아볼 겨를조차 없었다. 그토록 애써서 먹여 주고 입혀 주고 재워 주고, 좋은 모습 보여 주고 좋은 소리 들려주느라 최선을 다해 왔건만 늙거나 병들고 죽음을 피할 수는 없다. 그런데 이제 관리시효가 다해 가는 것뿐이다. 얼마나 개운한가?

내가 무언가를 소유하고 있었는데, 그것을 놓아 두고 떠나라 한다면 무척 서운할 것이다. 당연히 미련이 남을 것이다. 하지만 무언가를 관리하고 있다가, 그것을 놓아 두고 떠나라 한다면 그다지 서운할 까닭이 없다. 미련 없이 떠날 수가 있는 것이다. 한마디로 소

유자에게는 애착이 있기 때문에 미련이 남는다. 하지만 관리자에게
는 애착이 없으므로 미련이 없다. 떠날 때는 그냥 떠날 뿐! 오히려
홀가분한 심정으로 떠날 수 있는 것이다.

　이러한 마음가짐은 몸뚱이뿐 아니라 모든 곳에 적용될 수 있다.
가족과 집, 재물, 심지어는 자신의 마음조차 소유했던 것이 아니라
관리했을 뿐이다. 내 가족도 금생에 가족일 뿐이다. 전생에는 원수
지간이거나 은인 사이였을 것이며, 내생에는 또 다시 어떤 인연이
되어서 만나게 될지 알 수가 없다. 따라서 금생에 못 다한 인연이나
한스러운 사연에 대해서도 너무 애달파할 필요가 없는 것이다.

　사실 못 다한 인연이란 없다. 이른바 억울한 죽음이란 없다고 하
는 것이다. 이 우주는 한 치의 오차도 없이 돌아가고 있음을 믿어야
한다. 인과의 법칙에 오류는 없다. 이른바 금생과의 연이 다했으니
갔을 뿐이다. 연이 다하지 않았는데 가는 경우는 없다. 금생에 이
몸뚱이를 가지고 할 일을 다 했으니 가는 것이다. 다만 지어 놓은
업에 따라 또 다른 몸뚱이 받으러 떠난 것뿐이다. 영가를 위한 시식
문에 다음과 같은 글귀가 있다.

　진실한 모습은 이름을 떠났으며 본마음 참나는 자취가 없지만, 연
緣 따라 숨거나 나타나는 것이 마치 거울에 비춰진 형상과 같으며, 업
業을 따라 오르락내리락하는 것이 마치 두레박 줄이 오르고 내림과
같아서 오묘한 변화는 측량할 수가 없습니다.(實相離名 法身無跡 從緣隱
現 若鏡像之有無 隨業昇沈 如井輪之高下 妙變莫測)

참나는 이름이 아니다. 금생에서의 이름일 뿐 전생에서는 다른 이름이었고, 내생에는 또 다른 이름이 있을 것이다. 어떤 것이 진짜 나의 이름이란 말인가?

참나는 자취도 없다. 금생에서의 몸뚱이였을 뿐, 전생에서는 다른 몸뚱이였고, 내생에는 또 다른 몸뚱이를 받을 것이다. 어떤 것이 진짜 나의 몸뚱이란 말인가?

결국 진정한 웰다잉을 위해서는 금생에 공부를 해 마쳐야 한다. 인생은 체험학습의 장이다. 우리가 몸 받아 세상에 나온 것은 못 다한 숙제가 있어서다. 바로 지금 여기에서 완전연소하지 못하면 찌꺼기가 남게 된다. 그러므로 완전연소할 때까지는 계속해서 몸을 바꾸어 가며 태어나게 된다. 몸뚱이가 있어야 공부에 실감이 나기 때문이다.

예컨대 어학을 공부한다고 하자. 책만 보고 하는 것과 시청각교재를 활용하는 것은 큰 차이가 있다. 가장 좋은 방법은 현지인들과 함께 몸으로써 부딪혀 가며 공부하는 것이다. 생사일대사를 공부하는 것도 마찬가지이다. 삶과 죽음의 큰 문제를 풀기 위해서는 직접 삶과 죽음에 맞닥뜨려야 한다. 그런 의미에서 몸뚱이는 귀중한 체험학습의 교재라고 말할 수 있다. 숙제를 마칠 때까지 소중하게 다루어야 한다. 공부가 끝나는 것은 마음이 공(0)해지는 때이다. 그러기 위해서는 사리뿟따 장로처럼 근거 없는 비방에도 전혀 동요하지 않는 경지, 더 이상 공부할 것이 없는 경지, 바로 지금 여기에서 완전연소하는 경지에 이르러야 한다. 그런데 이러한 경지에 이르기도 전에 체험학습의 교재를 함부로 없애 버린다면, 결국 걸림돌을 디

딤돌로 전환하지 못하고 다음 생으로 숙제만 더욱 늘려 가는 결과를 초래한다. 업그레이드가 아닌 다운그레이드가 되는 것이다.

자신을 방생하고 남을 방생하자

부처님은 인간을 신神으로부터 해방시킨 분이다. 또한 돈으로부터 해방시킨 분이다. 부처님이 오시기 전까지 인간은 기껏해야 신의 종이거나 돈의 노예로서 만족하고 살아야 했다. 하지만 부처님께서는 당당히 선언하셨다. '자기야말로 자신의 주인'이라고. 신이나 돈이 나의 행복을 위해 존재하는 것이지 내가 신이나 돈의 종이 될 필요가 없다. 업業이란 스스로 짓고 스스로 받는 것이다. 콩 심은 데 콩 나고 팥 심은 데 팥 나는 것이지, 콩을 심건 팥을 심건 무엇이 날지를 신이 결정하는 것이 아니다.

나아가 우리 모두는 불성을 지닌 귀중한 존재임을 깨우쳐 주셨다. 불성佛性이란 부처가 될 가능성이다. 신과 인간의 스승天人師인 부처도 될 수 있는데 무엇인들 될 수 없으랴? 보살도 될 수 있고 신도 될 수 있다. 인간도 될 수 있고 축생도 될 수 있다. 내가 선택한다. 내 작품이다.

그러므로 우울증에 걸린 것도 내 작품이다. 내가 고칠 수 있고 내가 고쳐야만 한다. 누가 나를 우울증에서 벗어나게 해 주기를 기다리지 말고 스스로가 먼저 벗어나도록 노력해야 한다. 하늘은 스스

© 지운스님

로 돕는 자를 돕는다. 우울증에 걸리고 싶으면 하루에 천 번씩 한숨 쉬면 된다. 우울증에서 벗어나고 싶으면 하루에 천 번씩 웃으면 된다. 이것이 바로 웃다 보면 웃을 일이 생겨난다는 자기창조의 법칙이다.

웃을 일이 생겨서 웃는 것은 누구나 할 수 있는 일이다. 하지만 먼저 웃음으로써 웃을 일이 생기도록 만드는 것, 이것이 참다운 방생放生이며 인과법칙을 현실에서 살려 나가는 방법이다.

삶에는 두 가지 유형이 있다. 업생業生과 원생願生이다. 업생이란 어디서 왔는지 어디로 가는지도 모르는 채 물결에 휩쓸려 살다 가는 삶이다. 원생이란 스스로의 삶을 갈무리해 도도한 업의 물결을 건너가는 것이다. 나도 건너고 남도 건네주는 것이다. 중생은 업생을 살고, 보살은 원생을 산다. 중생은 못 다한 숙제를 마치기 위해서 태어나며, 보살은 숙제 도우미로 이 세상에 온다.

그러므로 보살의 수행은 공空으로 향해 가는 수행이 아니라 공空으로부터 출발하는 수행이다. '텅 비었기 때문에 무엇으로든 채울 수 있으며, 고정된 '나'가 없기 때문에 어떠한 '나'도 만들어 갈 수 있다'는 신념을 바탕으로 한다. 이러한 신념을 바탕으로 중생을 향한 끊임없는 사랑과 연민의 서원을 발하여야 한다.

'언젠가 이 세상에 없을 당신을 사랑합니다.'
'가진 만큼 베풀고 아는 만큼 전하겠습니다.'

보살은 이처럼 자신을 방생하고 남도 방생한다. 스스로의 생명을 해방시키고 다른 생명을 해방시키는 것, 진정 우리가 이 세상에 태어난 까닭이 아니겠는가?

© 이인자

참선 잘한 저 도인은 서서 죽고 앉아 죽고

❋ 은산스님

'참선 잘한 저 도인은 서서 죽고 앉아 죽고……'

경허스님 참선곡의 한 구절이다. 이만큼 죽음에 자유자재할 수 있다면 누가 봐도 잘 죽은 것이리라. 저 도인은 죽음을 제대로 알게 된 것 같다. 죽음을 앞두고는 '앉아 죽고 서서 죽을 정도'로 죽음을 가지고 노니 말이다. 그렇다면 '죽음을 제대로 아는 것'이 도를 이루는 것이란 말인가? 도대체 죽음이란 무엇인가?

❋ 前 해인사 원당암 수련원장
現 대한불교조계종 행복한 절 대표 및 (사)행복한 마을 대표이사

온 인류가 죽음을 제대로 알아 도를 이루려 하다

오늘날 인류는 모두 도를 이루려나 보다. 모두 잘 죽는 방법에 관심을 기울이니 말이다. 앞으로 '서서 죽고 앉아 죽는 이'들을 지천에서 보리라.

과거에는 죽음이란 함부로 거론하는 것조차도 안 되는 참으로 조심스러운 현상이었다. 죽음이란 오직 위대한 그 무엇으로 인해 벌어지는 일로서 인간은 다만 그 뜻에 순종하고 조아리기만 해야 했다. 누가 감히 죽음을 거론할라 치면, 죽음을 관찰하려 빳빳이 든 그의 머리를 다시 조아리게 하려고 그의 머리를 눌러 버렸다. 인류는 서로가 그러했다.

죽음을 감히 쳐다보지 못한 채 오랜 시간이 흐르자 인류는 스스로 어찌하지 못하는 죽음을 관장하는 '그 무엇'이 있다는 생각을 하게 되었다. 그리고 죽음은 '그 무엇'의 일로서 인류가 하지 못하는 위대한 일을 하는 까닭에 '그 무엇'은 급기야 '신神'이라는 칭호를 갖게 되었다. 그리고 위대한 신神의 일에 하찮은 인류는 관여를 하지 않다 보니 인류는 점점 더 죽음에 대해 막연해져만 갔다.

그러나 인류는 스스로 죽음에 대해 알고 있다고 생각한다.

지나가는 이에게 묻는다.

"죽음이 뭐죠?"

"죽음이 뭐냐뇨? 죽음을 몰라서 묻는 건가요? 이상한 사람이네. 누구나 다 아는 죽음을 묻다니. 쯧쯧."

그러나 사실 인류는 죽음을 잘 모른다. 막연히 끝이라고만 생각할 뿐, 막연히 슬픔이라고만 생각할 뿐, 죽음 현상은 왜 일어나며 어느 때에 벌어지는 일인지, 각자의 죽음의 때는 어떻게 결정되는지……. 모른다! 막연히 알고 있다고만 생각했다.

이제 인류는 신神의 일에 관여하기 시작했다. 죽음을 알려고 하니 말이다. 두렵지 않은가? 감히 신神의 일에 관여하다가 신神의 노여움이라도 사면 어찌 될라고.

인류는 참으로 용감해졌다. 스스로의 무덤을 팔 정도로 말이다. 지구 환경 파괴를 말함이다. 그러나 환경 파괴는 용감한 인류의 시행착오라 생각한다. 신神의 영역이었던 죽음마저도 스스로 알려고 하니 말이다. 용감한 인류는 반드시 죽음을 깨달아 시행착오로 인한 환경 파괴를 깨끗이 돌려놓을 것이라 믿어 의심치 않는다.

불생불멸不生不滅 – 죽음은 없다?

무슨 귀신 씨나락 까먹는 소리일까? 뻔히 코앞에서 태어나고 죽는 것을 보고 있는데. 읍내의 칠득이 엄마가 얼마 전 팔순이를 낳기도 했으며, 팝의 황제 마이클 잭슨도 죽지 않았던가? 불교는 참으로 희한한 가르침이다. 눈앞의 일을 뻔히 두고 아니라고 하니. 석가모니와 같은 훌륭한 분이 하신 말씀이니 사실이긴 할 텐데 이해는 안 가고, 가만히 있어서 중간이나 가는 것이 나을까?

인류는 참으로 위대하다. 아는 척 하지 않고 제대로(정확히) 알려고 하니 말이다. 인류는 죽음이 무엇인지 제대로(정확히) 알려고 한다. 그래서 이와 같은 인류의 물결을 타고 필자가 이 글을 쓰게 되지 않았는가.

위대한 이들은 모두 어떠한 사실을 스스로 경험해서 체득하려 했다. 인류 전체가 지구는 평평하다고 알고 있을 때 큰 도전의식에 불을 지필 만한 코페르니쿠스의 지동설을 굳게 믿고 마르코 폴로와 같은 여행가들이 목숨을 거는 용기로 지구가 둥글다는 것을 체득한 것이 그 증거이다. 지동설이 사실이 아니었다면 마르코 폴로는 평평한 지구의 끝에서 떨어져 죽게 될 텐데도 그는 목숨을 걸었던 것이다.(지금의 인류는 천동설 시대의 인류가 먼 바다를 향해 나아가는 것에 대한 두려움이 어떠했는지에 대해서 잘 모른다. 그들에게 있어서 수평선은 낭떠러지로서 곧 죽음이었다.)

그러면 신神의 영역인 죽음을 직접 알려고 할 만큼 점점 더 위대해지는 인류답게 죽음의 여행을 떠나 보도록 하자.(외치는 것만으로도 위대함이 느껴진다. 우리 모두 크게 외쳐 보자. '자! 우리 모두 죽음의 여행을 떠납시다!')

브리태니커 백과사전에 의하면 '죽음'의 정의는 이러하다.

모든 생물이 겪는 생명과정의 완전 정지 상태.

인간의 죽음에 대한 정확한 정의는 논쟁이 되어 왔으며 문화와 법률에 따라 다르다.

오래전부터 죽음에 대한 정의마저 논쟁이 되어 왔다는 사실! 참으로 재미난 사실이 아닐 수 없다. 우린 어떤 면에서는 죽음은 너무도 뻔한 것이라 여기지 않았던가? 역시 신神의 영역 안의 일인 죽음을 착실하게 침범하지 않은 탓에 인류는 죽음을 잘 모르고 있었다. 그렇다면 죽음에 대한 두려움과 슬픔은 막연한 두려움과 슬픔일 수 있지 않을까?

답은 '그렇다'라고 해야 옳을 것이다. '긴 병에 효자 없다'란 속담 또한 죽음은 완전한 슬픔이 아니라는 것을 간접적으로 말해 주고 있다. 즉, 죽음에 임박한 무렵(병상에서의 기간)이 길어지면 길어질수록 입원비 등의 이유로 가족들의 마음은 슬픔에서 냉정한 이성으로 흘러가니 말이다.(전혀 나쁜 뜻으로 표현한 것이 아님을 냉철한 직관력을 가진 독자라면 알리라.)

그렇다면 왜 슬픈 것일까? 헤어짐 때문에 슬픈 것이라면 그토록 오랫동안 부모님께 연락도 못 드리며 찾아뵙지 못했을 때는 왜 슬프지 않았던가? 옆집의 미워하던 아저씨가 이사를 가게 되어 헤어지게 되는 데는 왜 슬프지 않던가?

이렇듯 '헤어짐'은 슬픔의 직접적인 원인이 아님을 알 수 있다. 그럼 도대체 왜 죽음은 슬픈 것일까?

아! 무엇인가를 놓지 못하는 마음이 보인다. 죽음이라는 사실을 받아들이지 못하는 마음이 보인다. 그 놓지 못하는 마음은 '헤어짐' '마지막' '다시는 못 만남' 등등으로 표현되기는 하나 그 표현들은 이름에 지나지 않으며 실제는 놓지 못하는 마음이다. 그것이 두려움, 슬픔

등으로 반응을 일으키고 있다. 놓지 못하는 마음이 강렬해지니 어느
누구는 통곡을 한다. 그러나 그들 옆의 칠득이 아버지는 지금의 사실
을 받아들이고는 스스로 차분해진다. 사실을 받아들여 차분해진 그는
슬픔도 두려움도 없다. 그에게는 오직 지금의 사실이 그냥 그러할 뿐
이다.

다른 이의 죽음에 여여해진 그는 자신의 죽음을 상상해 본다. 처음
엔 두렵다. 다시는 돌아오지 못할 거라는 생각, 끝이라는 생각, 사랑
하는 이들과 헤어져야 한다는 생각, 내가 소중하게 여겼던 것들을 다
놓고 가야 한다는 생각……

그는 모든 존재들이 다 그러하다는 사실을 받아들이고 자신의 죽음
마저도 마음으로 받아들인다. 그러자 마음속의 두려움은 이내 사라진
다. 모든 것의 죽음이 그러하듯 그러할 뿐이었다. 그는 주변의 슬픔과
두려움에 쌓인 이들을 둘러본다. 그들이 모두 무엇인가를 붙들고 있
음을 발견한다. 놓지 못하는 것은 마음 밖의 썩어 들어갈 사랑하는 부
모님의 육신이 아니라 사랑하는 부모님과 헤어져야 하는 것을 인정하
지 못하는 자신의 마음임을 발견한다. 그는 깨달았다. 죽음은 슬픔도
두려움도 아니라는 것을! '죽음은 슬픔과 두려움이다' 란 죽음은 없다
는 것을!

이렇듯 자신에게 벌어질 죽음을 직면하여 제대로(정확히) 안다는
것은 마치 천동설 시절에 수평선 너머를 경험해 보는 것과 같은 것
으로서, 참으로 두려운 일이지만 경험해 본 자만이 수평선은 끝이

아니라는 사실을 알게 되며 (이때 동시에 큰 자유로움과 설렘을 경험하게 된다) 죽음을 직면하는 자만이 불생불멸의 마음을 제대로(정확히) 체득하게 되는 것이다.

무엇을 잘 죽는 것이라 하는가?

…… 그는 깨달았다. 죽음은 슬픔도 두려움도 아니라는 것을! '죽음은 슬픔과 두려움이다' 란 죽음은 없다는 것을!

동시에 더 많은 세상이 그의 마음속으로 들어온다. 그리고 순간순간의 경험이 너무나도 소중하게 느껴진다. 영원히 끝나기 전에 누려야 될 것이 너무 많다는 설렘과 함께. 칠득이 아버지는 자신에게 벌어질 죽음의 일을 용감하고 순수하게 받아들임으로써 두려움은 설렘으로 뒤바뀌게 된 것이었다.

우리는 글의 서두에서 이미 잘 죽는 모습을 알게 되었다. 앉아서 죽고 서서 죽고 하듯이 자유자재로 죽는 것을 잘 죽는 모습이라 할 수 있을 것이다. 이는 '마지막'의 죽음마저도 순순히 받아들임으로써 삶의 모든 것을 받아들이는 마음의 자세에서 가능한 것이리라.

이 글을 쓰게 되면서 여러 사람들에게 질문해 보았다. '어떻게 죽는 것이 잘 죽는 것인가?' 하고 말이다.

"죽을 때 고통 없이 죽는 것이 잘 죽는 것이다."
"죽을 때 마음이 평화로운 상태가 잘 죽는 것이다."
"죽을 때 아무런 미련이 없이 죽는 것이 잘 죽는 것이다."
"죽을 때 후회 없이 죽는 것이 잘 죽는 것이다."

역시 대부분의 표현은 마음의 상태를 이야기하고 있었다. 그래서 또 한 번 마음의 세계로 들어가 보았다.

어느덧 칠득이 아버지도 세상의 경험을 마칠 때가 되었다. 칠득이 아버지는 지난 삶을 돌이켜 보았다.

그 역시 어느 사람과 마찬가지로 이루지 못한 많은 목표들을 발견하게 되었다. 어느 누구보다 멋진 청춘에 대한 목표, 누구보다도 자상한 아버지로서의 목표, 어려서부터 꿈꿔 왔던 자유 여행가의 목표……. 그는 이와 같은 많은 목표들을 이러저러한 이유로 인해 이루지 못하였음을 발견하였다. 못내 아쉬웠다. '좀 더 노력할 것을……' '좀 더 도전해 볼 것을……' 그러나 그는 아쉬움에 머무르지 않고 그 모든 것을 인정하고 받아들였다. 그러면서 그는 마음이 평화로워졌다.

또한 '그때 그와 큰 말다툼은 하지 말았어야 했는데……' '왜 그때 우리 사랑스러운 아이들에게 그런 행동을 하였을까? 좀 더 너그러웠으면 좋았을 것을……' '아! 탐욕으로 인해 좀 더 가지려다 더 많은 것을 잃었구나. 그때 조금만 더 지혜로웠다면……' 그러지 말았어야 할 일들에 대해 한편으로 후회스러웠으나 역시 그는 스스로의 모자란 지혜를 인정하며 뉘우치고 받아들이며 다시 더 깊은 평화로움으로 안주

하였다.

그는 자신의 삶 전부를 온전히 인정하고 온전히 받아들였다. 그리고는 깊은 평화로움으로 들어가는 것이었다.

잘 죽으려면 어떻게 해야 하는가?

잘 죽으려면 어떻게 해야 하냐고? 그야 두말할 필요도 없이 이젠 도를 닦아야 잘 죽을 수 있다고 생각이 들 것이다. 즉, 죽음을 직시해서 죽음이 무엇인지를 알아야만 잘 죽을 수 있다는 사실을 알게 되었다는 것이다. 나아가 죽음을 알게 된 후로는 앉아서 죽고 서서 죽는 죽음의 자유로움을 성취하게 되리라.

석가모니는 모든 것을 바로 안 분이셨다. 그리고는 제자들에게 잘 보라고 하셨다. 그것의 실체를 알려면 똑바로 보라 하셨다. 생각하지 말고 보라 하셨다. 판단하지 말고 보라 하셨다. 알려고 하는 그것을 있는 그대로 스스로 보고 알라고 하셨다. 어떠한 누구의 설명도 그것일 수는 없으니 직접 자신이 보아야 한다고 하셨다. 우리가 알고자 하는 것에 대해서 알려 주는 가르침 중에 이 가르침보다 더 정확한 가르침이 또 있을까?

이 사실을 공감하는 것만으로도 많은 것에 대한 설명이 설명에 지나지 않는다는 것을 직감할 것이다. 그리고 그것은 심지어 실재하지도 않는다는 것을 깨달을 것이다.

© 김종갑

삶이 얼마 남지 않은 칠득이 아버지는 한 방문객을 위해 보이차를 대접했다. 이미 칠득이 아버지는 모든 것의 마지막인 죽음을 '완전히' 받아들인 탓에 온 마음은 완전한 평화로움에 도달해 있었다. 그에게는 모든 것이 평등한 동시에 모든 것이 소중하고 아름답게만 느껴졌다.

방문객은 말한다.

"보이차가 참 진하군요. 좋은 차인가 봐요."

죽음을 완전히 받아들인 후 이전과는 달리 경험되는 세상을 그에게 보여 주고자 칠득이 아버지는 질문을 던진다.

"보이차가 진한가요? 어떻게 해서 진하다고 생각하셨죠?"

방문객은 잠시 망설이다 자신이 보이차를 진하다고 말하게 된 이유를 찾아 머릿속을 뒤적였다.

"네에. 제가 이전에 마셔 본 보이차들보다 좀 더 진하게 우려진 것 같았어요. 그래서 그렇게 말씀드리게 되었답니다."

칠득이 아버지는 빙긋이 웃으며 이렇게 반문한다.

"그렇다면 '이 보이차' 는, '이 보이차' 는 진한가요? '이 보이차' 는?"

방문객은 칠득이 아버지의 자비로우면서도 평화로운, 그러나 그 무엇인가를 말하고 있는 목소리에 완전히 빨려 들어가게 되어 있는 그대로 보이차를 보게 되었다. 그리고 그는 깨달았다.

"아! 진한 게 아니군요! 그리고 '진하다' 는 것은 무엇보다 진하다는 식의 상대적인 표현일 뿐 절대적인 '진하다' 는 존재하지 않네요! 아! 전 여태 실재하지 않는 것을 실재하는 것으로 여기며 꿈속에서 살았었어요!"

방문객의 감탄은 이어진다.

"아! 어떻게 이럴 수 있죠? 나는 없네요! 너도 없어요. 삶도 없고 죽음도 없어요. 정말로 깨달은 이들의 말처럼 꿈속에서 살았어요. 그런 것은 모두 인식에 지나지 않았어요. 그리고 우리 모두가 찾던 그 무엇이 원래 갖추어져 있음을 알겠어요! 꿈의 모든 것에 집착하지 않고 그러기 위해 모든 것을 인정하고 그리고 직접, 바로 보는 것이 우리가 원하는 것을 이루는 방법이네요!"

칠득이 아버지는 더 이상 설명할 필요가 없었다. 평화로운 미소로 보이차를 마신다.

모든 것을 '바로' 직시하는 자세! 이것을 선禪이라 한다. 선禪! 이 선이야말로 죽음마저 직시하는 가장 확실한 방법이다! 선禪 수행자들은 군더더기가 없다. 설명을 원치 않는다. 직접 알려고 한다. 보라! '나는 누구인가?(이뭣고?)' 하고 바로 알려 하지 않던가? 사실 어렵지 않다. 놀랍게도 단지 직접 알려고 하지 않았을 뿐! 몰라야 되는 이유는 그 이상의 이유가 없다.

방문객은 깨달은 이들이 했던 말과 똑같은 내용을 살아 있는 체험담으로 쏟아내기 시작했다. 폭포가 시원스레 쏟아지듯이. 그리고 칠득이 아버지는 부드러운 미소로 차를 음미하며 방문객의 깨어남의 전율을 말없이 공감하고 있었다.

"참 놀라워요! 이것을 어떻게 말로 설명할 수가 있을까요? 직접 스스로 보지 않고서는 알 수 없으니 말이에요. 직접 보는 방법이 따로 있을까를 생각해 보니 아무것도 없네요. 오직 직접 보는 수밖에 없어요! 그동안에 '행복을 성취하기 위해서는 어떠한 방법이 있을까요?' '내가 목표한 바를 이루려면 어떻게 해야 이룰 수 있을까요?' '깨달으려면 어떻게 해야 할까요?' 등등의 뜻을 이룰 수 있는 특별한 방법을 원했던 모습이 참 우습게 생각돼요. 왜냐하면 직접 보는 것에 대해 특별한 방법이 없잖아요. 단지 직접 보는 것뿐!"

"성공한 이들의 '하면 된다' 라는 말씀 중에 아주 간절하게 말씀하시던 모습이 이제야 이해가 가요. 정말 하면 되기 때문이었어요. 안 되는 것은 될 수 있게 하지 않았기 때문이란 것을 알게 되었어요! 그래서 이 사실을 알게 된 분들이 말로 설명할 수 없는 이 사실을 설명하다 보니까 그렇게 간절하게 말씀을 하시게 되었나 봐요! 방법이 따로 없어요. '해야' '되요'! 안 하면 안되요. 안되면 안 한 거예요!"

이와 같이 직접, 곧바로 아는 것, 직접 대면하는 것이야말로 선禪이다. 그러므로 선은 어렵지 않다. 누구나 할 수 있고 하면 되는 것이 선이다. 또한 독자들은 이미 이 무렵이면 선의 삶이 아니라면 진정한 삶이 아니라는 것을 알게 되었을 것이며 모두가 반드시 해야 할 것이 선이라는 것 또한 알게 되었을 것이다.

보라! 우리가 얼마나 꿈속에서 살아 왔는지. 누구나 다 해야 할 것이 선이건만 선을 특정인들만이 해야 하는 것으로 알지 않았던가? 그렇다, 그동안 인류는 꿈속을 헤매었다!

이제 인류 전체가 깨어날 시절이 도래한 것 같다. 인류는 모든 것을 직시하려 하니 말이다. 죽음마저도.

죽음을 직시하는 실천으로 얻게 되는 개인과 인류의 이득

인류 각자는 죽음을 직시하면서 자신이 죽음에 대해 잘못 알고 있거나 모르고 있었다는 사실을 알게 될 것이다. 또한 죽음을 직시하면서 인류 전체는 꿈에 빠져 있었던 결과 지구 전체가 향해 가고 있었던 멸망의 길을 오싹한 느낌으로 직시하게 될 것이다. 지구가 존재할 수 있는 시간은 지구 시간으로 5분밖에 남지 않았음을. 인류는 꿈꾸느라 바쁜 나머지 자신의 집이 불타고 있는 줄 몰랐던 것을.

옛날에 아주 큰 부자가 큰 집에서 아이들과 함께 살고 있었다. 어느 날 부자가 외출했다가 돌아와 보니 집에 큰 불이 일어나 타들어 가고 있었다. 그러나 아이들은 아무것도 모른 채 노는 데 정신이 팔려 있었다. 아이들은 노는 데 정신이 팔린 나머지 불이 났으니 빨리 나오라고 하는 아버지의 다급한 외침에도 그 말을 믿으려 하지 않았다. 그래서 그 부자는 한 가지 계책을 생각해 내었다. 그는 아이들에게 사슴의 수레, 양의 수레 등의 장난감을 사가지고 왔으니 어서 나와서 장난감을 가져가라고 하였다. 그제서야 아이들은 아버지가 사 오신 새로운 장난감을 가지고픈 마음에 집 밖으로 나오게 되었다. 아이들은 불타 들어가는 집 밖으로 나오게 되어 목숨을 건졌건만 새로운 장난감을 달라고 성화였다. 부자는 소중한 아이들이 살아나게 된 것에 크게 기뻐하며 보석과 보물로 한껏 장식된 흰 소 수레를 선물로 주었다.

《법화경》〈비유품〉

사실 웃기는 일이다. 자신의 집을 스스로 망가뜨렸다는 것이 말이다. 아무 데나 버린 쓰레기는 결국 자신의 집 안에 버려지는 것이며, 물자를 마구 퍼 쓰기만 하면 결국 메마르게 된다는 것, 이웃 나라에 핵폭탄을 던져 본들 자신의 집에 던지는 것임을, 다른 나라를 짓눌러 많은 돈을 벌어 본들 결국 같이 몰락하게 된다는 사실을 몰랐다니 말이다. 모두가 똑바로 보지 못한 탓이리라. 꿈을 꾸던 탓이리라.

아주 오래전 세상에도 《법화경》〈비유품〉에 나오는 큰 부자 아버지는 존재했었다. 그들은 꿈꾸는 인류에게 꿈에서 깨어나 불타고 있는 사실을 알라고 간절하게 말씀해 주셨다. 그리고 아버지의 말을 믿고 따른 아이들은 집이 불타고 있음에 놀라워하고 불타는 집에서 살아남음에 다시 한 번 놀라워하며 기뻐했으리라.

이 화택火宅의 비유를 단순히 교훈을 위한 비유였다고 생각해 왔던 인류는 지금의 지구를 보라! 과연 교훈 정도만을 주기 위한 비유였던가? 우리가 겪고 있는 지금의 지구는 이 화택의 비유와 너무나도 딱 맞아떨어지지 않는가? 지구가 망가질 대로 망가진 이 시점에서도 꿈을 꾸고 있는 큰 부자의 가련한 아이들은 아직도 이 사실을 직시하지 못하리라.

이제 인류는 직시하는 선禪의 삶을 반드시 선택해야 할 시대가 도래하였다. 죽음이라는 것은 거북한 사실로서 모르고 지내야 한다는 시대는 이미 지났다. 지금 우리가 살고 있는 이 시대는 자신의 죽음을 직시해야 하는 것뿐만이 아니라 더 나아가 인류 전체의 죽음에 대해서 직시해야 할 시대가 아니던가?

잘 죽는(웰다잉) 것은 죽음을 직시해서 죽음이 무엇인지를 알게 되어야 가능하며 이 노력으로 죽음과 동시에 삶을 이해하게 될 것이다. 그러므로 죽음을 아는 것은 진정한 삶을 아는 것과 같은 것으로서 얼마 전까지 유행하던 '웰빙'마저 아우르는 것이리라!

상상해 보라! 모든 인류가 죽음을 직시하는 것을! 나아가 모든 것을 직시해서 사는 모습을! 선禪의 삶으로 인해 인류는 있는 그대로를 바라보게 될 것이며 급기야 방문객과 같이 꿈에서 깨어 나와 죽음의 실체를 알게 될 것이다. 또한 '나'도 없고 '너'도 없다는 사실을 깨닫게 된, 그래서 '너'를 위하는 것이 소중한 '나'를 위하는 것과 조금도 다르지 않음을 알게 된 세상을 상상해 보라! 정말 아름다운 세상이 아니겠는가? 누가 누구를 미워할 것인가? 누가 누구를 괴롭힐 것인가? 누가 누구를 짓밟고 올라가려 할 것인가?

인류 모두가 죽음을 직시하는 삶으로 거듭났을 때 인류는 모두를 자신과 똑같이 여기며 모두를 위할 것이며, 부족한 것을 넘치는 것으로 채울 것이며 남을 돕는다는 생각조차 존재치 않는, 서로가 서로를 위하는 세상이 도래하게 될 것이다.

인간은 지구 역사상 가장 위대한 존재이다. 단시간 내에 지구의 환경을 이만큼 파괴했으니 말이다. 그러므로 우리는 이 사실을 굳게 믿어야 한다. 인류는 다시 단시간 내에 지구를 좋은 환경으로 돌려놓을 수도 있다는 것을! 인류 전체가 깨어나기만 한다면 지구 시간 3분 안에 모든 것을 돌려놓을 수 있는 것이 인간의 능력이란 것을!

이 모든 것은 자신의 죽음을 직시하여 죽음이 무엇인지를 확실히 알아야 가능할 것이며 더 나아가 인류 전체의 죽음을 직시해야 회생이 가능할 것이다. 웰다잉 운동은 시절인연에 따라 존재계의 자연스러운 움직임에서 드러났다. 자비로움이 존재계의 근본 모습인데 바로 이 자비로운 존재계는 죽음을 직시하여 살아나라는 메시지로 인류에게 웰다잉을 떠올리게 한 것이다. 모두가 죽음에 대해 확실히 알아야 반드시 살 수 있기 때문에……

웰다잉! 웰다잉이란 무엇일까?

마지막으로 독자 여러분들에게 영화 흉내를 좀 내볼까 한다. '메트릭스'의 한 장면을 패러디한다.

"자! 당신은 무엇을 선택할 것인가? 웰다잉이 무엇인지를 알 수 있는 알약을 선택할 것인가? 아니면 계속 꿈을 꿀 수 있는 알약을 선택할 것인가?"

© 선암스님

죽음의 무도회
- 그 빛나는 최후 -

✸ 맹난자

나의 죽음 이야기

죽어 보지 않고 감히 죽음을 말하다니, 그러나 생의 근거를 놓친 다음에 어떻게 그것을 다시 논할 수 있으랴.

그러니 죽기 전에 죽음 쪽에서 삶을 바라볼 수밖에 없지 않은가. 그 마지막 자리에 서 보는 것. 그 자리에 나를 세워 두는 일은 결코 무익하지만은 않으리라.

삶이 고달프고 때론 무기력해진 자신을 추스르기 위해 무덤을 찾아 묘비 앞에 서 있곤 했다. 삶의 문제들이 작아지고 이내 평정심을

✸ 《삶을 원하거든 죽음을 기억하라》 저자, 한국수필문학진흥회 명예회장, 《에세이문학》 전 발행인, 국제펜클럽한국본부 수필분과 이사, 한국문인협회 회원

회복할 수 있었다. 우리의 삶을 확실히 체감體感할 수 있게 하는 것은 분명 죽음이라는 거울로써였다.

이제 얼마 남지 않은 일몰의 광휘를 바라보면서 그 눈부신 아름다움을, 생의 한 조각조차 아끼게 된다. 점점 가까이 다가오는 저녁 노을 앞에 나는 지금 서 있다.

잠자리에 들면서 하루라도 죽음을 생각해 보지 않은 날이 없었던 모차르트처럼 나 역시도 죽음의 문제에서 진작부터 자유로울 수 없었다. 내 죽음 이야기로부터 글을 시작할까 한다.

"맥박, 그것은 제 무덤을 파는 삽질 소리."

병상에서 나는 갑자기 딜런 토마스의 시구가 떠올라 소스라치게 놀랐던 적이 있었다. 그러면서 잊고 있었던 죽음의 기억들이 하나둘씩, 나무 그림자처럼 내 앞에 어른거리기 시작했다.

6·25 당시 피난하던 중 산골 뒷방에서 본 여동생의 시신이 처음이었다. 미명微明 속에 꼼짝 않고 문에 기대앉은 어머니의 모습과 그 앞에 흰 천에 덮여 있는 작은 물체가 보였다. 그리고 고등학교 2학년일 때 세 살 아래이던 남동생을 뇌염으로 잃었다. 집안의 기둥이 무너지는 충격이었다. 식구들 모르게 이따금씩 미아리 공동묘지를 찾아가 한나절씩 무덤에 기대어 책을 읽다가 돌아오곤 했다. 허난설헌의 〈곡자哭子〉를 읽으며 슬픔을 달랬다. 그 애를 외롭지 않게 하려면 내가 죽음 쪽으로 다가가야 한다는 것이 그때의 생각이었고, 이상하게도 그곳에 가면 집에 있을 때보다 마음이 더 편안했다. 아버지는 약주만 드시면 '한 많은 미아리 고개'를 외치셨고 어머니는 얼마 지나지 않아 동생을 따라 가시고 말았다. 사인은 심장마비.

예기치 못한 죽음들 앞에서 나는 속수무책일 뿐이었다. 죽음의 신死神은 불쑥불쑥 모습을 나타냈다.

제일 가슴 아픈 것은 이장移葬 공고를 통보 받고도 동생의 무덤을 놓친 일이었다. 달려갔을 때는 이미 택지개발로 쓸려 나간 빈 들판, 어디에다 그 잘못을 빌랴. 나는 지금도 보호자 없이 처리된 그때의 일을 떠올리면 어떤 어려움도 견딜 수 있을 것 같다.

무연고자의 화장 처리를 떠올리며 추운 겨울날, 홍제동 뒷산에 올라 화장터에서 피어나는 누런 연기를 보며 황망히 서 있기도 했다. 바람결에 와 닿는 누린내 속에서 동생의 실체를 느껴보려고 애썼던 당시 나는 문학을 지망하는 대학생이었다.

선가禪家에서는 생사生死를 구름에다 비유한다. 구름은 본래 실체가 없는 것이니 그것마저 놓아야 한다지만 말처럼 쉽게 받아들여지지 않았다. 지금도 묘지 찾아다니는 버릇은 그때 잃어버린 동생의 무덤에 대한 일종의 보상심리가 뒤따른 것일지 모르겠다.

"원래 죽음이란 없는 것이다. 영원히 존재하는 영혼의 불멸성不滅性을 인정한다면 부스럼 딱지와도 같은 시신은 아무렇게 해도 무방하지 않은가. 죽음은 부스럼이 딱지 져 상처를 없애는 것과 같고, 묶은 것을 풀어서 칼 틀에서 벗어나는 것과 같고, 새가 조롱을 나오는 것과 같고…… 즉 생사를 초월하는 것이다. 그런데도 육신을 잊지 못해 어찌 미련을 두는지, 이런 사람의 시체는 물에 띄워도 옳고 길가에 팽개쳐도 옳은 것이다."

함허득통 선사의 말씀으로 위안을 삼기도 하고 '흙으로 돌아간 나는 결국은 흙이 되어 없어져 아무것도 없는 공空으로 화하고……'

하는 도연명의 〈자제문自祭文〉을 읽으면서 마음을 달래기도 했었다.

50도 되기 전, 세 아이를 잃은 어머니는 잠깐씩 정신을 놓기도 하다가 결국은 지상에 네 아이를 남겨 두고 떠나셨다. 갑자기 해가 진 어둠 속에서 누나의 퇴근을 기다리며 골목에 서 있던 어린 동생들의 모습. 아픈 가족사만큼 절실한 문학은 없는 것 같다.

일찍이 고아가 된 작가들은 절대적인 결핍 속에서 세상에 대한 면역력을 키우지 못한 채, 제 살을 찢어 진주를 앉힌다. 그것이 영롱한 사리로 빛난다.

10여 년 동안 나는 작가들의 무덤을 찾아다녔다. 묵념과 함께 한 송이 꽃을, 때로는 동병상련의 눈물을 바치기도 했다. 세계 작가 묘지 기행인 《인생은 아름다워라》가 그 성과물이다.

미국의 오 헨리, 나다니엘 호손, 마크 트웨인, 프랑스의 보들레르, 모파상, 일본의 가와바타 야스나리, 다자이 오사무, 나츠메 소세키, 영국의 찰스 램, 워즈워드, 에밀리 브론테, 중국의 두보와 노신, 러시아의 톨스토이 등은 대부분 조실부모한 작가들이다.

이 외에도 많은 작가들의 삶을 조명하면서 그것이 작품 속에 어떻게 용해되어 있으며 실제로 자신의 생사관生死觀과 일치하는지가 궁금했었다.

헤밍웨이는 입 안에 총구를 대고 방아쇠를 당겼다. 나는 그의 자살 앞에서 그가 찾아 간 팜플로나의 투우장을 떠올렸다. 망토 속에서 칼을 뽑음과 동시에 투우사는 황소를 겨누며 소리친다. 토로! 토로! 황소가 돌기 시작하고 투우사도 함께 돌기 시작한다. 둘은 마침내 하나가 된다. 그리고 순식간에 모든 것은 끝나 버린다. 투우사는 단도로 정곡을 찔러 소의 고통을 줄여 준다. 달려드는 황소를(황폐해진 자신의 처참한 죽음을 대비함) 깨끗이 죽이는 것은 투우사의 덕목이다. 헤밍웨이도 방아쇠를 당기는 순간, 자기 아들의 이름에 갖다 붙일 만큼 좋아했던 팜플로나의 투우사 니키노어를 떠올렸을지 모른다. 자신이 내린 규정에 따라 살기 위해 스스로 죽음을 택했던 어니스트 헤밍웨이. 등을 보이며 도망가는 일이란 그에겐 없었을 테니까.

길을 가다가 지금도 스산하게 내 안에 울려오는 말이 있다.

"주여! 저마다 자신의 죽음을 죽을 수 있게 하소서."

릴케의 이 한 구절은 언제나 화두처럼 나를 붙잡고 놓아 주지 않았다. 어떻게 하면 저마다 자신의 죽음을 죽을 수 있을까?

릴케는 보다 고독해지기 위해서 어느 날 스위스의 산간 마을 뮈조트 성관을 찾는다. 단독자單獨者로서 영원히 홀로이고 싶은 사람, 라이너 마리아 릴케. 그는 작품 《말테의 수기》에서 돌아온 탕자가 되어 가족에게 말한다.

"제발 자신을 사랑하지 말아 달라"고.

릴케는 애저녁에 가족과 헤어져 뮈조트 성관에서 철저히 혼자였다. 결국 혼자 죽음을 맞았다.

그는 일찍이 내게 죽음의 그림자를 깨닫게 해 준 남자였다.

……이 세상 어디에선가, 까닭도 없이

누군가 이 밤에 걷고 있는데

그것은 나에게로 오는 것이다! (생략)

고등학교 때 나는 이 시로 그와 만났다. 릴케만큼 죽음에 붙들려 있는 사람도 드물 것 같다. 릴케는 항상 죽음을 의식하고 살았다. '죽음의 본질을 파악하고 그것을 이겨내는 것만이 죽음을 이기는 길'이라고. 그는 항상 본질적인 죽음의 문제에 깊이 천착했다. 꼭 10년이란 세월이 걸려서 완성된 《두이노의 비가》 역시 주제의 핵심은 죽음이었다. '존재한다. 그리고 동시에 비존재의 조건을 알라'고 외친다. 비존재의 조건을 알 때 인간은 자유로워진다는 것. 그것은 성숙한 존재가 되었기 때문이다. 성숙한 인간은 무르익은 과일이 나무에서 떨어지듯이 죽음에 대한 원한이 없다. '죽음은, 완전한 죽음을 끌어안고 깊은 잠에 드는 것뿐'이라고 그는 말했다.

과일 속의 씨앗이 과일을 무르익게 하듯이 인간 속의 죽음도 인간의 삶을 성숙케 한다는 것이다. '임신한 여인의 태 속에 이미 죽음이 싹트고 있다'는 그의 말이 아니더라도 삶이 죽음을 기르는 것이라면 삶을 확고하게 붙들지 않으면 안 된다. 왜냐하면 삶을 놓치고 나면 죽음을 가꾸며 기르고 싶어도 그 근거를 잃어버리고 말 테니까. 그러므로 죽음은 삶의 한복판에서 생각해야 한다.

톨스토이도 삶의 마지막 날들을 고독과 평화 속에서 보내기 위해 이른 새벽, 가출을 결정했고 아스타포브의 작은 역사 안에서 숨을 거두었다.

이것은 내가 바라던 것이다. 이것은 선善을 위한 전부이고, 타인을 위함이 아니라 나 자신을 위한 것이다.

참으로 그는 그답게 죽었다. 늙은 개가 집을 나가듯 어느 날 나도 그렇게 집을 나가 어느 산 속에서 혼자 동사冬死하는 장면쯤을 그려보는 나이가 되어서인지 더욱 감명이 깊었다. 그리고 '자신의 죽음을 타인에게 보이고 싶지 않다'며 혼자 집필실에서 가스 자살을 한 가와바타 야스나리의 심정도 이해되었다. 그가 숨진 마리나 맨션과 가마쿠라의 묘지를 다녀왔다. 호화 분묘였다. 까마귀 떼가 섬뜩했다.

그런가 하면 '인생에는 막다른 골목도 절망도 없다. 사후死後를 믿지 않는다'면서 숨을 거두기 직전까지 후학을 열심히 격려하고 지도하던 중국의 노신 선생. '아무 희망도 없고 완전히 죽어서 없어진다는 생각을 가지고 있습니까?'라는 질문에 '네 그렇습니다.'라고 말한 실존주의 작가 카뮈가 부럽기도 했다. 절체절명의 죽음 앞에서 누구라도 예외일 수는 없겠지만 카뮈처럼 혹은 노신처럼 사형대의 엘리베이터에서 좀 더 당당히 서 있고 싶다.

그러나 내가 가슴 아프게 찾아다닌 곳은 파리에 있는 정신병원이었다. 중풍과 반신불수의 폐인이 되어 돌아온 보들레르가 죽은 에뜨왈 광장 근처 돔가 1번지, 요람기로 되돌아간 아기처럼 어머니 품에 안겨 숨진 그가 한 말이 이따금씩 내 발길을 멎게 했다.

"어머니 우리는 다시 행복해질 수 있을까요?"

실어증 속에서 그가 어머니에게 보낸 마지막 편지의 한 구절이다. 나는 이 말을 입 속에서 수도 없이 외웠다.

'어두워! 어두워!'를 외치며 모파상이 혼자 죽어 갔던, 지금은 터키 대사관저가 되어 버린 그 정신병원을 찾던 날의 내 참담한 심정.

프레지던트 케네디가街의 딱딱한 돌길을 걸어 나와 베라 아케임 다리 위에 서서 한참 바라다본 대사관저의 깃발이 펄럭이던 그 정신병원도 내 심상을 어지럽게 했다.

'인생이란 그리 좋은 것도 나쁜 것도 아니다'라는 잔느(《여자의 일생》)의 말에 어머니의 인생이 겹쳐졌다. 무엇보다 잊을 수 없었던 사건도 모파상과 연관된다. 몽파르나스 큰 묘역에서 사르트르와 보부아르, 사무엘 베케트 그리고 보들레르와 만나고 작은 묘역으로 건너가 모파상의 무덤을 찾을 때였다. 갑자기 하늘에 먹구름이 끼고 음습한 한기가 사람을 기분 나쁘게 하더니 한두 방울씩 떨어지기 시작한 빗줄기가 점차 거세졌다. 그러나 애타게 찾고 있던 모파상의 이름은 보이지 않았다. 우리는 남의 무덤, 석실 안으로 들어갔다. 여섯 사람의 이름이 차례로 죽 적혀 있었다. 고달픈 직장을 퇴직하고 벼르고 벼르던 구혼여행이라고 해도 좋을 여행에서 우리 내외는 무덤만 보고 다녔다. 산 채로 남의 나라 무덤 안에 들어가 있던 그 1시간 30분가량의 기억을 어찌 잊으랴. 새천년이 시작되는 2000년 5월의 일이다.

남편도 시부모님 때문에 힘든 시기를 겪었다. 1982년 어느 가을날 수업 도중에 걸려온 전화. 축축한 아궁이에 불을 지피고 주무시던 시부모님께서 응급실 산소통에 들어가 계신다는 전갈이었다.

어머님은 끝내 의식이 돌아오지 못한 채 3년을 살다 가셨고, 아버님은 서서히 회복되었으나 5년을 누워 계셔야 했다. 추석날 아침 코에 연결된 호스에 주사기로 미음을 넣어 드리면서 처연하고도 그 비장했던 아침의 날씨조차도 또렷이 기억된다. 삶이란 것이 너무

무거웠다. 그 뒤 어머님의 장례를 치르고 시아버님을 집으로 모셔
왔다. 학교를 사직해야 했다.

가족이 나가고 나면 낮에는 시아버님과 나 둘뿐이었다. 소변 통을
살펴보러 들어가고, 세 끼 식사 외에도 청소·환기·TV 스위치 때
문에 자주 방문을 열었는데 어느 날인가는 문득 삶이 아닌 죽음을
확인하러 드는 게 아닌가 하는 생각에 혼자 소스라치기도 했었다.

지병인 당뇨가 오래되었지만 식단 조절로 괜찮은 편이었는데 어
느 날 쟁반에 생이빨 하나가 떡 하니 올려져 있는 게 아닌가. 그 놀
라움이란! 뛰는 가슴은 쉽게 진정되지 않았다. 대체 어디까지를 살
아 있다고 하는 것인가?

풍선에서 바람이 새어나가듯 생명의 기운은 조금씩 소진되어 갔
고, 몸에선 살이 내리며, 눈은 움푹 꺼져 사그라지는 모습을 보면서
죽음에 대한 여러 가지 생각을 떨치기가 어려웠다.

왜 죽는가?

어떻게 하면 죽음으로부터 자유로워질 수가 있을까? 할 수만 있
다면 시계를 몰래 분해해 보고 재조립할 때처럼 죽음을 한번 해체
해 보고 싶었다.

그때부터 죽음에 관련된 자료들을 모으기 시작했다. 1985년 여
름의 일이다. 그것이 1998년 《남산이 북산을 보며 웃네》로 묶여져
나왔고, 2002년 《삶을 원하거든 죽음을 기억하라》로 제목을 바꿔
다시 출판되었다.

삶을 원하거든 죽음을 기억하라

죽음을 알기 위해서는 삶을 알지 않으면 안 된다. 죽음에 대한 태도는 생에 대한 태도로부터 시작되기 때문이다. 죽음을 바르게 안다면 삶 또한 반듯해지리라.

'참된 철학자는 결코 죽음을 생각하지 않는다. 철학자의 지혜는 죽음에 대한 명상이 아니라 삶에 대한 명상'이라고 말한 이는 스피노자였다. 그러고 보면 죽음을 탐구하려다가 내가 만나게 된 것도 삶이었다. 그러니 삶을 원하거든 죽음을 기억해야 하리라.

아우구스티누스는 '죽음의 공포는 하느님의 성총 속에서 극복될 수 있다'고 고백했다. 그런가 하면 스피노자는 '이성의 보호 하에 사는 자유인은 죽음의 공포 따위에 지배당하지 않는다'고 말했다.

스토아학파의 대표인 세네카는 '죽음의 공포를 극복하기 위해 항상 죽음을 생각해야 한다'고 강조했으며 에피큐리언들은 '죽음은 우리에게 있어 무의미하다. 우리가 생존하는 한 죽음은 우리와 함께 하지 않고 죽음이 우리에게 오는 순간, 우리는 이미 존재하지 않는다. 죽음은 산 사람에게도 무관하고 더욱이 죽은 사람에게는 관련될 수 없다'고 잘라 말했다.

고통 속에서 살도록 운명지어진 이 실존實存의 고통을 이겨내는 방법에 대해 쇼펜하우어는 이렇게 말했다.

"유한하고 경험적인 자아自我는 자신의 생애를 고통받으면서 고통스런 노력 속에서 살도록 운명지어진 우주적宇宙的 의지의 표현이다. 이 고통을 이겨내는 방법은 순수무의지純粹無意志 또는 무관

ⓒ 지운스님

심의 상태에 도달하는 것이다."

임종의 자리에서 흔들리지 않기란 사실 쉽지 않다. 그러나 그런 모습은 철학자들이나 선사들의 최후에서 어렵지 않게 볼 수 있다.

일본의 선승禪僧이며 와카和歌 시인인 료오칸良寬 선사는 어린애처럼 천진무구한 스님이었다. 일본에 대지진이 일어났을 때 암자에 별탈이 없는지 묻는 친구에게 그는 답장을 썼다. 료오칸 선사의 죽음관을 엿볼 수 있는 대목이다.

재난을 만날 시절에는 재난을 만나는 것이 좋다. 죽을 시절에는 죽는 것이 좋다. 이것이 재난을 피하는 묘법이다. 거미집에 걸린 벌레는 반드시 버둥거리게 마련이다. 그러나 버둥거리면 그럴수록 거미줄에 감기고, 마침내 체력을 소진하여 자멸해 버린다. 마찬가지로 우리들은 재난을 만났을 때, 언제나 이모저모로 고민하고 있다. 재난 가운데서 버둥거리고 있는 것이다. 거미줄에 걸린 벌레가 살아날 방법은 없다. 인간은 죽음을 피할 수는 없다. 그렇다고 한다면, 재난 가운데서 이것 저것 고민하고 죽음을 앞에 두고 버둥거려 보아야 별수 없는 것이다. 별수 없다면, 차라리 이것저것 고민하는 것을 그만두면 된다. 모든 것 을 운명이라 생각하고 체념하여 무심無心으로 되는 것이다. 그것이 재 난을 피하는 묘법妙法이다.'

결국은 우리가 가서 도달해야 할 자리가 아닌가 싶다.

쇼펜하우어가 말한 '무관심의 상태', 료오칸 선사가 제시한 '무심 無心'의 경지에 이른 사람들은 《삶을 원하거든 죽음을 기억하라》 속 에 많이 등장한다. 이 책은 철학자와 선사에게 비중을 두었기 때문 이다.

역사 속으로 찾아가는 죽음 기행인 이 책에는 약 120명의 인물이 등장한다. 그러나 제한된 지면이기에 여기에서는 철학자들의 생사 관生死觀을 중심으로 살펴보기로 하겠다.

서양 철학자의 경우

그리스의 철학자 소크라테스(BC469~399)는 우중정치를 하던 국가에 고발되어 사형판결을 받았다. 그의 죄목은 '국가가 믿는 신

神을 믿지 않고 이상한 종교를 선포하고 다니며 청년들을 타락시켰다'는 것이었다. 30일 동안 감옥에 있었는데 찾아오는 제자나 친구에게 영혼의 불멸과 사후 세계의 존재에 대해서 말하고 결코 죽음은 두려워할 것이 아니라고 가르친다.

"육체는 혼의 묘지다. 우리의 혼을 육체로부터 해방시키는 일이니 오히려 '죽음'은 경사스런 일이 아닌가."

그는 독약을 재촉해 마셨다.

"독이 무릎까지 올라왔다. 무릎까지 완전히 죽었다. 잘라낸다 해도 모를 것이다. 그러나 친구여, 내 말을 들어 보라. 내 다리는 죽었지만 나는 아직 살아 있다. 이제 한 가지는 확실해졌다. 나는 내 다리가 아니었다. 나는 아직 여기에 있다. 나는 완벽하게 여기에 있다. 내부의 어떤 것도 사라지지 않았다."

"(중략)……내가 없어졌다고 생각하지 마라. 육체의 이렇게 많은 부분을 잃고도 난 아직 건재한데 조금 더 육체를 잃는다고 해서 어떻게 그것이 끝이라고 할 것인가?……(후략)"

그는 죽는 순간까지 제자들을 옆에 두고 이렇게 '죽음'을 가르쳤다. 그리고 '나보다 즐겁고 착한 생애를 지낸 인간이 있다고는 보지 않는다'면서 자신에 대해 만족함을 가지고 인생을 끝냈던 것이다.

《티베트 사자의 서》는 임종할 때, 자신의 생각을 올바르게 통제하고 분명한 의식을 지닌 채 죽음을 맞이해야 한다고 가르친다. 왜냐하면 생각하는 것에 따라 다음의 생生이 결정되기 때문에 부디 죽는 순간, 무의식에 빠지지 말라고 경고한다.

그것을 실천한 사람이 있다. 러시아의 수학자 P.D. 우스펜스키이다.

의사의 절대안정을 권유받고도 그는 계속 움직였다.

"나는 모든 고통을 경험하고 싶다. 죽음의 고통이 너무도 격렬해서 무의식이 되어 버리지 않았으면 한다.……죽음이 왔을 때 완벽한 의식을 가질 수 있도록."

우스펜스키가 걸으면서 친구들에게 말했다.

"이제 조금 남았다.……앞으로 열 발자국이면 다 끝난다. 나는 약해져 있다. 그러나 마지막 한 걸음을 디딜 때까지 계속 걸어야 한다. 마지막까지 뭔가 하고 싶다. 그렇지 않으면 깨닫지 못하는 사이에 죽음이 날 사로잡을지 모른다. 긴장을 풀면 잠에 떨어질 것이다.……죽음의 순간에 그런 일이 일어나는 것을 나는 결코 원치 않는다."

마지막 한 발을 내딛으면서 우스펜스키는 죽어 갔다.

"여기까지야. 이것이 내 마지막 한 발이다. 나는 지금 쓰러지려하고 있다. 떠나가기 전에 말하게 해 달라. 나는 저 옛날의 육체를 떨어뜨리고 있다. 당신들은 지금 내 육체가 해방되는 것을 볼 것이다. 그러나 나는 훨씬 전부터 육체가 떨어진 것을, 그래도 아직 내가 존재하고 있는 것을 보고 있다. 육체와의 결합은 전부 무너지고 있다. 그런데 아직 내부에서 난 여전히 존재하고 있다. 지금 육체만이 쓰러져 간다.…… '나'에게는 쓰러질 방법도 없다."

여기에서 생각나는 또 한 사람이 있다.

길 가는 애들에게 지게막대기로 자신을 때려달라고 했던 경허스님. 많이 때리는 사람에게 돈을 많이 주겠다고 하니 아이들이 신바람이 나서 스님을 두들겨 팼다. 그때마다 '나는 안 맞았다. 안 맞았다'고 외쳐댔다. 매를 맞은 것은 썩어질 육체였고 청정한 진아眞我는 맞지 않았다는 엄격한 자기 점검. 경허스님은 63세가 되자 제자에게 말했다.

"내일 가야겠다."

"어디로 가시는데요?"

"바람 따라 갈 뿐이란다."

요즘 나는 이 대목을 많이 생각하게 된다. 자연의 일부로 돌아가는 만법귀일萬法歸一의 어떤 기운이 내 몸에서도 느껴지기 때문이다.

마지막으로 그는 일원상一圓相을 그린 뒤, 비스듬히 누워서 입적했다.

스토아학파의 창시자인 제논은 엄격한 금욕 생활을 통하여 최고의 선善을 실현한 현자였다. 스토아학파는 에피쿠로스처럼 삶의 의미를 쾌락과 향유에서 찾는 게 아니고 자기 자신의 일치에서 찾는다.

어떻게 해야 인간이 자기 자신과의 합일合一에 도달하는가? 그것은 자연과 합치合致되어 살게 됨으로써 가능하다고 제논은 말한다. 즉 자기 자신과 합일合一하여 행동하고, 자신의 내부에서 그 본성을 실현하는 사람이 동시에 우주의 포괄적 법칙과도 합치되어 행동한다는 것이다.

그는 유난히 수줍음을 많이 탔다. 먹고사는 생활은 간단했으며 그의 남루한 외투는 혐오감을 줄 정도였다. 그래서 아무 욕심 없는 사람을 가리켜 '철학자 제논'이라고들 했다.

마케도니아 왕조차도 아테네에 체류할 때마다 제논의 강의를 놓치지 않았다.

강의를 끝내고 집으로 돌아오는 도중이었다. 제논은 돌부리에 걸려 넘어지면서 손가락을 다쳤다. 그때 그는 땅을 치면서 이렇게 말했다.

"곧 갈 건데 왜 이렇게 야단이냐."

죽음의 시간을 알리는 신들의 예고라고 생각했던 것이다.

그는 그 자리에서 세상을 뜨고 말았다. 스스로 목을 맨 것이다. 서둘러 돌아갈 곳이 있는 것처럼 지체 없이 떠났다.

기원전 246년의 일이다. 그의 학통은 세네카, 절름발이 노예 에픽테토스, 마르쿠스 아우렐리우스 등으로 이어졌다.

에피쿠로스는 72세가 되자 자신의 종말을 예감하였다. 그는 재산을 모두 처분하고 노예들을 풀어 주며 친구 미도메데스에게 다음과 같은 편지를 썼다.

나는 생에 있어서 행복한 나날을 체험하고 동시에 그것을 마칠 때에 즈음하여 당신에게 이 편지를 써 둔다. 오줌이 나오지 않는 괴로움이 자주 엄습하고, 이 고통보다 더 지독한 것은 없을 정도의 설사로 고통받고 있다. 그러나 나의 정신 속에는 내가 쟁취할 수 있는 모든 인식을 상기시키는 기쁨으로 가득 차 있다.······

그는 지병인 요도염 때문에 욕탕 속에 들어앉아 온수욕을 하며 포도주를 마시다가 그대로 숨을 거뒀다. 그러나 이렇듯 정신은 기쁨으로 충만되어 있었다.

소크라테스는 '나보다 즐겁고 착한 생애를 지닌 인간이 있다고는 보지 않는다'고 자신에 대해 만족해 하며 죽었다.

20대에 부모를 잃고 떠돌이로 살면서 나중에는 귀까지 먹었던 존 로크는 자신의 비문에 이렇게 썼다.

길가는 나그네여, 잠시 걸음을 멈추어라. 여기 존 로크가 누워 있다. 그가 어떤 사람이었는지 묻는 이가 있으면 그는 자기 운명에 만족하고 산 사람이라고 대답해 주어라.

노예로 태어난 현자賢者 에픽테토스는 그의 주인에게 고문을 받다가 다리가 부러졌을 때에도 '주인님 그렇게 비틀면 부러진다고 하지 않았습니까?' 하고 마치 뜰 안의 나뭇가지가 부러진 일 이상으로 신경 쓰지 않았다. 그는 영靈 외에는 아무것도 사랑하지 않았다. 가진 것은 없고 절름발이였지만 그는 자기를 가진 것으로 행복할 수 있었다. 소유는 인간을 노예화하고, 존재는 인간을 자유화한다고 믿었다. 비록 노예였으나 그의 80여 년의 생은 이러한 평정 속에서 생을 즐겁게 보낼 수가 있었다.

파스칼은 병의 고통을 통해서 오관의 쾌락을 끊을 수 있으며, 정욕도 끊을 수 있으니 병은 오히려 환영해야 할 것이라고 말했다.

언제나 마음의 평정을 잃지 않고 있던 칸트는 기쁨에 넘치는 얼굴로 죽는 순간 '야! 참 좋다'는 말을 남겼다.

독일의 플라톤이라고 지칭한 슈라이에르마허는 70세가 되어 임종이 가까워지자 부인에게 말했다.

"지금 의식과 무의식 사이를 방황하고 있지만 내 속에서는 천국을 즐기고 있소."

이처럼 생을 적극적으로 살고 죽음을 적극적으로 수용했던 것이다.

어려서부터 두통에 시달리고 눈병과 매독으로 고통을 겪으면서도 니체는 자신의 삶과 운명을 끝까지 사랑한 놀라운 사람이었다. 그를 실존철학자라 부르며 '생의 철학자'라고 부르는 이유도 아마 여기에 있을 것이다. 비참한 경우를 당하더라도 굴복하지 않고 '현재의 삶'을 대단히 소중하게 여겼다.

니체의 후계자로 실존주의實存主義 작가인 카뮈는 인간의 운명을 시시포스적 비극에 비유하였다. 산꼭대기에 올려놓은 바위가 아래로 굴러 떨어지면 다시 올려놓아야 하는 시시포스처럼 반복되는 고통 속에서도 그런 노력이 허사라는 사실에 아무런 불만조차 갖지 않았다. 오히려 카뮈는 그러한 순간이 '행복하다'고 선언한다. 인생의 행복이란 결과에 있는 것이 아니라 과정 그 자체이듯이 살아 있음의 '생'을 강조했다.

스피노자는 '참된 철학자는 결코 죽음을 생각하지 않는다. 철학자의 지혜는 죽음에 대한 명상이 아니라 삶에 대한 명상이다'라고 앞에서도 언급한 바 있다.

철학자답게 마음의 평정을 중시한 것은 동서양이 같았다. 제자를 위해 마지막까지 수업을 계속한 점도 공통된 모습들이었다. 그러나 고요하게 앉아 죽음을 초탈하는 도학자나 선사들의 마지막 모습이 정적이라고 한다면 서양 철학자들의 경우는 동적이며, 훨씬 적극적임을 알 수 있었다. 그들은 생을 긍정적으로 표현하였으며 생에 대한 찬사 또한 아끼지 않았다.

동양 철학자의 경우

동양 철학자들은 생사를 하나의 자연으로 보았다. 주자朱子의 '성즉리性卽理'에 '심즉리心卽理'라는 학설을 들고 나와 주자와 쌍벽을 이루었던 육상산陸象山. 그는 심학心學의 철학가였다. 죽기 며칠 전 '나는 머지않아 죽을 것이다'라고 하였다. 그의 아들이 '왜 그런 불길한 말씀을 하십니까?' 하고 묻자 그는 나직하게 말했다.

"죽음 또한 자연 아니냐?"

그는 약까지도 거절했다. 목욕한 뒤 새 옷으로 갈아입고, 의관을 정제한 뒤 반듯하게 앉아서 죽었다.

장자莊子는 아내가 죽자 땅바닥에 두 다리를 뻗고 앉아 항아리를 두드리며 노래를 부르고 있었다. 그의 둘도 없는 친구 혜시가 조문을 왔다가 이 광경을 보고 친구를 나무랐다. 장자는 혜시에게 이렇게 답했다.

"아내가 죽자 나도 놀라고 슬펐다. 그러나 생각해 보면 삶과 죽음이란 봄 여름 가을 겨울이 왔다가 가고 갔다가 다시 오듯이 무한히 순환하는 것과 같다. 내 아내는 지금 거대한 방에서 편히 잠자는

데 내가 곡哭을 한다는 것은 아무래도 너무나 천명天命을 모르는 소
행처럼 생각되었다. 그래서 곡哭하는 것을 그만두었다."

그는 한 하늘 아래 흐린 날과 맑은 날이 있는 것처럼 삶과 죽음을
그렇게 해석했다.

오직 나와 저(해골)만이 알고 있다.

일찍이 삶도 없고 죽음도 없다는 것을.

삶과 죽음을 걱정하랴.

삶과 죽음을 즐거워하랴.

오직 너와 나만이, 네가 일찍이 죽지 않았고

일찍이 산 적도 없다는 것을 안다.

너는 과연 해골이 된 것을 괴로워하는가.

나는 이 세상에 있는 것을 기뻐하고 있겠는가.

장자는 죽음에 임박하여 제자들에게 말했다.

"땅으로 관棺을 삼고, 하늘로 관 뚜껑을 삼겠다. 해와 달과 별이
내 장식품이 되리라. 내 장례는 이미 준비가 되었으니 무엇을 더 준
비하랴."

서화담은 《귀신생사론鬼神生死論》에서 생사에 대한 자신의 견해
를 이렇게 밝혔다.

"정이천程伊川은 사와 생, 사람生과 귀신死은 하나면서 둘이요 둘
이면서 하나라 했으니 이것으로써 다 말한 것이다. 나도 사死와 생
生, 인人과 귀鬼란 다만 '기氣의 뭉침과 흩어짐일 뿐'이라고 생각한

다."

"사람이 죽어 흩어짐은 형체만 흩어질 뿐이요, 담일청허한 기운의 뭉침은 끝까지 흩어지지 아니 하느니 흩어진다 해도 태허太虛 담일한 안에 있어 그와 동일한 기이다.…… (생략) ……눈앞에 사라져 버림을 보지만 그 나머지 기운이야 마침내 흩어지지 아니하는 것이니 어찌 이것을 다 없어진다고 하겠는가?"

소크라테스의 영혼불멸설과 다르지 않다.

이렇게 화담(서경덕)은 생사生死를 촛불에 비유하여 촛불이 타서 없어지는 것 같지만 그 기는 우주 안에 그대로 있는 것과 같이, 사람도 죽으면 보이지 않는 우주 속에 그대로 있다고 하였다.

늦더위가 한창인 7월이었다.

화담은 제자들에게 자신을 화담花潭 못가로 옮겨 달라고 하여, 그 물로 몸을 깨끗하게 씻고 돌아온 후 임종에 이르렀다. 명종 원년, 세수 58세 그날은 천계天界에서 견우성과 직녀성이 만나는 칠석날이었다.

육상산의 '심즉리心卽理'를 중심으로 하여 마음이 곧 천리라는 학설을 내세웠던 왕수인. 그의 호는 양명陽明이다.

그는 '모든 사事와 모든 리理는 마음을 벗어나지 않는다'고 하여 마음 밖에 따로 이치나 사물이 존재한다는 것을 부정하였다. 우주는 곧 나의 마음이며 나의 마음이 곧 우주라는 육상산의 학설을 계승한 왕수인은 만물이 모두 사람의 마음에 의지해서 존재한다고 생각하였다. 불교의 일체유심조一切唯心造와 다르지 않다. 그러니 모든 게 어떻게 마음 밖의 일이겠는가?

그의 제자들이 임종 앞에서 물었다.

"선생님 지금 심경이 어떠하십니까?"

"이 마음이 광명한데 또 다시 무슨 말을 하겠느냐."

왕양명 최후의 모습이다.

'삶과 죽음의 이치를 안 지 이미 오래라 심경은 편안하기만 하다' 던 서화담 선생, '죽음 또한 자연 아닌가' 하던 육상산, '조화造化를 따라 사라짐이여, 다시 무엇을 구하리오' 의 퇴계 선생, '삶과 죽음은 보통 있는 일이다' 의 소강절 선생, 도학자들은 모두 죽음 앞에서 이와 같이 흔들림이 없었다.

기독교의 죽음관

예수의 죽음은 죄 없는 죽음이었다. 아담과 이브가 범한 원죄를 속죄하기 위한 죽음이었으므로 대속의 의미를 갖는다.

인류의 시원始原인 아담과 이브에게는 애당초 죽음이란 게 없었다. 그들의 생명 조건은 유한도 무한도 아니었다. 그런데 만지지도 먹지도 못하게 한 선악과를 따먹었다. 사탄인 뱀에 의해 선악과를 선택함으로써 하느님을 거역하고 죽음을 선고받게 된 것이다. 즉 신체적 죽음은 인간이 신神을 거역한 죄악의 결과라고 생각한다. 그러나 그리스도가 인간의 죄를 걸머지고 대신 희생이 됨으로써 하나님과 인간의 사이를 화해시키려 했으니 그를 믿으면 죄를 용서받고 천국에 가서 영생을 얻게 될 것인바, 창조주를 믿고 죽음에서 벗어나려고 한 것이 기독교의 죽음관이라고 할 수 있다.

그리스도의 죽음은 부활을 보여 주기 위함이었다. 죽음과 부활을 중심으로 창조주를 알게 함으로써 죽음의(공포·극복) 문제에 대한 해답의 열쇠를 제공한다.

'죽음의 공포는 하느님의 성총을 통하지 않고서는 극복될 수 없다'는 아우구스티누스의 〈고백〉이 그것을 뒷받침한다. 그래서 하느님을 의지하는 신자들은 평안히 죽어 가며 '내가 살면 그것은 주님의 은총이요, 내가 죽으면 그것은 주님의 영광'이 되는 것이다. 그런 신념으로 순교한 사람의 예를 보자.

성聖 이그니티우스의 순교

이그니티우스는 그리스도교의 사도 교부의 한 사람으로, 안티오키아의 사제였다.

로마제국 공인의 신들을 승인할 것을 거부했기 때문에 박해를 받고 체포당했다. 로마의 원형극장에서 사자에게 죽임을 당하는 형벌이 내려졌다. 그는 순교를 택했으며 다가오는 사자獅子를 향해 이렇게 말한다.

"이 짐승을 환대해 주기로 하자. 더욱 사나워졌으면 좋겠는데. 만일 나에게 덤벼들 의사가 없는 듯하면, 이쪽에서 먼저 도전하여 힘껏 끌어낼 것이다. 나는 신의 밀알이다. 그렇다면 그리스도를 위한 잡물이 섞이지 않은 순수한 빵이 되기 위해서는 맹수의 이빨로 빻아져야 한다.”

하나님이 주신 생명이니 하나님을 위해 목숨을 바치는 것은 오히려 그들에겐 영광된 일이었다. 그리고 ‘언제 죽는가’ 하는 것도 하나님께서 정해 주신다고 믿는다. 그러므로 주님께서 죽음으로 부르는 때가 오면 기쁘게 응한다는 자세를 취한다. 왜냐하면 고통이 없는 나라, 하나님이 계시는 나라, 천국으로 가는 것이기에 기쁨과 희망을 가지고 죽음에 임할 수 있었다. 그들의 죽음은 구원과 연결된 죽음이며, 부활과 영생이 약속된 죽음이기 때문이다.

김대건의 치명致命

한국의 천주교회는 네 번에 걸쳐 큰 박해를 받았다. 이때 1만 명 신도들의 목이 잘리었다. 신의 이름을 위해 목숨을 바치는 이 순교 행위를 가톨릭에서는 치명致命이라고 명명하는데 ‘최상으로 축복된 순간’이라 여긴다. 왜냐하면 그 신앙적 죽음을 통해서만이 가장 명예로운 신앙의 증거가 즉각에 이루어지고, 신의 무한한 축복과 영원불멸한 낙토천국이 현실화된다고 믿기 때문이다.

한강 새남터(노량진 시장) 형장에 끌려 나온 김대건 신부의 순교 장면이다.

“사학악인邪學惡人 김대건의 목을 베어 달아 모두 이를 경계할 것을 명하노라.”

군졸들은 그의 옷을 벗기고 관습에 따라 두 귀에 화살을 꿰고, 얼굴에는 물을 뿜고 흰 회를 발랐다. 그리고 두 명의 군졸이 김대건 신부의 양쪽 겨드랑이 밑에 두 개의 몽둥이를 끼워 앞뒤로 걸머메고 군졸의 둥근 진의 바깥쪽을 세 차례나 돌린 후 꿇어앉혔다. 그리고는 한 가닥의 밧줄로써 김대건 신부의 머리칼을 동여매어 그 한 끝을 사형대의 말뚝 구멍에 끼워 잡아당기니 김대건의 얼굴은 하늘을 보게 되었다. 그래도 김대건은 태연하게 눈썹조차 움직이지 않으면서 말한다.

"한 번 나고 한 번 죽는 것은 사람이 면하지 못하는 것이거늘 이제 천주를 위해 죽는 것이 도리어 나의 소원이니 오늘 묻고 내일 물어도 이 같을 뿐이요, 때리고 죽여도 이 같을 뿐이다. 빨리 죽여 달라."

그리고 군졸들에게 말했다.

"몸가짐이 이러하면 좋으냐? 쉽게 자르겠느냐? 자, 나의 목을 잘라라. 준비는 다 되었다."

이리하여 12명의 살수殺手가 시퍼런 칼을 휘두르며 자르는 흉내를 내면서 신부의 주위를 빙빙 돌아 달리다가 각각 한 칼씩 내려치니 여덟 번째 칼날에 신부의 머리는 앞쪽으로 떨어졌다.

유교의 죽음관

인간은 우주의 일부이기 때문에 우리의 죽음은 우주 진행의

© 이인자

필연적 현상이다. 유교는 이것을 깨닫고 겸손하게 받아들여야 한다는 입장을 취한다.

저 장자莊子의 말대로 '대지大地가 나에게 형체를 주었고 생명을 주어 일하게 하였고 나이 먹게 하였고 죽음으로써 쉬게 한다. 그리하여 생애를 잘 지냈으면 죽음 또한 즐거이 맞이해야 하지 않겠느냐'는 것이다.

물아일체物我一體니 자연으로 기쁘게 돌아가라고 한 유가나 도가의 처방전은 아직도 우리 곁에서 유효하다.

그들에 의하면 인간은 기氣와 정선된 물질적 힘이 결합된 결과로 태어난다. 우리는 물질의 힘을 일정량—定量 보유하게 되는데 그것은 필연적으로 소모된다. 소모되면 하늘 편에 있는 생명력은 다시 하늘로 올라가고, 대지의 편에 있는 몸은 땅으로 돌아간다. 이것이 인간의 죽음이다. 죽으면 그 물질적 힘은 해체되어 버린다. 그러나 일시에 해체되어 버리는 것은 아니다. 4대 조상까지 유효하며 제사祭祀를 통해 감응과 소통으로 조상들의 음덕을 입는다는 것이다.

유가에서는 제사를 중시한다. 자손이 조상의 제사를 드릴 때 흠향하러 오는 존재가 있다고 믿는다.

"만약 와서 흠향하는 존재가 없다고 한다면, 대체 무엇을 제사 지낸단 말인가? 숙연히 위에 있으면서 사람으로 하여금 경외감으로 받들어 모시게 하는 이것은 무엇이겠는가?"

주자는 《어류》에서 다시 말한다.

"……오직 천지 음양의 기氣는 사람과 만물이 다 같이 얻는다. 기가 모이면 사람이 되고, 흩어지면 귀신이 된다. 그러나 그 기가 이미 흩어져도 이 천지 음양의 이치理는 끊임없이 낳고 낳는다.”

조상의 정신과 혼백은 이미 흩어져도 일부—部는 자손의 정신과 혼백으로 이어지는 것이 있다. 그러므로 제사의 예禮에서 정성과 공경을 다하면 바로 조상의 혼백을 불러올 수 있다고 하였다.

결국 자손은 조상의 기氣이다. 제사를 지내는 자는 그의 자손이므로 결국 같은 기氣여서 감응하여 소통하는 이치가 있다는 것이다.

다시 소강절은 말한다.

“나무가 열매를 맺어서 그 열매를 심으면 또 나무가 되고 열매를 맺는다. 나무는 예전의 나무가 아니지만 이 나무의 신神은 둘이 아니다. 이것이 진실로 낳고 낳는 이치라고 한다.”

생생지위역生生之謂易, 이것을 ‘주역’이라 하며 이것은 초목뿐 아니라 사람에게도 해당된다.

제사도 영혼과 핏줄이 이어져 계승되므로 죽지 않는다. 유가의 죽음은 ‘죽어도 대代를 이어가니 죽지 않는다’는 것이다. 이렇게 유가儒家는 조상숭배 의식을 통해 조손祖孫 간의 일체감과 생명의 영속성을 말했다. 이들은 죽음을 인류의 종말이나 단절로 보지 않았다. 특히 유가에서는 낙천명樂天命을 강조한다. 생사가 모두 천명天命에 의한 것이므로 천명이 가리키는 바, 군자답게 정도正道를 행하면 죽음조차도 즐거운 일이라고 말한다.

올바르게 잘 사는 인물 유형으로 군자君子를 제시하고 공자의 ‘극기복례克己復禮’나 ‘살신성인殺身成仁’, ‘사생취의捨生取義’를 강조했다. 그러므로 충신열사들은 신념을 가지고 인의仁義를 위해 목숨을 버리는 이가 많았다.

성삼문의 집안은 그 부친과 세 아우 그리고 네 아들, 갓난아기까지 모두 죽임을 당했다. 대여섯 살밖에 안 된 딸이 울부짖으며 행렬의 뒤를 따라오니 아버지 삼문은 뒤를 돌아보며 말했다.

"사내아이는 다 죽어도 너만은 죽지 않으리라."

삼족을 멸문당한 충절이었다. 충절이 무엇이길래, 목숨이 인의仁義보다 못하단 말인가? 노모 앞에(적진에서) 살아 돌아온 관중의 삶을 되짚어보게 된다.

도교의 죽음관

도교道敎의 궁극적 목적은 불로장생不老長生이다. 영원히 늙지 않고 죽지 않는 장생불사長生不死를 말하면서 생의 연장을 강조했다. 불로장생을 위한 양생법과 독특한 수련을 통해 신선神仙이 되는 것을 목표로 한다.

원래 도교는 고대의 민간신앙을 기반으로 하여 신선설神仙說을 그 중심에 두고, 거기에다 도가道家·역리易理·음양·오행·참위·의술·점성占星 등의 이론과 무술적인 행법을 보태고, 다시 불교의 체제와 조직의 영향을 받아 형성된 종교이다. 중국의 황제黃帝와 노자老子를 초인적 존재로 생각하고 신선으로 꼽아 '황노黃老신앙'을 탄생시키기도 하였다.

신라 말 김가기金可紀는 중국에 들어가 도술을 공부했다. 3년의 수련을 닦은 끝에 단丹을 이룩했다. 단은 선단仙丹이라 하여 그것을 먹으면 신선이 되니, 이를 우화이등선羽化而登仙이라 하는데 실제로 김가기는 858년 2월 25일 관중들이 둘러서서 지켜보는 가운데 신선이 되어 선계의 호위를 받으며 하늘로 올라갔다고 《해동이적海東異蹟》은 전한다.

죽는 형식만을 빌어 신선이 되어 신체만을 남기고 혼백만 빠져나가는 것을 시해尸解라고 하는데 《어우야담》에 보면 김시습의 시해를 기술하고 있다. 생육신의 한 사람인 김시습金時習은 홍산의 무량사에서 죽었는데 임종 때 화장하지 말 것을 당부했다. 스님이 절 근처에 매장했다가 3년 후에 완장完葬하기 위해 열어 보았더니 얼굴색이 살아 있는 것 같아서 사람들은 그가 시해尸解한 것이 아니냐고 했다는 기록이 이이李珥의 《김시습전》에도 보인다.

박지원의 《열하일기》에는 남주南趎의 죽음에 따른 이적異蹟에 관한 기사가 실려 있다. 남주는 중종 때 기묘사화己卯士禍로 곡성에 유배되어 그곳에서 살았다. 그가 어려서부터 수련술修練術을 배운 탓이었는지 30세에 숨을 거두었는데 관을 들어본즉 대단히 가벼워 집안사람들이 다시 열어 보니 빈 관이었고 그 안에 '滄海難尋丹去跡, 靑山不見鶴飛痕'이라는 시구詩句가 쓰여 있었다고 한다. 밭일하는 사람들이 공중에서 풍악 소리가 나서 쳐다보니 남주가 말을 타고 흰 구름 속을 가더라는 것이다. 남주는 19세에 대과에 급제한 재자才子였다. 조사부死한 그를 애석히 여기는 마음에서 이런 설화를 산출시킨 것이 아닌가 한다.

신선神仙 사상을 중시하는 도교에서는 도의 체득을 위해 무욕無

慾, 허정虛靜, 자적自適 즉 자기에의 성실을 통한 자기만족, 무無의 사변思辨과 원초에의 복귀, 전생보진全生保眞. 소박자족의 실천론이 강구되었다. 마음의 평안과 몸의 건강을 위해 화식火食을 피하며 벽곡辟穀했다. 벽곡은 오곡을 먹지 않는 것인데 극소량의 식물을 생식生食으로 섭취한다. 안개나 이슬 같은 것을 먹고 산다는 깨끗한 이미지를 보존하고 소식·무욕으로 신선처럼 맑은 기운을 지향했다.

결국 어떻게 사느냐 하는 문제는 바로 어떻게 죽느냐 하는 문제로 귀결된다 하겠다. 인류의 위대한 스승이라고 일컫는 분들은 하나같이 죽음의 문제를 해결하려 하였고 불사不死의 비전을 제시하고 있다.

예수는 부활로써 영생永生을 약속하고, 석가는 영원히 멸滅하지 않을 진아眞我를 깨달을 것을 권한다.

불교의 죽음관

불교에서는 원래 죽음이 없다고 말한다. 죽음이 없다기보다 내가 죽는 일은 아예 없다는 것이다. 얼마나 신나는 일인가. 왜냐하면 이미 죽을 내가 없기 때문이다.

죽을 내가 없다는 그 무아無我를 아는 것, 이것을 대반야바라밀이라고 한다.

그것을 보조 지눌은 이렇게 설명했다.

그것은 마치 눈병이 있는 사람이 허공에 어른거리는 것을 볼 때 '있다'고 하나, 눈병이 다 나으면 허공의 꽃[飛蚊症]도 저절로 없어져 비로소 아무것도 없었던 것을 알게 된 경우와 같다.

그것을 진각眞覺스님은 게송으로 표현했다.

육신 텅 빈 곳에 나 또한 없으니
말아라.
이 몸의 정체를 어디서 찾을 것인가.

모든 존재는 인연에 의해 가합假合되어 벌어진 현상계일 뿐, 존재의 본질을 꿰뚫어 보면 속은 텅 비어 있다. 그러나 마른 나무에서도 해마다 봄이 되면 꽃은 피어난다. 생명은 연기緣起로 존재한다. 조건만 맞으면 연기 상황으로 존재하다가 조건이 다하면 돌아간다. 우리의 생사도 그와 같다.

올 때 한 물건도 온 바 없으니
갈 때 또한 그러하다.
이는 허공에 뜬 구름과 같은 것
한 가닥 가죽 속의 뼈다귀를 던져 버리니
시뻘건 화로 속 눈송이일세.

원감圓鑑스님의 임종게이다.

'인연에 의해서 생긴 모든 사물은 한바탕 꿈과 같고, 환상과 같으며 물위의 거품과 같고, 그림자와 같으며, 풀잎의 이슬과 같고, 번갯불과 같다'는 《금강경》의 말씀이 그것이라고 하겠다.

나는 지금도 파키스탄의 라호르 박물관에 소장된 부처님의 고행상을 사진으로나마 이따금씩 마주한다. 숙연한 마음과 비장감을 금할 수 없다. 처참하리만치 드러난 늑골.

'여기 이 자리에서 내 몸은 말라빠져도 좋다. 가죽과 뼈와 살이 없어져도 상관없다. 바른 깨달음을 얻기 전에는 결코 이 자리에서 일어서지 않으리라.'

전 인류의 문제를 위한 사생결단의 육성이 들리는 듯하다.

"진실로 이 세상은 고통 속에 있다. 사람은 누구나 태어나 늙고 병들어 죽어 간다. 어떻게 해야 이 생사의 고통에서 벗어날 수 있겠는가?"

이 문제를 해결하기 위해 그 분은 출가를 결행했고 6년 동안 극단적인 방법으로 고행했다.

무엇이 있기 때문에 늙고 죽는 것일까? 무엇에 연고해서 노사老死가 있는 것일까? 아! 태어남이 있기 때문에 늙고 죽음이 있다. 그 태어남을 인연해서 바로 늙고 죽음이 있는 것이다.

그렇다면 무엇이 있음으로 해서 태어남이 있는가? 유有가 있음으로 해서 생生이 있다. 유有는 다시 취取로 인해, 취取는 애愛로 인해 있고, 애愛는 수受로 인해 있고, 수受는 촉觸으로 인해 있고, 촉觸은 6처處로 인해 있고, 6처處는 명색名色으로 인해 있고, 명색名色은 식識으로 인해 있고, 식識은 행行으로 인해 있고, 행行은 무명無明으로 인해 있음을 알아내었다.

이러한 과정과 단계를 거쳐 정리된 것이 12연기법緣起法이다. 즉 생生을 멸하면 노·사가 멸하고, 노·사가 멸하면 우비고뇌憂悲苦惱가 멸하는 것임을 알았다. 명성이 반짝일 때 등정각等正覺을 이루어 삼명이 구족한 '불타'(깨달은 사람)가 되셨다. 이로써 그는 죽음의 문제에서 벗어나게 되었다. 그때의 나이는 35세, 때는 12월 8일이었다.

"생은 어디서부터 오는 것이며, 가면 어디로 가는 것입니까? 노병사老病死 수상행식과 안이비설신의와 지수화풍地水火風 그리고 공空은 어디로부터 좇아오고 가면 어디로 가나이까?"

빈궁한 노파가 부처님께 여쭈었다.

"생은 좇아오는 곳이 없고, 가도 가는 곳이 없으며, 늙음도 병사도 오는 곳이 없으며, 수상행식도 안비이설신의도 지수화풍공도 모두 좇아오는 곳이 없고 가서 이르는 곳이 없느니라. 모든 법은 이와 같으니라. 비유하면 두 나무가 서로 비벼서 불을 내면 도리어 그 나무를 태우고, 나무가 다하면 불이 꺼지는 것과 같으니라."

노파는 다시 부처님께 여쭈었다.

"이 불은 어디로부터 좇아왔으며 어디로 가는 것입니까?"

"인연이 합하면 불이 있다가 인연이 다하면 불이 꺼지느니라."

연기에 의해 가합된 이 몸뚱이는 그림자처럼 실체가 없는 것이기에 본래 공空함을 알면, 즉 '조견오온개공照見五蘊皆空하면 도일체고액度一切苦厄하나니' 모든 괴로움으로부터 벗어나게 된다는 말씀이 《반야심경》의 핵심사상이 아니겠는가.

사리자여 색色이 공空과 다르지 않고 공空이 색色과 다르지 않다. 모든 공한 모습에는 생기고 없어지는 것도 없으며 더럽거나 깨끗한 것도, 늘거나 줄거나 하는 것도 없다. 그러므로 공空의 세계에는 이렇다 할 실체도 없고 감정도, 생각도, 욕망도, 의식도 없고 …… 내지 의식의 영역도 없다.

'내지무노사 역무노사진乃至無老死 亦無老死盡……'

늙고 죽음도 없으며 늙고 죽음을 벗어나는 것도 없나니 괴로움도, 그 원인도 열반도 도 닦음도 없느니라.

《반야심경》의 핵심 내용을 간추려 보았다. 어디에 극복해야 할 죽음이 있는가? 불교의 죽음관은 극복해야 할 대상이 따로 없다는 것이며 그것을 깨닫는 것이 해탈이다.
오온의 공성空性을 절묘하게 노래한 시가 있다.

끌어 모아서 얽어매면, 한 칸의 초가집.
풀어 헤치면 본래의 들판인 것을!

그러기에 혜월스님은 '일체 변하는 법은 본래 그 실체가 없다. 모양이란 원래 허망한 것이라는 것을 안다'면서 부산 범일동 뒷산에 올라 솔가지를 잡은 채 호흡을 접으셨다.
고려 때의 진각스님은 도반 마곡스님과 평소에 다름없이 떠들며 웃다가 갑자기 그의 두 손을 꽉 잡았다.

"이 늙은이가 오늘 몹시 바쁘다네."

"아니 이 사람아! 여태 잔소리를 하다 말고 무엇이 그리 바쁘단 말인가? 원 무슨 말인지 모르겠구먼."

"아, 글쎄, 이 늙은이가 오늘은 몹시도 바쁘다니깐."

마곡이 얼떨떨해 있는 동안 진각스님은 미소를 띠며 호흡을 접으셨다.

오온이 다 빈 그릇이어서 이 몸에는 '나'라고 할 것이 없고, 참마음은 모양이 없어 오고 가는 것도 아니다. 날(生) 때에는 성품은 난 바가 없고 죽은 때에도 성품은 가거나 소멸되지 않는다. 지극히 고요해 마음과 환경은 하나인 것이다. 오직 이와 같이 관찰하며 단박 깨치면 삼세인과에 얽매이거나 이끌리지 않게 될 것이다. 이런 사람이야말로 세상에서 뛰어난 자유인이다.

《선가귀감》의 말씀이다.

오고감이 없는 생사불이生死不二의 도리를 의상스님은 이렇게 읊으셨다.

간다 간다 하지만 본래 그 자리요	行行本處
이르렀다 이르렀다 하지만 떠난 그 자리네.	至至發處

월산月山스님의 임종게도 여기에서 다르지 않다.

한평생을 돌고 돌아　　　　　　　廻廻一生
한 발자국도 옮기지 않았네.　　　未移一步
본래 그 자리　　　　　　　　　　本來其位
그것은 천지 이전에 있었네.　　　天地以前

불교 선양을 위해 기꺼이 목을 내놓을 수 있었던 이차돈 성사, 그리고 허응당 보우스님이 불교 중흥을 이룩하고 문정왕후 서거 후 제주도에 유배된 뒤 죽임을 당하게 되었을 때, 순순히 육체를 내맡긴 것도 그것이 환화幻化임을 알기 때문이었다. 김대건 신부의 치명과는 또 다른 차원의 목숨 내맡김이다.

허깨비 몸으로 와서
오십여 년 온갖 미친 짓
모든 영욕 다 겪고
이제 그 더러운 탈을 벗는다.

그의 임종게가 웅변으로 말해 준다.

'허공에 응應한' 그의 다른 이름 '허응당虛應堂'처럼 보우스님은 허깨비 몸을 통쾌하게 벗어던졌던 것이다.
중국의 승조스님이 왕명을 거역하여 처형될 때도 마찬가지였다.

이 몸은 본래 주인이 없고　　　　四大非我有

오온은 원래 텅 비었어라.	五蘊本來空
저 칼이 내 목을 친다 해도	以首臨白刃
봄바람을 자르는 것과 다름없어라.	猶如斬春風

인도의 제24조가 된 사자Sinha 존자가 남천축국에 머물고 있을 때였다. 외도外道들이 불교를 몰아내려고 승려로 변장하고 임금을 시해하려 하였다. 불교를 독실히 믿던 임금은 삼보三寶를 믿었는데 내게 왜 이런 일이 일어나는가 하고 화를 내면서 사찰을 부수고 스님들을 잡아들이라고 명령했다. 이에 잡혀 온 사자 존자에게 임금이 따져 물었다.

"존자는 오온五蘊이 공空함을 깨달았는가?

"예, 깨달았습니다."

"생사生死는 여의었는가?"

"예, 이미 여의었습니다."

"이미 생사生死를 여의었다면 나에게 존자의 머리를 줄 수 있는가?"

"몸도 내 것이 아니거늘 어찌 머리를 아끼겠습니까?"

즉석에서 칼을 내리치니 존자의 머리는 댕강 잘려졌다.

육신의 죽음은 깨달은 자에 있어서는 죽음이 아니다. 죽은 것은 육신이지 본질적 자아가 아니기 때문이다. 깨달은 경지에서는 더 이상 죽음이 존재하지 않는다.

일찍이 난(生) 적도 없고 죽지도 않았으니까. 왜냐하면 본래부터 적멸상寂滅相이기 때문이다. 이것을 아는 것이 지혜이며 깨달음의 완성이다. 깨달은 이는 적멸상을 통해 이미 죽음이 없음을 알기 때문이다.

자신의 죽음으로써 적멸상寂滅相을 가르친 벽송 선사(1464~1534)

조선시대(세조 9년)에 태어난 벽송의 본명은 송지엄宋智嚴. 무인으로서 많은 전공戰功을 세웠으나 전쟁 뒤에 찾아오는 비감을 어쩔 수 없었다. 죽음에 대한 회의가 깊어졌다.

"대장부가 세상에 나서 마음을 한번 깨달아 밝혀 보지 못하고 남의 막하 군사를 쫓아다니는 것으로 즐거움을 삼았으니 비록 여기에 한마汗馬의 공이 있다 할지라도 그까짓 허명虛名이 생사해탈生死解脫

에 무슨 도움이 되겠는가?"

그리고 분연히 출가를 결심하니, 그때의 나이 28세였다. 출가하여 직지사에서 벽계정심碧溪正心 선사를 모셨다. 석 달이 되어도 법은 한마디 일러 주지 않고 매일 땔감만 져 오게 하자 이에 불만을 품고 그는 하산을 결심하였다.

"내가 안 가르쳐 주었나, 제 놈이 알아듣지 못했지."

선사의 말이다. 선사는 산 아래로 떠나고 있는 벽송스님을 향해 크게 불렀다.

"지엄아! 지엄아! 나 좀 보고 가거라!"

메아리가 계곡을 울렸다. 화가 잔뜩 난 벽송스님은 떠나온 산마루 쪽을 바라보았다.

"도道 여기 있다. 옛다, 받아라!"

선사가 무엇을 집어던지는 시늉을 해 보였다. 순간 벽송스님은 그 자리에 주저앉고 말았다. 온몸이 무너져 내리는 것 같았다. 그리고는 감격의 눈물을 철철 흘렸다. 다시 스승께 나아가 큰 절을 올리고 용맹정진을 거듭했다.

말년에는 지리산에 은거하고 있었다.

어느 날 《법화경》을 강의하다가 문득 〈방편품方便品〉에 이르러 길게 한숨을 쉬면서 말했다.

"중생이 어리석어 스스로 제게 있는 광명을 발견하지 못하고 오래도록 윤회를 받아 오므로 세존께서 이것을 불쌍히 여겨 입이 아프시도록 말씀하신 것이 바로 《법화경》 〈방편품〉이다. 그러나 모두 중생을 깨우치기 위한 방편에 지나지 않는 것이요, 정법은 아니다.

정법이란 적멸허확寂滅虛廓하여 말로써 그 형상을 그릴 수 없는 것이니 이제 너희들이 정말 부처님의 실상을 믿으려면 당장에 자기 마음속으로 들춰내야 한다. 그래야만 부처님의 은혜를 갚는 것이다. 오늘 나도 너희들을 위하여 또 하나의 적멸상寂滅相을 보일 테니 너희들은 절대로 밖에서 찾으려 하지 말고 한마음으로 마음속을 더듬어 보아라.”

벽송지엄 스님은 시자를 불러 차를 달여 오라고 하였다. 문답을 나눈 후 시자가 끓여 온 차를 마시고 방장실로 들어가 문을 닫았다. 그 후 오래도록 아무 기척이 없어 문을 열어 보니 벌써 앉은 채로 입적에 든 뒤였다. 〈방편품〉 강의 도중 스스로 적멸상을 나타내 보였다.

외도들의 돌에 숨진 목갈라야나

신통제일神通第一의 목갈라야나는 나이 70이 넘도록 많은 대중을 교화하였는데 특히 외도들을 많이 교화하였다. 그래서 외도의 우두머리들은 목갈라야나 존자를 적대시하였다. 또 그를 직접 살해하면 부처님의 교단과 명예에 손상을 입힐 수 있을 것이라 생각하고 자객을 시켜 여러 번 살해를 시도했다. 그러나 신통력이 뛰어난 목갈라야나는 그때마다 방편을 써서 위험에서 빠져나왔다. 처음 두 달 동안은 무슨 수를 써도 목갈라야나를 해칠 수 없었다. 석 달째가 되던 때 자객들은 다시 그가 머물고 있는 수도원을 포위하였다.

이때 목갈라야나는 선정禪定에 들어 자신의 전생을 살펴보았다.

어느 전생에는 어부가 되고, 또 어느 때는 도살업을 하여 많은 짐승을 죽인 과보가 남아 있음을 스스로 알았다.

만약 저들의 원한을 지금 풀어 주지 않는다면 저들이 화탕지옥에 떨어지게 될 것도 알았다. 목갈라야나는 자신은 생사를 뛰어넘은 아라한이 되었기에 신통력으로 얼마든지 피할 수 있었으나 그것은 바른 길이 아니었으므로 업보를 피하려는 생각을 버렸다. 때문에 그는 죽을 것을 각오한다. 그래서 외도들이 던지는 돌에 맞아 숨을 거두게 된 것이다.

제자들은 부처님께 여쭈었다.

"신통제일인 그가 어째서 외도들의 공격을 미리 예방하거나 피하지 못했습니까?"

"그는 자신의 정업定業을 살펴보고 달게 받기로 마음먹었기 때문이다. 그는 신통으로 업력業力에 대항하지 않았다. 마지막 남은 원업怨業의 뿌리를 깨끗이 없애 풀어 줌으로써 그들이 제도받을 수 있는 길을 터준 것이다. 자비심을 갖고 목갈라야나는 그들의 돌에 기꺼이 맞아 죽은 것이다."

제자들은 다시 물었다.

"깨달은 분도 악업의 과보를 받아야 한다면 깨달은 것과 못 깨달은 것의 차이는 무엇입니까?"

"성인이 금생에 받는 악과는 과거생에서 그 원인을 찾을 수 있다. 누구도 자신의 업력에는 대항하지 못한다. 다만 깨달아 해탈한 이는 고통의 형상을 고통으로 받아들이지 않는다는 점이다. 몸이 있는 이상 늙고 병들어 죽는 현상은 어쩔 수 없이 받지만, 해탈한 사람은 병을 병으로 받아들이지 않고 죽음을 죽음으로 경험하지 않는다. 그에게 모든 것은 적멸락寂滅樂일 뿐이다. 그러니 목갈라야나의 비참한 죽음도 정작 자신에게는 적멸락일 뿐이다. 중요한 것은 죽음이 앞에 이르렀을 때, 자신을 분명하게 아는 일이다. 그래서 죽을 때 그는 조금도 두려워하거나 흐트러짐이 없었다.

목숨으로 빚을 갚은 혜가(487~593)

중국 당나라 때 혜가慧可스님도 변화辨和 법사의 무고를 받아 엉뚱한 누명을 쓰고 참수를 당해야 했다.

달마스님을 찾아간 청년 혜가는 입실이 허락되지 않자, 눈 속에 꿇어앉아 한쪽 어깨를 끊어 바쳤다. 달마의 맥을 계승하여 2대 조사가 된 혜가는 어느 날 승찬에게 의발衣鉢을 전하고 나서 이렇게 말했다.

"내가 햇수로 가만히 따져 보니, 요즈음이 바로 내가 지은 전생의 업보가 나타날 시기이다. 혹 재난에 걸려들어도 누구를 탓하지 말며 초연히 극복해야 하느니라. 지은 빚은 반드시 갚아야 한다."

어느 날 혜가는 관성현에 있는 광구사匡救寺 삼문 밖에 대중을 모아 놓고 설법을 하고 있었다. 법회장은 인산인해를 이루었다. 광구사 안에서는 법사 변화가 《열반경》을 강의하고 있었다. 강의를 듣고 있던 학인들은 모두 빠져나와 혜가의 법회 장소로 옮겨 왔다. 이에 몹시 화가 난 변화가 관성현의 재상인 적중간에게 혜가를 무고했다.

마침내 혜가는 형장으로 끌려갔고 태연히 목을 내놓고 칼을 받았다. 굳이 물으면 '빚을 갚을 뿐'이라고 했다. 세수는 107세였으며, 593년 3월 16일이었다.

그분들은 생사生死를 뛰어넘은 아라한이 되었건만 신통으로 업력에 대항하지 않았다. 깨달아 해탈한 분은 죽음을 죽음으로 받아들이지 않기 때문이다. 비참한 죽음도 정작 자신들에게는 적멸락寂滅樂일 뿐이었다.

적멸위락寂滅爲樂

적멸위락은 이고득락離苦得樂이다. 생사의 고통을 여의고 즐거움을 얻는 것이다.

태어나고 죽는 생멸生滅이 없어진 자리에
태어나고 죽음이 없는 적멸寂滅은 그대로 즐거움이다.
生滅滅已
寂滅爲樂

이것은 설산동자가 법을 구해 몸을 던지려고 할 때 나찰이 들려준 게송이다. 부처님의 전신인 설산동자는 만행을 다니던 중 다음과 같은 게송을 듣자 말할 수 없이 기뻤다.

세상의 모든 것은 무상하다.
이것은 났다(生)가는 사라지는(滅) 법이니라.

諸行無常

是生滅法

　설산동자는 후렴구를 기대하며 주위를 둘러보았으나 아무도 없었다. 사람을 잡아먹는 나찰(악귀)밖에는. 그에게 후렴구를 간청하자 나찰은 배가 고프다며 설산동자의 몸을 요구했다.

　그 조건에 응한 동자는 '생멸멸이 적멸위락'의 후렴구를 듣고 약속대로 나무 위로 올라가 나찰을 향해 몸을 던졌다.

　그 순간 나찰은 제석천으로 변하여 설산동자를 받아 안았다.

　《대열반경》 권 13에 보이는 내용이다.

　부처님께서는 일찍이 제행무상諸行無常, 제법무아諸法無我, 일체개고一切皆苦의 삼법인三法印을 말씀하셨다. 무상無常과 무아無我의 진리를 체득하여 모든 번뇌의 불을 끄라는 말씀이다. 번뇌의 멸진 상태가 열반이다. 고통이 소멸하여 마음이 고요하고 적정寂靜한 상태에 이른 것을 '열반적정涅槃寂靜'이라고 한다. '적멸위락'이다. 불교의 모든 가르침은 열반으로 귀결된다고 하겠다.

　욕망의 불을 끄는 것, 이것이 열반(니르바나)이며 욕망이 짓는 것을 업業이라고 하는데 업의 잔고가 고갈되면 윤회도 끝나게 되며 생사에서도 벗어난다.

　그렇다면 무엇이 윤회輪廻하게 하는가? 궁금하지 않을 수 없다. 우리의 업식業識 때문에 윤회한다. 그러나 식識 또한 연기된 것이기에 그 실체는 없다.

　윤회의 주체인 제8 아뢰야식 역시 무아無我인 공성空性이기 때문이다. 그러므로 업과 과보果報는 있지만 그것을 짓는 자는 없다는 것을 아는 것, 이것이 윤회에서 해탈로 나아가는 길임을 밝히셨다.

불교에서의 생사문제에 대한 답안으로 제시될 수 있다. 한마디로 욕망(無明)이 소멸되면 생도 없어지게 된다는 것이다. 단도직입적인 부처님의 이 한마디를 위해 여기까지 에둘러 왔다.

부처님의 최후

부처님은 열반에 들기까지 80노구를 이끌고 인도의 각지를 돌아다니면서 설법을 하고 제자들을 가르치는 일관된 삶을 살았다.

"나는 이제 노쇠해졌다. 어느새 여든이 되었구나. 낡은 수레가 간신히 움직이고 있는 것처럼 내 몸도 겨우겨우 움직이고 있는 것이다."

이 말씀을 들은 제자들은 슬퍼하면서 부처님께 여쭈었다.

"앞으로 저희들은 이제 누구를 의지하고 또한 어떻게 수행을 해야 합니까?"

"법을 등불로 삼고 자신을 의지하여 밝게 비추며 살아가라."

이것이 유명한 '자등명 법등명自燈明 法燈明'의 유훈이다.

부처님은 불편한 몸을 이끌고 쿠시나가라에 도착했다. 쿠쿠다 강가에서 목욕을 마치고 사라나무 그늘로 다가서며 아난에게 말했다.

"나는 피로하여 눕고 싶구나. 사라나무 밑에 머리를 내 고향 카필라를 향할 수 있도록 자리를 깔아다오."

아난다가 자리를 깔자 부처님은 북쪽으로 머리를 두고, 오른쪽

ⓒ 이인자

옆구리를 바닥에 대고 발을 포개어 고요히 누우셨다. 밤이 깊어 열반이 가까워졌을 때, 늙은 외도가 부처님을 만나고자 간청을 해 왔다. 그러자 아난다가 '너무 늦었소. 부처님께서는 곧 열반에 드십니다' 하고 만류하였으나 부처님이 아난다에게 말씀하셨다.

"내 마지막 제자를 막지 마라. 수바드라여, 이리 오라. 내가 그대를 위하여 팔정도를 설하리라."

부처님은 있는 기력을 다하여 제자들에게 최후 설법을 하였다.

"내가 죽은 뒤에는 법과 계율이 그대들의 스승이 될 것이다. 자! 이제 마지막이니 누구든지 무엇이든 물어라."

그러나 제자들은 흐느껴 울 뿐 아무도 나서지 않았다.

부처님은 '아무도 없느냐?'고 세 번이나 독촉했다.

그래도 아무도 나서지 않았다. 부처님은 잠시 눈을 감고 있다가 조용히 입을 열어 마지막 말씀을 전했다.

"모든 것은 변한다(諸行無常). 그러니 열심히 정진하라."

부처님의 열반은 깨달음을 증득한 불타일지라도 이 세상에 상주常住할 수 없다는 '제행무상'의 진리를 몸소 우리에게 보여 준 하나의 커다란 가르침이라고 할 수 있다.

절망 없는 비애

모든 것은 변하고, 영원한 것은 없으며, 태어난 것은 죽는다. 이렇게 생각하며 살라. 그대 지금이라도 곧 인생을 하직하지 않으면 안 되는 것이라고 이렇게 생각하며 살라. 당신에게 남겨져 있는 시간은 생각지 않은 선물이라고.

로마의 황제 마르쿠스 아우렐리우스 《명상록》의 한 구절이다.

모든 것은 변하고 영원한 것은 없다는 '제행무상'이다. 한 발자국 떨어져서 25년 전, 골똘히 바라보던 그 죽음이 어느새 내 몸 안에서 트림을 하는 게 느껴진다. 오늘의 나는 어제와 같지 않다. 하루하루가 다르다. 시력도 기억력도 체력 또한.

그런 날은 인도의 시인 까비르의 말을 되뇌게 된다.

몸의 아름다움을 자랑하지 말라.
곧 그대는 그 몸을 떠나갈 것이다.
집의 높이를 자랑하지 말라.

곧 그대는 무덤 속에 놓이고
풀들이 그대의 몸을 덮을 것이다.

　오온의 소멸, 소멸해 가는 것들을 그냥 가게 놓아둘 수밖에 없지 않은가. 가을 화단에 서면 나는 늘 여름의 종말을, 생명이 저무는 비애 같은 것을 느낀다. 하지만 절망은 아니다. 시들어 떨어지는 것은 다만 비애悲哀일 뿐, '절망 없는 비애'라고 속삭인 헤르만 헤세의 뜰에 조용히 다가선다.
　시인 헤세는 말한다.
　"죽음과 관계를 맺고 있는 것은 정신 나간 짓이나 한낱 아름다운 상상이 아니라, 현실이고 내 삶이기도 하다. 나는 허무하게 지나간 것들에 대한 비통한 마음을 잘 알고 있다. 하지만 그것은 절망 없는 비애다."
　제행무상의 법문이다. 자아를 항상적 존재로 인식하고 사는 삶의 태도를 버려야 한다.
　이제 우리는 절망 없는 비애를 가슴에 안아야 하리라.
　'우리가 사는 것은 죽음을 두려워하다가 죽음을 사랑하게 되기 위해서'라는 헤세의 말에 밑줄을 그어 놓고 나는 자주 그를 떠올리곤 했다. 85년의 생애에 헤세처럼 죽음을 사랑한 사람이 또 있었을까.

나는 너를 잊지 않는다. 언젠가 나에게도 올 것이다.
그러면 괴로움도 끝나고 사슬도 풀린다.
사랑하는 형제인 죽음이여……

오라, 사랑하는 죽음이여. 나는 여기에 있다.

와서 나를 잡아라. 나는 너의 것이다.　　　　　　　〈형제인 죽음〉에서

분명 죽음은 때로 위안이며 휴식이다.

'유일하게 불멸의 것인 죽음은 우리 모두를 차별 없이 대해 준다. 죽음이 가져다 주는 평온과 위로는 만인의 것이다'라고 말한 마크 트웨인의 고달픈 인생 역정을 생각하게 된다. 그런가 하면 몽테뉴는 죽음을 이렇게 정의했다.

'죽음은 모든 불행에 대해 가장 잘 듣는 약방문. 이 세상의 괴로움을 벗어나는 유일한 항구.'

얼마나 나는 행복한가!

얼마나 이 세상은 아름다운가!

인생은 이처럼이나 아름답다.

나는 마치 고생도 슬픔도 없는 머나먼 나라로

떠나가는 것만 같다.

남의 집 담벼락 밑에서 동사한 성냥팔이 소녀가 무수히 그어댄 성냥불 속에서 만났던 그 환상이 겹쳐진다.

암의 고통을 참으며 이렇게 말한 안데르센의 죽음 또한 축복이 아니었겠는가.

빛나는 최후

고통을 돌파하여 기쁨으로 생을 마친 루트비히 반 베토벤

'죽을 줄 모르는 사람은 가엾어라. 나는 15살 때 벌써 그것을 알고 있었다.'

어린 시절의 암울한 그의 고백이다. 두 번째 시련은 청각장애. 그는 자살을 생각했다. 그러나 마음을 돌려 창작에 몰입했다. 난청과 고립으로 완전한 내적 자아에 몰입하게 된 그는 고통 속에서 교향곡 제9번 '환희'를 이끌어냈다. 그리고 에르되디 백작 부인에게 '괴로움을 돌파하여 기쁨으로!'라고 써 보냈다.

1827년 그는 네 차례의 수술 뒤 고통 속에 누워 있었다.

"죽음이 너무나 일찍 오는 것이라면 할 수 없고, 좀 더 늦게 와주었으면 하고 바랄 뿐이다. 허나 그래도 나는 만족하리라. 죽음은 나를 끝없는 고뇌로부터 해방시켜 주는 것이 아니겠는가? 오고 싶을 때 언제든지 오라. 나는 너(죽음)를 용감히 맞으리라."

베토벤, 그는 죽음과 두 번 대결한 셈이었다.

첫 번째 경우는 혼자서 죽음보다 더한 절망의 높은 문턱을 스스로 넘어섰고, 두 번째는 그 자신이 관대하게 죽음을 수용하였던 것이다. 여기에 그의 위대함이 있지 않을까 싶다.

이제 과학이나 의학의 발달로 인간의 평균수명은 80을 바라본다. 무언가를 이룩해 낸 사람은 우선 오래 살았다. 소크라테스와 칸트도 오래 살았다. 괴테와 톨스토이도 82, 3세를 살았다. 이들의 학

문과 문학작품도 80년이란 그들의 인생을 담보로 하여 가능하지 않을까 싶다. 방종했던 젊은 시절을 극복하고 거룩한 톨스토이적 휴머니즘을 완성한 것은 그가 오래 살았기 때문이라고 생각된다.

괴테는 《파우스트》를 쓰기 위해 신에게 생명을 연장시켜 달라고 빌기까지 했다. 3년의 말미를 얻어 《파우스트》를 완성시킨 실례를 우리는 기억할 필요가 있다. 뚜렷한 생의 목표를, 확고한 생의 의지를 가져야 한다는 의미이다.

동양의 철학자 석가·노자·맹자는 여든을 넘었고, 공자·주자·장자는 일흔 넘게 살았다.

서양의 철학자 홉스·존 듀이·슈바이처·러셀·버나드 쇼는 아흔을 넘겼고, 야스퍼스·칼 융은 86세, 하이데거·마틴 부버·에리히 프롬은 87세를 살았다.

무엇보다 이들의 규칙적인 생활과 소식少食, 무욕無慾과 절제 그리고 독신 생활을 주목할 필요가 있고 낙천적 사고방식, 긍정적 인생관 및 죽음의 대 긍정을 볼 수 있었다.

'죽음은 대환영'이라던 빅토르 위고, '인생은 아름다운 한 편의 시'라고 바라보았던 저 중국의 임어당, 괴테, 헤세, 톨스토이 그들은 모두 80이 넘게 살았으며 말년에 이르러 죽음의 대 긍정을 보여 주었다.

'때론 훌륭한 죽음이 최고의 이력'이라던 권터 시인의 말대로 역시 잘 산 사람의 죽음이 훌륭했다.

몽테뉴는 소크라테스를 가리켜 죽음을 소화한 사람이라고 했는데 종국에 내가 닮고 싶은 완성된 죽음은 아무래도 톨스토이와 괴테에게서였다.

한 번뿐인 자신의 생을 완전히 살아 버린다는 주의로 일관했던 괴테. 니체는 그를 가리켜 '훌륭하고 위대한 인간일 뿐 아니라 하나의 문화였다'고 언급했다. 무엇을 위대하다고 하는가? 사실 그의 문학이 위대하다는 것은 괴테라고 하는 인간이 위대하다는 것과 다르지 않다. 그의 위대한 작품 《파우스트》는 바로 괴테 영혼의 성장 기록일 테니까 말이다. 22세에 쓰기 시작한 《파우스트》가 82세에 완성되었으니 60년의 세월을 그는 거기에 매달려 있었던 셈이다.

"영원히 여성적인 것만이 우리를 천상으로 인도한다."

《파우스트》의 결미다.

악마와의 계약으로 미남 청년이 된 파우스트는 인생의 영욕과 애욕의 무의미 등을 체험한 뒤 다시 인생을 긍정하기에 이른다. 그 인생의 의미는 돈이나 명예나 쾌락에서 구할 수 있는 것이 아니고, 노력해서 힘껏 살아가는 그 고생 속에 있다는 사실을 깨닫는 데 있었다. 뒤에 그는 황제의 총사령관으로 요직을 두루 이행한 뒤 제국의 해변을 봉토 받아 습지를 매립해 낙토樂土로 만들려고 온 힘을 쏟아붓는다. 토지를 개척해 백성들을 자유롭게 살도록 하려고 애쓴다. 밖에서 조수潮水가 억세게 덮쳐 와도 모두가 힘을 합쳐 기를 쓰고 구멍을 막는다. 그것과 매일 싸워 얻는 자만이 누릴 자격이 있는 것. 그런 백성들과 함께 일하면서 파우스트는 죽는 순간 이렇게 외친다.

"멈추어라, 너는 실로 아름답다고. 나의 지상의 날 뒤에는 영겁, 멸망할 날은 오지 않는다. 그와 같은 커다란 행복을 예감하면서 나는 지금 최고의 순간을 누린다."

이 말을 끝내자 100살이 된 파우스트는 몸을 땅에 눕힌다. 천사들이 공중을 떠돌면서 파우스트의 불멸의 영혼을 안고 나타난다.

"영靈의 세계에서 거룩한 한 사람이 악의 손에서 구원되었도다. 언제나 노력하며 애쓰는 자를 우리는 구할 수가 있다."

이것이 괴테가 우리에게 주는 마지막 메시지가 아닐까 한다. '언제나 노력하며 애쓰는 자' 그는 바로 괴테 자신이었다.

"죽는다는 것은 그토록 어려운 일일까?"

앙드레지드는 이렇게 자문자답했다.

"삶을 열렬히 사랑했던 사람에게는 죽음이 특별히 어려울 것이 없다. 오히려 삶을 등한시했던 사람이 죽음을 어렵게 받아들일 것이다."

그러니 오늘 하루가 생의 전부인 것처럼 치열하게 산다면 죽음이 두렵지 않으리라.

라듐을 발견한 마담 퀴리는 전신이 방사능에 오염되었으나 죽음 직전까지 연구에 몰두하여 《방사능》의 초고를 완성하였으며, 20세기 철학에 혁명을 일으켰던 후설은 고령임에도 죽기 직전까지 논문에 손질을 했다.

암으로 죽는 순간까지 무대에 섰던 율 브리너, 죽음 앞에서 최선을 다하는 이들의 모습이야말로 벅찬 감동이 아닐 수 없었다.

어떻게 해야 '나는 지금 최고의 순간을 누린다'며 죽을 수 있을까? 어떻게 해야 엘리자베스 큐블러 로스처럼 눈 감으며 '나는 지금 은하수로 춤추러 가요'라고 하면서 세상을 하직할 수 있을까. 죽음의 무도회로 춤추러 나간 엘리자베스 큐블러 로스 박사.

죽음 전문가인 그녀의 유언이 요즘 이상하게 나를 고무시키고 있다. 그리하여 명멸하는 밤하늘에서 그의 별을 더듬게 되는 날이 많아진다.

죽음을 정복할 수는 없다. 그러나 죽음에 대한 두려움은 정복할 수 있지 않은가. 우리가 산다는 것은 죽음을 두려워하다가 끝내는 죽음을 사랑하기 위해서라는 헤세의 말이 아니더라도 결국 우리는 모두 죽음을 수용할 수밖에 없는 존재들이다.

ⓒ 지운스님

임사체험과 증언,
그리고 재가불자의 명상실천

✳ 강선희

'아무리 잘 살았다고 해도 죽을 때 보면 안다'는 말을 우리는 많이 쓴다. 평소 죽음을 잘 준비한 소수를 제외하고 대부분 사람들은 죽음이 다가오면 두려움과 절망 등 부정적 생각으로 가득 찬다. 때문에 마음을 닫고 주변 사람들에게 괜히 배신감이 들어 화가 불끈 치솟고 서운해 하며 몇 날을 보내다가 시간이 흐르면서 마지못해 죽음을 받아들이기도 한다.

또 죽음 앞에서 자신이 살아온 삶 중 잘한 것보다는 과오가 더 강하게 일어나면서 후회하는 감정의 마음이 극도로 강렬해진다. 이때 마지막 의식이 다음 생을 낳게 하는 결정적 원인이 된다.

✪ 《체험으로 읽는 티베트 사자의 서》 저자

그래서 사후에 어떤 일이 일어나는지, 앞에 펼쳐지는 상황에서 어떻게 대처하고 어디로 피난해야 하는지에 대한 학습이 필요하며, 또다시 부정적 결과를 낳지 않기 위해 지금 우리는 어떻게 살아야 하는지를 사유하고 실천해야 하는 이유가 여기에 있는 것이다.

바야흐로 웰다잉Well-dying(품위 있는 죽음)을 위한 웰빙Well-being(잘 살기)을 해야 한다는 소리가 점점 커지고 있다.

'임사체험과 증언, 그리고 재가불자의 명상실천'에서는 먼저 임사체험자의 바르도 증언을 풀어 보고 있다. 마찬가지로 우리가 깊은 사유에 잠길 때, 잠에 들 때, 그리고 삶 속에서도 매 순간 이러한 과정은 순환되지만 명상 중 삼매에 들 때를 제외하고는 거친 경계와 현상에 가려 거의 알아채지 못하고 지나치며 살아가고 있다. 이러한 삶의 바르도는 사후 바르도와 어떻게 유사하며, 이 바르도들에서 대처방법 등을 살펴보고 있다.

마지막으로 웰다잉을 위한 웰빙의 실천방법들을 안내하고, 삶 속에서의 명상실천으로 달라지고 있는 도반들의 모습에서 그 희망을 찾고자 한다.

그러면 지금부터 임사체험과 바르도의 원 안에 속해 있는 우리의 삶 속의 바르도를 체험해 보도록 하겠다.

임사체험과 증언

강지혜(1960년 생) 씨는 미국으로 간 지 며칠 만에 대형 사고를 당했다. 교회에 새벽기도를 가다가 차가 과속으로 달리면서 맞은편 차와 정면으로 충돌해 그 자리에서 여섯 사람이 죽고 두 여인이 살아남았는데, 그 중 한 명이 지혜 씨이다.

"우리가 탄 차도 과속을 했지만 마주 오는 차도 새벽이라 엄청난 속도로 달려오고 있었다. 상대 차와 부딪힐 것 같다는 예감이 든 것 외에 어떤 기억도 남아 있지 않다. 단지 내가 눈을 떴을 때는 내 배가 갈라져 오픈돼 있었고, 의사들이 '너, 패스 아웃 했다. 신의 가피를 입어 운이 참 좋은 여자다. 너는 정말 축복받았어' 라는 소리가 들려 왔다. 그리고 얼마 후 기자들이 나타나 취재하느라 난리가 났다."

이 여인이 사고가 나고 5일 만에 의식이 돌아오면서 겪은 체험담이다. 의사들은 사망확인을 했고, 시신을 관에 넣기 위해 내장의 피를 모두 제거하려고 한 순간 기적이 일어난 것이다.

지혜 씨는 한국에서는 절에 다녔고, 미국으로 가서 얼마 후 기독교로 개종을 했다. 하지만 태내에서부터 불교와 맺은 오랜 인연 때문인지 이 여인은 과거 더 익숙했던 환경과 업력이 깊은 쪽의 무의식 세계를 경험하였음을 알 수 있다.

"큰 대문이 열렸다. 대문을 열어 준 사람은 스님이었다. 스님은 내

목에 걸린 십자가를 벗겨 대문 옆에 서 있는 큰 뽕나무 가지에 걸어 놓고 내 손을 잡고 마당 한가운데로 걸어 들어갔다. 스님이 하늘을 가리켜 위를 보니 선녀들이 갖가지 색의 옷을 입고 내려와 원을 그리며 강강술래를 하였다. 스님은 나도 그들과 같이 손을 잡고 강강술래를 하도록 했다. 얼마큼 했을까? 스님은 강강술래를 그만하게 하고 내 손을 잡고 또 다른 대문을 벗어나 다른 세계로 데리고 갔다. 가는 길에서 논과 밭을 갈아엎고 씨앗을 뿌리는 사람, 곡식을 거두는 사람, 탈곡을 하고 있는 사람, 탈곡한 것을 방아 찧고 떡을 만드는 사람 등 농사의 시작에서부터 결실을 맺어 행복하게 먹는 과정까지를 모두 볼 수 있었다. 그리고 다시 대문이 보이고 스님이 문을 여니 그곳은 절이었다. 절 안으로 데려가 기도를 한 후 고개를 들어 보니 큰 바위로 변해 있었다. 그 바위는 마치 강철로 된 큰 벽처럼 내 앞에 우뚝 서 있었다. 스님이 내 손을 잡고 바위 쪽으로 가니 순간 바위가 열리고 굴이 보이면서 그 속으로 빨려들듯 미끄러져 들어갔다. 그리고 또 다른 세계에 도착했다."

임사체험자들의 증언을 들어 보면 여기까지는 대개 저승의 문이 열리는 과정이다. 이 말은 이 세계에서 다음 세계로 향할 때, 이렇게 안내자가 등장하고 터널을 통과한다. 높은 지혜를 갖춘 소수의 고귀한 분들을 제외하고, 이 과정은 모든 종교와 인종을 초월하고 환경을 벗어나 지나게 되는 이승과 저승의 통로인 것이다.

이제 다시 지혜 씨의 바르도 속으로 들어가 보기로 하겠다. 이 여인이 터널을 통과한 후 어떤 사건들이 일어났을까?

"어디선가 불에 뭔가가 타는 냄새와 이상한 기분이 들어 뒤를 돌아본 순간 살려달라고 애원하는 소리가 났다. 보니 사람을 기름이 펄펄 끓는 큰 가마 속으로 넣었다 빼고 다시 넣고 건져 내기를 수없이 하고 있었다. 그런 후 그들은 뱀이 되어 나오고 소나 개 등 갖가지 짐승으로 바뀌었다. 뿐만 아니었다. 대왕이라고 하는 사람이 명령을 하면 팔뚝보다 긴 가시가 박힌 바닥을 피를 질질 흘리며 걸어야만 했다.

징소리같이 울려 퍼지는 소리가 나 그쪽을 보니 불바다가 보였다. 거기는 얼굴색이 파랑 빨강 검정의 갖가지 색을 한 무서운 형상의 괴물들이 보였다. 그곳은 밝은 빛이 없고 어둡고 희미하여 마치 바닷속처럼 느껴졌다. 공포와 두려움이 시작되려는 순간 또다시 어디선가 징을 치는 듯한 소리가 울리고, 마치 땅이 갈라지듯 어두컴컴한 것이 뚫리면서 엄청난 백색의 빛이 쏟아졌다. 빛은 눈을 뜰 수 없을 만큼 광채로 가득 했다. 어느 순간 그 빛은 나를 감쌌고 다시 정신이 들어 보니, 거기에는 서당 훈장님 같은 분들이 줄을 서 있었다. 한 분이 '네가 저기를 가겠느냐?'라고 물었다. 가리킨 곳을 보니 얼굴의 반은 빨강 반은 검정인 무서운 사람이 서 있었다. 그 모습이 너무 무서워 떨고 있는데 그 순간 검은 빛이 내리쬐면서 그 속으로 빨려들어 갔다.

그곳에는 검정 옷을 입은 할아버지들이 서 있는데 수많은 사람들의 죄목을 진실하게 밝히도록 하고 다음 사람에게 넘겼다. 한 할아버지가 10년씩 지은 죄를 묻고, 숨기면 기어이 밝혀내고 다음 할아버지가 10년을, 또 그 다음 할아버지가 10년을(……) 그렇게 죽은 날까지 10년씩 죄를 밝혀 가는데, 태어나서 10살까지는 묻지 않고 10살 이후부터 10년 간격으로 죽는 날까지의 죄목을 물었다. 수많은 사람들이 줄을 서 죄목을 밝히고 재판을 받는데, 만약 그곳에서 거짓말을 하면 당장 기름이 펄펄 끓는 가마솥 속으로 집어넣어 버렸다. 뿐만 아니었다. 아직 물을 죄목이 몇십 년 남아 있어도 죄가 무거우면 바로 지옥으로 던져버렸다. 또 성격이 급한 사람도 바로 악의 문으로 보냈다.

지옥의 빛은 한두 색깔이 아니었다. 너무 어지러울 정도로 휘감기도 하고 덮칠 것 같은 두려움에 영혼들은 빛이 무서워 도망가기도 했다. 그러다 나중에 빛이 하나로 뭉쳐 파워가 세지면 영혼들은 빛을 더욱 무서워하고 어디론가 사라지기도 했다.

때론 뱀이 영혼의 목을 둘둘 감고 조르는 장면, 마귀같이 무섭게 생긴 짐승들이 피를 흘리고 나타나 잡아먹는 모습들, 그런 세계가 너무 두려워 도망을 다니는 영혼들은 가시밭, 진흙 속, 낭떠러지와 바위 속 등 험한 길을 지나며 끝없이 고통스럽게 피해 다녔다.

나는 그럴 때마다 무릎을 꿇고 기도를 했고, 그러면 사람이 나타나거나 빛이 내려와 그 빛을 타고 올라가면 더 이상 그런 장면들이 보이지 않았다. '저 빛을 따라가야지' 생각한 순간 다른 곳에 도착해 있었다. 한 세계로 이동할 때는 실오라기처럼 가는 흰 빛이 위에서 내려오고 그 빛에 가까이 가면 순식간에 빛이 넓어지면서 빛 속으로 들어가 다른 세계로 가 있었다.

지옥이라 해서 다 같은 게 아니고 좀 더 순한 지옥이 있었고 점점 무서운 지옥으로 이어져 있었다. 지옥 세계에서 재판을 받는 과정에서도 착한 일을 한 사람은 극락으로 갈 기회가 주어졌다. 그러나 지옥이나 극락도 못 가는 혼백들이 있었다.

그 모습을 본 순간 나도 모르게 가던 길을 멈추고 지옥 한가운데서 무릎을 꿇었다. 그리고 두 손 모아 애원해 보았다. '스님 이 많은 사람들의 죄를 제가 짊어질 테니, 이들을 모두 이곳에서 벗어나게 해 주십시오' 하자, 순간 주위가 컴컴해지면서 콩보다 큰 우박과 눈보라, 비 등이 내리고 나는 지옥 중앙에서 추위와 무서움에 떨고 있었다.

스님이 다른 데로 가야 한다고 내게 일어나라고 해도 저 불쌍한 사람들을 두고 일어설 수 없다고 하자, 꽃향기가 갑자기 온 세상에 가득하여졌다. 스님이 어디선가 그릇 세 개에 각각 물을 가득 담아 와 내게 먹였다. 물을 다 마시고 나니 무지개가 보이고 썰매 같은 것을 타고 무지개를 탄 순간 또 다른 대문이 나타났다."

이 여인에게 '바르도 퇴돌Bardo Thödo-사후세계에서 듣는 것만으로도 영원한 자유에 이르기'에 등장하는 분노의 신들이 그려진 탱화를 펼쳐 보여 주었다.* 지혜 씨는 너무 놀라며 자신이 본 모습들과 빛들이 같다고 하였다.

자, 이제 지혜 씨가 무지갯빛 속으로 들어간 이후에는 어떤 필름이 작동되었을까?

"극락이라는 곳에 이르니 큰 대문과 함께 맑고 푸른 하늘과 같은 색으로 차 있었다. 그곳은 한 건물이 아니고, 인간으로 환생하는 극락, 해탈한다는 극락 등 많은 세계가 있었다. 처음 도달한 곳은 하늘,

---

* 이 책 176~177쪽 참조.
평화의 신들 만다라와 분노의 신들 만다라. 이들은 결국 이름만 다를 뿐 두 만다라의 성격은 같다. 지·수·화·풍·공의 성질들이 흩어지는 과정에서 자신이 지은 업력에 따라 평화로운 형상과 무시무시한 괴물의 형상으로 보일 뿐이다.

평화의 신들 만다라

중앙에 비로자나불의 합존불이 있고, 비로자나불을 중심으로 오른쪽 위는 보생여래의 합존불, 왼쪽 위는 아미타불의 합존불, 오른쪽 아래는 아촉불의 합존불, 왼쪽 아래는 불공성취불의 합존불이 있다. 그 사이와 위아래 팔방에 수호신들이 위치하고 있다.

분노의 신들 만다라

© 강선희

중앙에 붓다헤루까의 합존불이 있고, 붓다헤루까를 중심으로 오른쪽 위는 라뜨나헤루까, 왼쪽 위는 빠드마헤루까, 오른쪽 아래는 바즈라헤루까, 왼쪽 아래는 까르마헤루까가 있다. 그 사이와 위아래 팔방에 가우리 여신들과 갖가지 얼굴을 한 삐샤찌 여신들이 위치하고 있다.

바다, 맑은 물이 흐르는 강 등이 모두 있었다. 봉황 같은 새가 날아다니고 성현군자처럼 생긴 분들이 있었으며, 여자도 모두 예쁘고, 가는 곳마다 나무와 꽃들도 아름다우며, 학과 같은 새도 날고, 여러 종류의 예쁜 새들이 날아다녔다.

스님이 떠나야 할 시간이 되었다며 내게 가라고 손을 내젓는 순간 수염이 긴 백발노인이 멀리 중앙에 있고, 깃대를 든 사람들이 그 노인을 중심으로 양쪽으로 줄을 지어 고개 숙인 채 무릎을 꿇고 있었다. 그곳은 이미 지나온 재판소였다.

여러 지옥과 극락을 구경하고 온 나도 이제 재판을 받아야 했다. 드디어 내 순서가 되었다. 염라대왕이 나를 찬찬히 쳐다보더니 '너는 지금 올 자리가 아니다'라고 말을 하자, 흰빛이 내려오고 그 빛 옆에는 냇물이 흘렀다. 물을 건너려는 순간 물 폭이 바다처럼 끝없이 넓어지고, 빛을 타려 가까이 가는 순간 빛도 넓어졌다. 내가 그 빛을 타자, 빛은 배가 되어 나를 태우고 갔다. 망망대해 같은 곳을 가다 갑자기 토네이도와 같은 검은 회오리바람이 밀려오면서 그 속으로 미끄러져 떨어지는 것 같은 느낌이 든 순간 오만 빛이 다 나와 몸 안으로 들어오고 깨어 보니 중환자실에 있었다."

마치 한 폭의 지장도地藏圖를 펼쳐 놓고 본 것 같기도 하고 함께 저 세계에 여행을 다녀온 것처럼 여운이 남는다.

이 여인의 경우 《바르도 퇴돌Bardo Thödol》에서 말하는 것과는 반대로 저승의 세계를 체험했다. 이 경전에서는 죽음의 순간부터 눈부신 밝은 빛과 함께 평화의 신들이 등장한다. 날이 갈수록 공포에 질린 사자의 의식이 퇴타해 가면서 빛은 조잡해지고 어두워지며, 신들의 모습도 분노와 공포스러운 형상들로 변해 간다. 자신의 업력의 환영임을 모르고 실재인 것으로 착각한 사자는 더욱 어려운 지경에 빠지게 되고, 앞에 나타나는 빛과 형상에 두려움을 느낀 나머지 피난처를 찾아 헤매다가 어딘가에 마음을 의지하는 순간 환생을 하면서 사후 바르도는 끝이 난다. 물론 망령이 되어 오랜 세월 방황하는 경우도 있다.

어쨌든 이 여인은 임사체험 후 신통력이 생겼다고 한다. 불치병 환자를 치유하게 되고, 지옥을 체험한 이후 착하게 삶을 살아야 한다는 근본을 실천함과 함께 항상 기도하며 생활하고 있다.

사후 바르도는 우리가 살아오면서 저장해 놓은 필름을 여과 없이 그대로 비춘다. 이 기록의 영상 중 어느 한 곳에만 마음이 끌려 의지해도 순간 다음 생으로 이어진다. 다시 태어나는 것이다. 그리고 이 전생의 경험들은 눈으로 보고, 귀로는 듣고, 코로 냄새 맡고, 혀로 맛을 보며, 몸으로 감각들을 부딪치는 순간 마음이 기억한 것들과 동시에 다시 주관적으로 해석되어지면서 끊임없이 탄생과 죽음의 윤회를 반복한다. 즉 바르도를 겪게 되는 것이다.

'바르도'란 '사이, 틈새'를 말하며, 죽어서 다시 태어나기까지의 사이만 바르도가 아니라 우리 삶의 매 순간은 이 바르도의 원 안에서 빙빙 돌고 있다.

그러면 여기서 명상 중에 이와 유사한 체험담을 보며 비교 살펴보고 가도록 하겠다.

<table>
<tr><td>제목</td><td>지국천왕持國天王과 맞장 뜨기</td></tr>
<tr><td>글쓴이</td><td>보리수</td></tr>
<tr><td>날짜</td><td>2009.4.5</td></tr>
</table>

전 수행한 지 보름밖에 안 됐습니다. 그래서 글 올리는 것이 조심스럽습니다.

절 입구에 사대천왕*이 있는데, 그 중에서 지국천왕持國天王은 검劍을 들고 있다고 합니다. 검을 든 지국천왕과 맞장을 떴습니다.

부처님을 관하며 자비명상을 하던 중 갑자기 검을 든 지국천왕이 부처님을 가리고 나타났습니다. 엄청 무서운 눈으로 저를 노려봅니다. 갑옷을 입은 배 쪽에서 갑옷 사이로 엄청난 불길이 타오르고 무섭게 노려봅니다. 그렇지만 《체험으로 읽는 사자의 서》를 탐독하고 《티베트 사자의 서》도 탐독하였기에 조금만 무서웠을 뿐이고, '집착하면 절대 아니 된다'를 연발하며 그냥 관하였습니다. 그리고 맞장을 떴습니다.

'…… 나랑 맞장 뜨자고? 그래 해 보자!'

단전에 계신 부처님을 관하여 머리 정수리 오른쪽에 한 분 더 올리고 두 분을 더 크게 키웠습니다. '징~ 빛으로 크게 합체……' 없어졌습니다. 그런데 또 나타났습니다. 한 번 더 했더니 사라졌습니다.

'이젠 아무것도 두렵지 않아! 단지 망상일 뿐이야'라며 하던 명상을 계속하고 진동도 느끼다가 명상을 마무리했습니다. 그것에 대하여 알

---

* 사왕천四王天의 주신主神으로 사방을 진호鎭護하며 국가를 수호하는 네 신. 동쪽의 지국천왕, 남쪽의 증장천왕, 서쪽의 광목천왕, 북쪽의 다문천왕이다. 위로는 제석천을 섬기고 아래로는 팔부중八部衆을 지배하여 불법에 귀의한 중생을 보호한다. 사대천왕·사왕四王·사천四天이라고도 한다.

려고도 집착도 하지 않으며 그냥 관하면서 느낍니다. 내 안의 카르마에서 일어난 일이겠거니 했습니다.

참회하고 또 참회합니다_000_

선명화: 참 글도 재미있게 쓰시고, 공부도 재미있고 알차게 하시네요. 보살님은 이제부터 꿈속에서나 사후에 절대 환영에 속지 않겠습니다. 아니 이 정도면 스스로 빛과 환영의 성격을 알기 때문에 알아서 선택을 하시며 가시겠지요. 우리가 공부하는 목적이 다 이런 거 아니겠습니까? 네 그렇게 해 가야 합니다. 앞에 나타나는 것이 무엇이든 끌려가거나 혐오하지 않고 관찰자가 되어 담담하게 알아차리면 바로 사라집니다.

보살님처럼 그렇게 다른 대상을 활용해도 상관없습니다. 나타나는 대상을 해석하고 즐겨 하거나 무서워하고 싫어하며, 그것을 밖으로 표출하는 것이 끌려가는 것입니다. 이와 같이 하다 보면 어떤 대상이 일어나더라도 알아차리는 순간 사라집니다. 그리고 어느 순간 어떤 망상도 일어나지 않음을 스스로 확인할 수 있게 되지요. 그것은 긴 시간을 요하지 않고 자신의 심지가 보살님처럼 얼마나 굳은가에 있습니다. 이 글을 보신 분 중 혹 망상을 즐기고 계신 분이 있으시다면 얼른 마음을 다잡고 다시 그 자리에서 앉아 보십시오.

위빠싸나 수행을 해 온 분이 질문하였다.
"찰나윤회하는데, 어떻게 사후 바르도가 49일씩이나 지속될 수 있을까요?"

찰나윤회하기 때문에 49일, 그 이상도 이어지면서 윤회하는 것이다. 우리가 잠을 자면 꿈을 꾸게 된다. 그 꿈은 모두 무의식(아뢰야식)의 세계에서 나온 것이다. 다시 말해 자신이 전생부터 수없는 세월 속에 쌓아 온 업력의 환영들이다.

우리가 죽음의 학습을 하는 목적은 이러한 환영들의 성격을 설명하고, 마지막 죽을 때 의식이 깨어 있어야 함의 중요성을 말하기 위함이다. 또 이러한 학습은 우리가 살아 있는 동안 어떻게 살아야 하는지를 역설적으로 가르치기 위한 것이기도 하다. 죽으면서 깨어 있지 못하면 마지막 의식이 계속 찰나찰나 이어지면서 확대되고, 여러 형상과 경험을 하게 되기 때문이다.

다시 말해 찰나윤회하기 때문에 여섯 감각으로 부딪히는 대상에 끌려 끝없이 만들고 지우고 확장하면서 이러한 결과를 스스로 만들어 낸 것이다. 꿈도 사후세계도 지금의 삶도 모두 자신이 찰나윤회를 반복하면서 연출하고 관객이 되는 것이다. 말 그대로 자업자득이다.

그래서 우리는 꿈을 보면 수행의 진척도를 알 수 있다. 자신의 공부 정도를 스스로 점검할 수 있는 것이다. 마찬가지로 꿈이 없으면 사후 바르도의 세계도 없다. 수행을 하면 어지러운 꿈은 없고 맑디맑아 기억에 남을 꿈만 꾼다. 그것은 몽중의 가피이다.

아주 악한 사람에게도 꿈이 없다. 마찬가지로 아주 악한 사람은 사후 바르도를 거치지 않고 바로 악도에 떨어진다.

우리는 죽었다 살아난 사람들의 증언만이 아니라 오늘 밤 잠들면서 깨어나기까지 하룻밤만 찬찬히 살펴보아도 우리가 사후에 어떤 일들을 겪게 될지 금방 알 수 있게 된다. 뿐만 아니라 앞서 '명상 중 바르도 체험'의 예처럼 지금 있는 자리에서 간단히 숨의 들고 남을 지켜보든지, 아니면 자비관 수행만 해 보아도 우리를 의심하게 했던 부정적인 어둠과 혼탁한 영혼을 짧은 시간에 긍정적이고 맑게 할 수 있을 것이다.

'바로 이 순간!'

그러면 지금부터는 이와 같이 자신이 창조해 낸 주관적 세계, 즉 환영에서 벗어나고 다시는 속지 않는 쉬운 명상 방법들을 안내하고 그 체험사례들을 보겠다.

재가불자의 명상실천

많은 사람들이 한 번쯤 불교성지를 찾아 떠난다. 우리가 순례하는 그 여행길은 인간으로 왔다가 모든 장애를 뛰어넘고 영원한 평화와 자유, 그리고 행복에 이른 해방자, 부처의 길이기도 하다. 순례를 하는 가장 큰 희망은 인간이 부처가 된 모델이기에 그 발자국만 성실히 따라간다면 우리도 그와 같이 부처가 될 수 있다는 것이다.

여행의 목적지에 가려면 몸을 건강하게 다지고 지도와 나침반이 있어야 시간과 경비를 절약하면서 바르게 여행길을 떠날 수 있을 것이다. 부처의 길을 찾아감에 있어 지도는 내가 사는 지금 이 자리에서 출발할 수 있는 그림이고, 나침반은 지금 서 있는 이곳이 어디인지 방향 설정을 제대로 하는 것이다. 그리고 충분한 자량과 건강한 몸과 마음으로 부딪히는 각각의 대상(경계)에 끌려가거나 혐오하지 않고 관찰자의 입장을 유지해 가면서 발걸음을 옮겨 가다 보면, 어느 순간 목적지에 도달한 자신의 자리를 볼 수 있게 될 것이다. 우리가 해방의 길을 제대로 알고 나침반을 들고 지도를 따라 여행을 떠난다면 도착하지 못할 길이 아닌 것이다. 두려워 출발도 하지 않으려는 자는 용기 없는 게으른 자일 뿐이고, 지도와 나침반도 없이 떠나는 무모한 여행은 눈을 가리고 길을 걷는 것과 같을 뿐이다.

석가모니 부처님을 탄생시킨 인도를 비롯해 불교 국가는 물론이고 전 세계에서 행해지고 있는 수행의 가르침들이 부처님 당시에 출현한 것들만이 아니다. 지금부터 과거의 시간을 타고 대략 5,000년 전까지 지속된 모헨조다로Mohenjodaro, 하라파Harappa 지역에서 발견된 요가행법(기본 행법은 자세, 호흡, 만트라이다)은 인간 내부의 낮은 차원을 신적인 높은 차원으로 끌어올리는 원리들의 흔적이 발견되고 있다. 이 원리들이 끊임없이 발전하면서 지금까지 이어오고 있는 것이다.

헤아릴 수 없는 시간부터 기인한 이러한 요가행법의 발전은 인간의 몸과 마음에 있는 모든 물리적인 요소들과 그 잠재력을 완전히 탐구하여 고도의 깨달음을 이루게 하였으며, 우리가 떠나고자 한 여행의 목적지에 이미 도달한 분들의 출세간적 직관에서 나온 것들이라고 할 수 있을 것이다. 그러므로 어떤 요가행법이 더 좋다거나 맞고 틀리느냐는 등 한정된 시공간에 갇힌 눈으로 이러한 사실들을

© 이인자

이해하려 해서는 안 될 것이다.

　석가모니 부처님도 이러한 과정을 거쳐 성도한 분 중의 한 분이시다. 부처님의 일대기를 보면 수많은 전생에 선업도 많이 쌓았지만, 부처님이 된 그 생만을 보더라도 먼저 왕자의 신분이었다. 당시 왕자는 힘이 우선이었던 시절이다. 작은 부족국가들의 생존을 위해 힘(무술)은 기본이었던 것이다. 그렇게 28세까지 단련된 몸으로 출가 이후에도 당대에 최고가는 6명의 스승들을 만나 그 가르침을 전수받고 그에 따른 모든 요가를 다 마스터했다. 그 실력은 요가행법을 완벽하게 마스터하고 스승을 능가하였지만, 고타마 싯다르타 Gotama siddhartha는 자신이 고민하던 생사에 대한 문제가 해결되지 않자, 고행을 멈추고 보드가야의 보리수 아래서 선정에 들어가게 된다. 인간의 몸으로 가장 높은 경지의 선정에 머무르신 분이 석가모니 부처님이며, 그 집중된 내면의 힘으로 '연기緣起'를 발견하신 것이다.

부처님이 어느 날 우연히 보리수 아래서 새벽녘에 샛별을 보고 깨치신 것이 아니라, 우리로서는 상상도 할 수 없는 고통스런 요가행법을 다 거치고 삼매에 머무를 수 있는 힘이 갖춰진 뒤 보리수 아래서 선정禪定에 든 것이다.

그리고 또 하나, 2,500년의 세월을 거슬러 올라간 그 시기는 지금과 비교가 안 될 만큼 성숙된 환경이었다는 것이다. 그것은 아직도 남아 있는 수많은 흔적들이 이러한 사실들을 증명하고 있다.

우리가 모델인 석가모니 부처님이 가신 목적지까지 여행하려면 그분이 가신 길을 인지한 다음 성실히 발자국을 따라 밟아 가야만 한다.

우리는 재가불자이다. 집에서는 가사를, 밖에서는 일을 하고 돈을 벌어야 하며, 복잡하게 얽힌 현대사회 속에서 수행을 할 수 있어야 해방의 자유를 만끽할 수 있을 것이다. 무책임하게 모든 것을 팽개치고 수행에만 전념한다는 것이 아니라, 자신에게 지금 놓여 있는 환경에서 공부할 수 있는 힘을 길러야 한다는 것이다. 그때 우리는 마음의 균형을 잃지 않고 불보살님과 스승들의 숨결과 하나로 일치시킬 수 있을 것이다. 그 힘은 주관적 감정에 오염되지 않은 청정하고 객관적이며 합리적인 에너지로 밝고 건강한 삶을 유지하고, 일마다 만사형통이며, 가족을 비롯하여 모든 사람 · 동물 · 식물 · 환경에 이르기까지 자비를 방사할 수 있게 될 것이다.

다시 한 번 강조하건대 우리는 산속의 스님들과는 환경이 다르다. 그런데 우리들이 처한 환경을 무시하고 부처님과 조사들, 그리고 산속 스님들을 흉내 낸다면 더욱 어려운 지경에 빠질 수도 있음을 우리는 명심해야 한다.

앞서 부처님의 성도 과정도 간략히 언급했지만, 스님들의 출가 과정을 살펴보더라도 그 차이는 쉽게 드러난다. 일단 출가를 하면 누구나 일정기간 행자생활을 하게 된다. 행자교육은 군대의 교육과는 비교가 되지 않을 만큼 탄탄한 훈련과정을 거친다.

행자기간 동안 승려가 지켜야 할 율의行持와 승려 된 삶을 위한 의식주衣食住의 기본을 다 마스터하고, 지난 삶을 진정으로 참회하게 함으로써 사미수계를 받는다. 그렇다고 여기서 스님의 자격이 갖추어지는 것이 아니고, 사미가 이수해야 할 교육과정을 거치고 비로소 구족계를 수지하도록 되어 있다. 그 기간은 나라마다 조금씩 다르지만 기본적인 교육과정은 크게 다르지 않다. 이렇게 다 비우고 정해진 과정을 이수하고 난 후 몇 년씩을 공부한다 하여도 어느 한 지견, 즉 각성을 일으키는 것이 쉬운 일이 아니다.

그러므로 부처님과 스승님들의 이러한 성도 과정을 덮어 두고 겉에 보이는 모습만 그대로 흉내를 내게 되면 반대의 결과를 맺게 될 수도 있다. 지금 놓인 상황에서 어떻게 가야 하는지를 우리는 깊이 사유하고 그 방향을 새롭게 설정해야 할 때인 것이다. 그리고 차분히 출발해야 한다.

그러면 지금부터 현재 우리가 서 있는 곳 즉, 성실히 자신의 일을 하면서 부처님이 가신 그 길을 가 보도록 하겠다.

변화를 위해서는 지혜와 용기가 필요하다

우리가 명상을 했다면 반드시 긍정적인 발전과 변화가 있어야 공부한 사람답다고 할 수 있을 것이다.

필자는 20여 년 수행의 과정에서 공부하는 많은 분들을 만날 수 있었다. 국적을 초월한 스승님들께 가르침을 받을 수 있는 행운을 누리고, 국내를 비롯한 세계 각지의 수행자들을 만나 공부를 논하고 배울 수 있는 천금 같은 기회는 살아오면서 가장 큰 복이기도 하다. 외국의 수행자들은 대부분 스승의 점검 하에 공부하고 그 점검 시스템이 체계적이고 객관적으로 유지되고 있다. 때문에 수행을 하기 전과 이후에 그 긍정적 발전의 표시가 현격하게 보일 정도이다. 물론 제자들도 이러한 스승과 점검 과정을 털끝만치의 의심도 없는 믿음으로 마치 어린아이가 엄마에게 의지하듯 성실히 실천한다.

그런데 우리의 경우는 좀 다른 것 같다. 국내에서 명상을 한다는 사람들을 만나 보면 바르게 공부하여 명상하기 전보다 성격이 좋아지고 몸이 건강해지면서 모든 형편도 따라서 긍정적 변화가 눈에 띌 만큼 있는 분들이 있는 반면 그 반대의 분들이 의외로 많았다.

긍정적 변화가 두드러진 분들은 지혜와 용기가 있는 분들이었다. 부처님의 가르침대로 들은 바를 사유하고 실천하여 자신에게 유익하면 그에 따라 열심히 정진하고, 실천해 보아서 자신의 근기에 적합하지 않으면 맞는 공부의 방법을 찾아 해 온 분들이었다. 그러나 반대로 부정적 결과의 분들은 듣기만 했지 자신의 근기에 맞는지 맞지 않는지 사유해 보지도 않고 그냥 밀어붙이기 식으로 하고 있었다. 화두를 몇 년씩 참구하고, 오랜 기간 주력수행을 해 온

분, 매일 절과 사경·위빠사나 수행을 몇 년째 하고 있는 분 등 기대하고 설레어 만나 보지만 예상 외의 결과는 참으로 안타까울 때가 많다.

건강하지 못한 혈색에 눈빛은 상기되어 맑지 못하고, 몸의 근육이 틀어져 굳어 가고, 심한 분은 정신분열 증상도 있었다. 더 서글픈 사실은 그토록 공부한다 하여도 그 전과 비교해 건강·성격·삶이 달라진 게 없다는 사실이다. 긴 시간과 많은 돈과 노력을 소비하면서 자신의 공부 방법에만 고정시킨다거나, 바르게 이해하지 못하면서도 밀어붙이기 식의 고집이 낳은 결과가 대부분이었다.

그들은 자신이 뭘 몇 년 했다는 상을 버릴 수 없어서 변화를 싫어하고, 자신의 공부 살림살이가 들통날까봐 불안함에서 공부하는 척 되는 척 하면서 자신이 하고 있는 수행의 대상을 양심을 가리는 방호물로 여기고 있었다. 자신의 살림살이를 드러내지 못하는 용기 없는 사람이 다른 공부나 일을 어떻게 할 수 있을까? 남은 속여도 자신을 속일 수는 없다. 스스로 자신을 얼마나 기만하고 어떻게 배신하고 있는지 찬찬히 들여다보자. 하나하나 드러나는 순간 우리는 긍정적으로 변화된다.

공부를 했다는 증거는 지금 현재 자신의 몸 상태와 안팎으로 부딪히는 경계에서의 마음 상태가 말해 준다. 건강한 몸과, 욕심·화·어리석음·아만·의심으로부터 얼마나 자유롭고 자비심은 얼마나 증장했는지 그 전과 비교해 변화를 보면 자신의 공부 살림살이를 스스로 점검할 수 있다.

몇 년씩 공부를 하고도 자신이 공부하기 전과 비교해 긍정적으로 변화하지 못했다면 고정된 습에서 얼른 벗어나야 한다. 늦었다고 생각했을 때 가장 빠르고, 잘못됐다고 알아차릴 때 바로 잡아지면서 순간 긍정적으로 변화된다.

변화에는 지혜와 용기가 함께 작용한다. 이제껏 공부한 힘을 다시 보태 보라. 그러면 지금까지 해 온 공부들이 헛되지 않고 다시 힘을 받아 우리의 건강과 삶도 따라서 솟아오를 것이다. 이렇게 마음을 낼 때 우리는 불보살님의 숨결과도 하나가 될 수 있다.

그러면 지금부터는 온전한 해방의 그날까지 긍정적 변화를 향해 한 걸음씩 뛰어 보겠다.

복덕자량 쌓기

부처님께서는 '만약 복과 덕이 없으면 물기가 없는 씨앗과도 같아 싹을 틔울 수 없으니, 마땅히 공덕을 쌓고 업장을 소멸하는 데서부터 출발해야 한다'고 복덕을 쌓고 업장을 소멸해야 함의 중요성을 말씀하셨다.

우리가 목적지를 설정해 놓고 여행을 떠나려면 여행에 필요한 도구와 경비를 준비해야 한다. 식량과 음식을 준비하고, 자동차 상태를 점검하며, 차에 연료를 가득 채우고 내비게이션을 작동한 후 출발한다.

이와 마찬가지로 장애 없는 정진을 하기 위해서는 복덕자량을 얼마나 갖추고 죄업을 어떻게 참회했느냐에 따라 중도에 멈출 수도, 우회할 수도, 빠르게 목적지에 도달할 수도 있는 것이다. 이러한 부처님의 가르침을 실천하는 것이 정진의 기초이고, 근·진의 조화로 이룬 선정의 힘은 **뼈대**이며, 선정에서 길러진 마음의 힘으로 어떤 경계에도 혐오하거나 끌리지 않고 관찰자의 입장에서 객관적으로 바라볼 수 있다면 마무리라고 할 수 있을 것이다.

우리가 어떤 공부를 하건 몸과 마음에서 거친 경계부터 드러나고 점점 미세한 것들이 나타났다 사라지고를 끊임없이 반복한다. 그러다가 번뇌가 거의 사라질 무렵 심신에 깊이 잠복해 있던 무서운 경계가 치밀어 올라 종잡을 수 없을 만큼 순식간에 확대된다.

이때 몸 속 깊이 박혀 있는 냉병이나 암 등의 부정적인 요소들도 비로소 발견되면서 구토, 현기증 등의 증상을 일으키고 식욕이 떨어지면서 눈앞에 여러 환영이 보이기도 한다. 또한 마음에 남아 있는 뿌리 깊은 부정적 감정들도 치밀어 오른다. 이때 만약 그 대상에 초점을 맞추면 거기에 마음이 끌려가면서 순간 주객이 전도된다.

주위에 함께 공부하는 도반의 경험을 옮겨 볼까 한다. 한 도반은 다른 사람에 비해 집중력이 뛰어나 한번 앉으면 서너 시간쯤은 금방 지나간다. 어느 날 백골관 수행으로 몸을 샅샅이 관찰하고 보이는 병들을 치유했다. 그 후 몸이 깃털같이 가벼워지자 법열의 기쁨에 먹는 것도 잊고 돌아다니며 일을 했다. 한데, 먹지 않고 에너지만 소모한 연유로 기운이 쇠약해지면서 다시 앉아도 앞의 힘은 사라지고 눈앞에 헛것이 보이기 시작했다. 공부가 퇴보하여 없어진 망상이 다시 생긴 걸로 착각한 순간 화가 났다고 한다. 그 감정이 갑자기 시댁 식구들과 남편을 향해 걷잡을 수 없이 치밀고 올랐다. 화는 더 큰 화를 부르고 마침내 이성을 잃고 며칠을 고성으로 욕하고 싸움을 걸면서 평소 얌전하고 바르던 성품은 오간 데 없이 거칠게 언행을 했다. 놀란 가족들이 정신병원에 입원시키고 몇 날이 지나서야 마음을 다시 잡은 쓰라린 경험을 한 것이다.

이 외에도 어떤 도반은 식욕이 떨어진다고 먹지 않아 현기증이 나면서 눈앞에 보인 환영과 즐기다가 빙의로 착각하고 자꾸 그쪽으로 초점을 맞추다가 귀신의 장난에 떨어져 횡설수설한 경우도 있다. 또한 앉아서 공부한다고는 하나 부정적 감정과 두어 시간을 즐기다가 선정에 든 줄 착각하지만, 그 감정이 이후에도 계속 이어지고 확장되면서 나중에는 더욱 성격이 과격하고 신경질적으로 변한 사람 등 좋은 일만 있기보다는 이런 안타까운 일들로 인해 공부를 중단하고 더욱 곤란한 지경에 빠지는 경우가 종종 있다. 이때 화의 허물로 인해 지금까지 쌓아온 공든 탑은 순간 무너져버린다.

이러한 원인은 모두 진실로 자기가 지은 죄를 참회할 줄 모르고 자량을 쌓지 않은 채 오래 앉기만 하는 되는 줄로 착각한 허물에서 온 결과들이다. 우리가 이와 같은 부정적 요소들인 적과 장애물을 미리 정복하고 떠난다면 해방의 목적지까지 고속으로 질주할 수 있을 것이다.

그렇다면 어떻게 참회를 해야 백겁百劫에 쌓인 죄가 일념一念에 돈탕頓蕩될 수 있을까?

① 참회懺悔하기

수행 중 일기를 써 보라고 하면 거의 대부분이 참회는 빠져 있고, '절 몇 번, 다라니 몇 독, 화두 몇 시간, 수식관, 자비관(……)' 이런 식으로 쓰고 있다. 비빔밥 문화의 영향인지 우리 대부분은 이것저

것 섞어 넣고 고추장으로 마무리한 비빔밥을 수저에 담아 한 입에 넣듯 뭉뚱그려 얼버무리기를 많이 해 오고 있는 것이 현실이다. 그러다 보니 체계적이고 객관적인 공부와 점검 시스템이 어쩐지 아직은 어색할 정도다.

바야흐로 모든 시스템이 글로벌화 되어 있다. 우리는 남방의 불교를 소승이라 하고, 우리보다 위에 있는 북쪽 티베트의 불교를 외도라 하고 있다. 그렇다면 우리가 소승이라 하고 외도라고 한 그 사람들과 그 공부를 하고 있는 서방 사람들은 우리 한국불교를 어떻게 평가할까? 과연 누구나 쉽게 접근할 수 있고, 스승과 제자 사이에 공부를 점검할 시스템이 체계적이고, 전체적으로 객관적이며 합리적인 불교라고 평가해 줄까? 스승은 제자에게 자비로우며 쉽고 친절하게 안내하고, 또 제자는 스승에게 신뢰를 갖고 헌신하고 있는지 이제 한 번쯤 냉정히 사유해야 우리도 긍정적 발전과 변화를 가져올 수 있을 것이다.

우리가 계속 기도하며 수행을 해도 깨우침이나 공덕이 생기지 않고, 비록 생기더라도 쉽게 사그라들게 되는 것은 모두가 업장 때문이다. 또 이번 생에 나쁜 일들이 생기는 것도 과거 생과 금생을 살면서 지은 죄 때문이다. 이런 부정적인 업력은 우리들이 살아가는 데 너무 힘이 들고, 때로는 죽으면 끝으로 생각하는 어리석음 때문에 극단적인 행동을 하기도 한다. 또 내면으로 향하는 수행을 할 때도 몇 배의 망상에 괴롭힘을 당하고, 결국은 수행을 포기하는 일이 허다하다. 우리가 번뇌를 다 끊는 것이 수행의 완성이다. 그리고 평소 우리가 절에 다니며 기도한다 하여도 이러한 업력의 성향을 모

르고는 기도를 포기하고, 더 많은 죄를 짓거나 이곳저곳 기웃거리
다 인생을 허비하기도 한다.

진실로 참회를 하고 다시는 그러한 일을 되풀이하지 않겠다는 각
오를 하면 그와 연관된 모든 망상은 다시는 일어나지 않는다. 그러
므로 참회는 우리의 번뇌를 지우는 데 그 어떤 것보다 강력한 '지
우개'이다.

뭉뚱그려서 '과거로부터 지금까지 지은 죄를 참회합니다' 하고
얼렁뚱땅 하는 참회는 참회가 아니다. 지금부터 과거의 시간을 타
고 거꾸로 내려가든, 태어나면서부터 지금까지 살아오면서 지은 죄
를 떠올리면서 시작하든, 모든 잘못을 하나하나 햇볕에 쪼이듯 드
러내 참회하고 다시는 그런 죄를 되풀이하지 않겠다는 다짐을 하고
또 해야 한다. 하지만 참회를 하지 않으면 지은 죄를 은폐하기 위해
계속 죄를 저지르는 악순환을 이어간다.

만약 당신이 지금 남편(부인)과 이혼 단계에 있다면, 그 원인을
결혼 전 만난 시점부터 다시 더듬어 보라. 찬찬히 점검하다 보면 어
디서부터 무엇이 조금씩 잘못되었는지 알 수 있다. 이유가 무엇이
었든 그 원인에서 자신도 자유로울 수 없음을 알게 된다. 이때 상대
것은 놔두고 자신이 잘못한 과오만 진실로 참회하면 된다. 뼛속 깊
이에서 피눈물 나는 참회와 함께 다시는 그런 원인을 제공하지 않
겠다는 다짐을 해야 한다. 용기를 내어 제대로 참회와 각오를 하고
나면, 후련해지고 걸린 그물에서 벗어나듯 홀가분하다. 그리고 그
일들에 집착했던 것들이 얼마나 하잘것없고 헛된 시간들이었는가,
또 얼마나 쓸모없는 낭비였는지 아는 순간 세상은 너무도 맑아진

다. 용서 못하고 이해하지 못할 일이 없어진다. 그러면 상대의 결과도 뻔하다. '나'라는 상대를 의지해 있던 받침대가 무너졌으니 어떻게 지탱할 수 있을 것인가. 스스로 무너질 수밖에 없다. 어쩌면 상대도 마음은 있었지만 참회하는 방법을 몰랐다던가, 용서를 빌고 싶었지만 용기가 선뜻 나지 않았는지도 모른다. 이렇게 고부간에 동서간에 형님과 아우, 자식, 친구, 동료로 확대해 가면서 하나씩 진실로 참회를 하다 보면 어떤 수행을 하여도 더 이상 나를 괴롭히는 망상은 없다. 이 세상에서 가장 큰 용기는 '용서'이고 가장 강력한 카리스마는 '자비'이다.

망상은 이와 같이 과거와 현재의 업력으로 인한 것과 미래에 대한 망상이 있다. 과거와 현재의 죄업을 제대로 참회하면 미래에 대한 망상은 별것 아니다. 왜냐하면 미래에 대한 것은 모두 과거에서 이어 온 것이기 때문에 그 뿌리와 줄기가 사그라든 이상 가지가 남은들 힘을 받을 수가 없다. 미래의 불안 걱정은 참회로 인해 이미 어둠이 밝은 빛으로 환해졌고, 단지 탐심이 작용하여 미래에 대한 것들이 올 수는 있다. 그러나 이런 것은 아는 순간 사라지기 때문에 별게 아니다.

하지만 우리에게 오랫동안 쌓인 부정적인 감정과 집착은 떠오르는 순간 걷잡을 수 없이 치밀어 올라 확대되고 퍼져 나가면서 수행을 방해하고 상기된다. 뿐만 아니라 어떤 때는 더 강한 감정이 꼬리를 물고 확장되면서 바늘도 들어갈 틈이 없을 만큼 감정은 강해지고 그러다가 우울증 같은 병의 결과를 초래하기도 한다. 수행 중 이런 상황이 발생하면 그 전에까지 해 왔던 공부가 날아가 버리게 되고 그 때문에 스스로에게 화가 나면서 화는 점점 커진다. 화가 꼬리에 꼬리를 물고 들어와 전체를 순식간에 채운다. 이때 지금까지 해 온 모든 공덕은 한순간에 화가 삼켜 버리고 공부를 포기하게 되는 결정적인 동기가 된다. 이런 경계에서 자유로워지려면 바르게 참회해야 한다.

확고한 대참회를 하게 될 때 자신이 지은 모든 죄업을 완전하게 소멸시킬 수 있게 된다. 일어나서부터 잠잘 때까지 찬찬히 살펴보라. 마음과 말과 몸으로 남을 화나게 하고 교만을 부리거나 욕을 하는 등의 죄를 짓고 있으며, 죄짓는 과정도 보인다. 그 실상을 자세히 들여다볼수록 안타까울 만큼 죄업이 많고 깊다는 것을 알게 된다. 그리고 용기를 더 내 들여다보면 자신이 지은 죄를 스스로에게도 부끄러워 내놓지 못하고 있는 죄가 있다. 스스로를 기만하고 속이고 있는 그 깊은 곳까지 도려내고 다시는 되풀이하지 않겠다는 다짐을 해야 비로소 참회는 끝이 난다. 그리고 이런 참회는 미세하게 숨겨진 자신의 업장까지 녹이게 된다. 이렇게 해 나가면서 가슴 뭉클함과 함께 흘러내리는 많은 눈물과 콧물, 가래 등은 다 참회에 따른 업장 소멸의 자연스런 과정이다.

이럴 때 모든 부정적인 업과 장애가 녹아내리면서 어둠은 완전히 사라지고 온몸에는 맑은 치유의 에너지로 가득 차게 된다.

무엇보다 우리가 살면서 모든 고통의 근원인 죄를 바르게 참회하게 되면, 고통이 사라지고 깨침이 저절로 일어난다. 이것이 불교가 우리에게 주는 가장 긍정적인 희망이다. 불교에서 창조주는 업業이다. 업을 정화하고 맑아진 그 자리는 업력이 아니라 원력의 삶을 살아갈 수 있는 희망의 메시지를 제공한다. 참회하여 소멸되지 않는 죄는 없다. 얼마나 소멸되는지는 참회에 대한 생각이 얼마나 간절하며 얼마나 실천하느냐에 달렸다. 그 증거로 먼저 꿈이 맑아지거나 없는 것은 업의 소멸 증거이다. 이는 사후에도 바르도를 거치지 않고 바로 해탈하거나 원력으로 다시 태어난다. 또한 여러 가지 몸의 변화나 정신적인 경험들이 일어날 수 있다. 이 모든 현상은 신비적인 것이라기보다는 거친 몸과 마음의 업과 장애가 스스로 녹으면서 일어나는 현상들이기 때문에, 그 자체에 집착하지 말고 목적지에 도착할 때까지 성실히 가야 한다. 끝없는 윤회 속에서 지은 죄업이 다 소멸되었다는 증거가 나타날 때까지 이와 같이 정진을 해야 한다.

이와 같이 참회하면서 절과 만트라를 하다 보면 이 힘으로 몸과 마음이 어떻게 정화되어 가고 어떻게 작용하는지 하나씩 저절로 보인다. 그리고 그 전에 보지 못했던 깊이 깔려 있는 극히 미세한 의식에서부터 변화가 일어나고 있음을 알아차릴 수 있다.

② 절하기

절을 하는 수행인 배례拜禮는 모든 불교 수행에서 가장 기본적인 것이다.

절하기 수행은 물리적인 행위로 인해 생긴 부정적인 몸의 업을 정화하는 데 최고의 효과를 발휘한다. 하지만 몸 상태가 좋지 않을 때 절하기 수행을 무리하게 했다가는 오히려 몸만 더 힘들어질 수도 있기 때문에 스스로 자신의 몸 상태를 점검하며 조절을 해 가며 해야 한다. 그렇다고 게으름을 피우기 위한 변명이 되어서도 안 되며, 단순히 몸을 움직여서 하는 절도 큰 의미가 없다.

절하기에는 일반적으로 한국 사찰에서 많이 하는 절과 온몸을 다 사용하여 땅에 대고 하는 오체전신투지五體全身投地 방식이 있다.

절을 올리는 것은 공덕을 쌓는 것이기 때문에 법에 맞고 정성스럽게 해야 한다. 모든 공부가 그렇듯 숫자를 채우기 위해서 빨리 해야겠다는 급한 마음으로 해서는 안 된다. 절은 숫자만 채우는 것이 아니라 마음의 기초가 닦이지 않은 상태에서 참회와 공덕을 쌓기 위한 방편이므로 수행 중에도 끊임없이 해야 하는 수행으로 꼽힌다.

절을 할 때에는 무한히 계신 법계의 스승들과 불보살님들을 항상 관상해야 한다. 그냥 하는 절은 공허한 몸짓에 불과하다. 그러므로 단순히 몸을 정화하기 위한 절을 하지 말고 말과 마음까지 정화할 수 있는 진언 염송이나 불보살님의 명호를 부르면서 하되, 귀에 들릴 정도나 속으로 하면서 관상을 함께 해야 한다. 이렇게 신身·구口·의意를 효과적으로 활용할 때 절하기 수행은 제 가치를 발휘한다.

③ 만트라

요즘 서양의 의학계에서는 통합의학으로 암환자나 시한부 환자를 치유하고 있다. 통합의학이란 기존에 서양에서 실시했던 치료에다 동양의 의학과 요가행법의 명상 등을 함께 하는 것을 말한다. 정신적인 치료가 과학의 치료를 넘어서는 증거이기도 하지만 약물 남용에서도 벗어날 수 있기 때문에 우리에게는 더없는 희망이기도 하다.

요가는 인류가 시작되면서 행해졌기 때문에, 그 기원은 정확히 알기 어렵다. 우리가 영혼을 맑히기 위한 명상의 기본자세는 요가에서 기인한다.

요가의 기본 행법 세 가지는 바른 자세, 호흡, 만트라이다. 이 행법은 수천 년의 세월이 흐른 지금까지도 공통적 구조이며 모든 수행은 여기서부터 시작이고 끝이다.

먼저 자세는 바른 자세를 말한다. 결가부좌든 반가부좌든 의자에 앉든, 반듯이 눕거나 옆으로 눕거나, 서거나 걷거나, 무엇을 하든 올바른 자세를 말한다. 올바른 자세일 때 우리 몸에 흐르는 에너지가 제대로 소통되기 때문이다.

두 번째로 호흡은 우리의 몸을 정화시키고 건강한 삶과 수명을 연장하는 힘을 부여하는 등 여러 유익함이 있다. 이에 따른 호흡의 종류는 다양하지만 직접 지도를 받으면서 배우지 않으면 득보다는 위험이 많기 때문에 안내는 생략하겠다. 모든 호흡의 기본은 복식호흡을 말한다.

세 번째로 만트라는 다음과 같은 유익함이 있다.

만트라는 기본적으로 정화와 선정의 힘을 기르기 위한 수행이다. 모든 수행이 그렇듯 만트라 수행도 참회와 함께 시작한다.

주력呪力(진언이나 다라니를 계속 지속적으로 믿음을 갖고 염송하는 것)은 모든 마장으로부터의 보호와 선정의 힘을 길러 주는 힘이 있고, 독을 해독하는 해독제의 역할을 하기 때문에 수행의 입문에서부터 가장 많이 하는 방편이기도 하다. 또 만트라는 우리의 업력을 용해시키는 데 그 위력이 가장 강력하다고 전해지고 있다. 바꿔 말해 만트라 한 자 한 자를 염송함으로써 가슴과 목과 머릿속의 카르마를 정화시켜 가는 것이다.

이러한 만트라의 음률은 과학에 있어서 진동의 법칙과 같다. 세상 만물은 다 끊임없이 운동으로 진동하는 에너지 장이고, 모든 유기체는 물질의 가장 하부단위에서 태양에 이르기까지 각각 고유한 진동수를 가지고 있다. 이 진동수를 알게 되면 그것을 신비적으로 사용해 그 유기체를 분해할 수 있다. 다시 말해 관세음보살에 해당하는 '옴 마니 반메 훔'의 만트라는 관세음보살과 정신적으로 통신을 주고받는 법이다. 일종의 텔레파시로 요즘 인공위성을 띄우거나 안테나 등을 설치해 놓고 내비게이션, TV채널, 전화기 등으로 수많은 교신을 주고받는 것과도 같은 것이다. 이렇게 소리에서 나오는 힘의 원리를 과학의 실험결과에서 빌리자면, 일반적으로 외부에서 진동계를 진동시킬 수 있는 힘을 가했을 때 그 고유의 진동수와 외부에서 가해지는 힘의 진동수가 같으면 그 진동은 심해지고 진폭도 커진다고 한다. 또 진동체가 서로 연결되어 있는 경우 양쪽 진동수가 같으면 공명에 의해 에너지를 서로 교환하기 쉽게 된다고 증명하고 있다. 우리가 지금 이 자리에서 일념으로 '옴 마니 반메 훔'을 염송하는 순간 우리는 관세음보살의 숨결과 하나가 된다.

다음은 삶 속에서 이와 같이 명상을 해 가면서 변화되어 가는 도반들의 사례를 보겠다. 이들의 체험 사례에서 실천 방법들이 자연스럽게 드러날 것이다.

제목	나는 참회하고 있는가
글쓴이	선덕화
날짜	2009.1.9

어제 사다 놓은 무 한 망을 다 깎아서 무김치를 담그려고 손질을 했다. 마해무에서 찾은 금강경 낭송을 틀어 놓고 했다. 어제 듣고 오늘 들으니 참 좋다. 그냥 좋다. 덕분에 금강경 읽을 때 찬찬히 마음 낮추어서 읽게 된다. 그러다 문득 참회에 대해 생각을 해 본다.

자비심님은 참회할 때도 눈물이 나고 부처님 법 만나 너무 좋아 눈물이 나고 매일이 해피해서 눈물이 난다고 하신다. 그런데 난 눈물이 잘 나오지 않는다. 울면 안 될 것 같아서다. 왠지는 모른다.

그런데, 어젠 내가 울었다. 자비심님의 참회의 기도를 읽고 또 선명화 보살님의 참회에 대한 글을 읽고 내가 울었다. 큰 시누이가 생각나서, 시어머니가 생각이 나서 울었다. 내가 마음에 꼭 덮어 두고 있는 큰 시누이에 대한 화가, 미움이, 시누이의 삶이 내게 짐이 될까 봐 그것이 싫어서 내가 숨겨두었던 것이 생각이 나서 울었다. 나만 옳았고 나만 걱정하는 척 했던 것이다. 그래서 가까이는 남편에게 화내고 큰소리 내고 남편에게 못하면 핑계 거리 찾아 큰아이에게 해 붙이고, 그러다 남에게 시어머니 흉보고 소리 내 울분을 터트리고(……), 그렇게 지냈던 지난 시간이 생각이 나서, 그리고 같은 일이 되풀이될까 봐 눈감고 맘 닫고 귀 닫고 겉으론 안 그런 척 속으로 여전히 겁내면서 있었던 것이다.

나는 참회는커녕 숨기고 덮고 얼른 썩어 없어지길, 자국도 없이 없어지길 바랐다. 나만 안 보면 다른 이에게도 안 보일 거라고 어리석게도 지금까지도 그리 생각하고 있었던 것이다. 그 독이 내 남편과 내 아이에게 옮겨져 어쩌면 고칠 수 없는 것이 될지도 모르는데(⋯⋯),

자비심님이 그랬다. 나만 모르고 있지 다른 사람은 내가 눈뜬장님이고 벌거벗은 임금님과 같다는 것을 다 안다고 했다. 맞는 말씀이다. 우리 시어머니 정말 맘고생하셨을 것이다. 지금도 맘이 아프실 것이다. 시누이 역시 그럴 것이다. 늘 웃고 있는 사랑하는 내 남편도 맘이 아플 것이다. 갑자기 날카로워지는 엄마에게 이유도 모르고 맘 다쳤을 내 아이도 아플 것이다.

내 부모님이 나를 이렇게 세상에 내어 놓아 불법 인연 만나게 해 주신 큰 은혜와 같이 우리 시부모님 내 남편을 세상 구경시켜 주신 그 큰 은혜에 내 두 아이가 이렇게 불법 인연을 짓고 이리 맘 예쁘게 자라게 해 주신 은혜, 내가 받은 그 은혜만 고마워했지 정작 가장 아린 곳은 살펴 드리지 못하고 또한 맘으로 진심으로 참회하지 못한 것 지금 맘 깊이 부처님께 참회합니다.

제목	보고합니다.
글쓴이	자비심
날짜	2009.3.29

대배를 시작한 지 14일째 되는 날입니다. 이 주일째 대배를 1시간씩 하고 있습니다.

계획은 출근하기 전 5시에 하려 하고 있으나, 일주일 내내 계획을 이행하지 못하고 퇴근 후에 하고 있습니다. 아직도 조금만 더 자자,

하는 안일한 생각에 허우적거리고 있습니다. 고치도록 하겠습니다. 능엄주는 30독 이상 그 나머지는 틈틈이 걸어다니면서……. 화장실 가서도 하고 있습니다. 꼭 30독은 채우려고 하고 있습니다.

자비명상은 자기 전에 누워서 능엄주를 하면서 하고는 있으나 따로 시간을 두고 하지는 못하고 있습니다.

가슴풀기는 부지런히 하고 있는데 풀린 듯 싶다가도 나중에는 또 뭉치는 걸 보아 가슴풀기는 지속적으로 계속 해야 한다는 보살님의 말씀 명심하고 계속하고 있는 중입니다. 우선 이렇게 기도를 시작하고 예전의 대배를 하기 전에 기도했던 것과 차이를 말씀드리겠습니다.

제가 심한 비염이라 조금만 찬바람을 맞거나 컨디션이 좋지 않으면 편두통이 있답니다. 편두통이 너무 심해서 꼭 아스피린을 먹고 잠이 드는데, 약을 먹어도 그 다음 아침까지도 머리가 띵합니다. 대배를 마치고 이제 능엄주를 20독이나 남았는데 머리가 너무 심하게 아픈 거예요. 약을 먹을까 하다 이때 '능엄주를 하면서 자비명상을 해 보자. 지금이 가장 좋은 기회다' 생각하며(기도를 점검할 수 있는 가장 적절한 시기라 생각함) 능엄주 기도를 하며 자비명상 했답니다. 그런데 너무 신기하게도 몇 독 하고 나서는 조금씩 두통이 없어지고 머리가 맑아지는 거예요. 감사합니다, 감사합니다, 감사합니다를 되뇌며 남은 능엄주를 했습니다. 이때 표현하기 힘들 만큼 나를 보호해 주시는 불보살님이 계시다는 생각에 가슴이 꽉 찬 기분이었습니다.

4년 전부터 능엄주를 알게 되었음에도 능엄주 기도를 멀리하였고, 왜 해야 하는지 몰랐던 어리석은 저에게 이와 같이 너무나 큰 재산을 주심에 감사합니다.

오랜만에 절에 다녀왔습니다. 절에서 하루를 자는데 평소에 밤 12시 정도에 자는 내가 절에서는 일찍 잠을 자야 하니 힘들더라구요. 능엄주를 계속하면서 10시 되어서야 겨우 잠이 들고 새벽 2시 30분에 일어나 예불을 드리는데, 평소에 저는 매일 그 시간에 너무 피곤해서 커피 두 잔을 마시고 기도를 해야 함에도 오늘은 어쩐 일인지 졸리는 것도 느끼지 못하고 기도가 너무 집중이 잘 되는 거예요. 저희 엄마, 커피 타주면서 먹으라시는데 "엄마 나 커피 안 마셔도 돼~" 하며 자신만만한 웃음을 보냈답니다 ㅎㅎㅎ.

빨리 하던 절을 멈추고 천천히 세 시간 동안 절을 하면서 능엄주를 했답니다. 매일 매일이 신기합니다. 불교를 신비주의로 몰고 가는 게 아닌가 싶기도 하지만, 그런 신비가 아니라 4년 동안 의문이 가득했던 기도와 수행, 그 길이 하나씩 풀려 감에 너무 신기합니다.

제목	무소의 뿔처럼 혼자서 가겠습니다.
글쓴이	자비심
날짜	2009.4.6

대배 한 시간과 능엄주 30독씩 시작한 지 오늘로 21일이 지났습니다. 능엄주를 하는 데 있어서 심독하는 게 점점 부드러워지는 상태를 맛보면서 30독 이상은 여유롭게 하고 있답니다. 그러면서 나도 모르게 긴장감이 풀린 상태와 더불어 번뇌가 늘어나는 것을 알아차렸습니다. 그래서 오늘부터 능엄주를 50독 하기로 계획을 세웠습니다. 출근길과 퇴근길 쉬는 시간 그리고 자비명상과 함께……

능엄주는 처음 몇 일과는 다르게 부드럽게 막힘없이 이어지고 있습니다.

신체적인 상태로는 우선 제가 작년부터 허리가 안 좋았습니다. 몸무게의 정도를 막론하고 모든 아이들을 힘껏 안아 올린 덕분으로 허리가 안 좋았답니다. 물론 지금도 가끔 아플 때가 있는데 이상하게도 대배를 하려고 하면 몸이 풀린답니다.

정서적인 상태로는 마음에 흔들림이 더욱 현저히 없어짐을 저 자신이 느낄 수가 있답니다. 분명 화가 날 때인데 그 순간 알아차림 할 수 있음이 예전보다 더욱 빨라졌습니다. 그리고 마음의 요동은 아주 심하지 않은 이상 전혀 없습니다. 심할 경우에는 나 자신을 컨트롤할 수 있는 힘이 키워졌습니다.

아! 제가 참 먹는 것을 즐거워해서 하루에 하나는 꼭 맛있는 것을 먹어야 했답니다. 그래서 일부러 몇 일간은 다이어트 기간을 정해 두고 하자, 우리 절 스님께서 그런 건 나중에 다 해결이 되기 때문에 굳이 먹지 않으려 하지 말라고 하셨는데 지금이 그렇습니다. 맛있는 것 앞에서도 배고프지 않고 그냥 스치게 되는 제 모습을 보면 참 신기하답니다. 아마 스님께서 하신 말씀이 공부가 잘 되면 식탐도 사라진다는 말씀이셨으리라 생각이 들었답니다.

제가 요즘 읽는 책을 보면서 부처님께서 주신 가르침에 대해서 생각해 보게 되었습니다. 또한 선명화 보살님께서 이렇게 카페에서 하나하나 신경 써 주시고 조언해 주심은 대자비심이 있지 않고서는 가능하지 않음을 다시 한 번 느꼈습니다.

오늘 고등학교 때부터 단짝이라고 지냈던 친구와 오랜만에 통화를 했답니다. 친구가 제게 이러더라구요.

"어둠에서 벗어나서 우리 곁으로 빨리 오라. 친구들 만나면 니 걱정부터 한다"고. 아쉬웠습니다. 제 친구들과 이 공부를 같이하면 얼마나 좋을까? 근데 그때 한 생각이 스쳤답니다. '아! 내가 정말 지금은 나 혼자만의 수행이지만 언젠간 꼭 모든 이들에게, 친구들에게 함께 나눌 수 있는 날까지 많은 경계에 부딪힐 지라도 지금은 무소의 뿔처럼 혼자서 가야겠다' 는 생각을 잠깐 한 날이었습니다.

오늘 다시 한 번 카페에서 많은 걸 얻고 나아갈 수 있게 해 주셔서 모든 분들께 감사 인사드립니다. _000_

제목	몸에게 배우다
글쓴이	무진장
날짜	2009.2.19

어떤 도반님의 수행일기를 읽다가 가슴이 콱 막혀 버렸다. 한참을 왜 우는지도 모르고 울었다. 내심 그것이 참회의 눈물인 줄 알았으나, 그 다음 날이 되어도, 또 그 다음 날이 되어도 풀리지 않는 가슴을 보고 생각해 보니 억울함을 하소연하는 눈물이었다. 저 밑바닥에 흔적조차 남기지 않고 꼭꼭 숨어 있던 업장이 그 도반님의 솔직함에 찔려 이내 튕겨져 나왔음이리라. 얼굴이 화끈 달아오른다. 머리로 하는 참회와 '나는 기도하고 있다' 는 자만이 만들어 낸 참상이다. 그동안 난 무엇을 하고 있었던 것일까? 한동안 쉬었던 절을 그 자만의 뿌리까지 뽑혀 나가길 바라며 일 배 일 배 천천히 해 본다.

근데 이건 또 뭘까? 평상시 몸이 좌측으로 쏠려 있다고 생각했는데 오늘 절을 하며 보니 우측으로 기운다. 눈물이 난다. 그동안 내가 아는 것만을 우기고 살아온 삶을, 그 깊은 자만의 뿌리를 몸은 내내 보여 주고 있었건만. 둔함과 무지함으로 인해 이제야 보게 된 것이다. 그동안 몸이 얼마나 답답했을까.

"몸은 마음을 싣고 가는 수레이니 세세히 살펴 부처님같이 보살펴야 한다"는 보살님 말씀을 이제야 조금 알 것 같다.

제목	능엄주와 자비명상 – 틀어진 골반 제자리 찾기
글쓴이	보명화
날짜	2009.3.30

1. 능엄주를 어느 때고 하자 싶어 어제는 걷기 운동을 나가서 계속 능엄주를 했습니다. 생각보다 많이 어려웠습니다. 그러나 집중은 잘 돼 1시간 30분이 훌쩍 지나가버렸더군요.

이상한 점은 작은 소리로 능엄주를 하면서 걷고 뛰고 했는데, 숨도 차지 않고, 오늘 아침에 몸이 개운합니다. 원래 운동을 자주 하지 않아 이 정도 하고 나면 여기 저기 쑤신데 전혀 그런 증상이 없네요.

2. 자비명상

자비명상은 참 자비롭습니다. 지난밤 자정을 넘어 하고 나서 어제와 무엇이 달라졌는지 확연히 알 수 있었습니다. 하면서도 내내 감사하고 기뻤습니다. 제 왼쪽 어깨를 중심으로 저의 척추가 그제 밤에는 바로 세워졌습니다. 물론 완전한 것은 아니었고, 제가 1시간 30분 이상 했기에 힘들어서 조심스럽게 그만둔 것도 있었지만 다음 날 아침 잠자리에서 일어날 때 제 몸이 증명해 주었습니다. 어제는 지난밤에 어깨와 팔, 오른쪽 옆구리가 풀리는 증상을 경험한 이후라 그런지 골반과 허리 중심으로 몸이 움직였습니다. 항상 먼저 올라가던 왼쪽 팔은 제자리를 찾았고 서서히 오른쪽 옆구리 쪽으로 몸이 완전히 돌아갔으며 속도가 그제 밤보다 빠르게 진행되었습니다. 그건 아마 그제 밤의 자비명상으로 인해 몸이 많이 풀려서 그런 것 같습니다. 그리고 왼쪽 옆구리 쪽으로 몸이 스트레칭되고, 오른쪽과 왼쪽이 반복적으로 움직이더군요. 오른쪽에서 머무는 시간이 좀 많았습니다. 그건 제 몸이 오른쪽이 좀더 불편하기 때문인 것 같습니다. 저는 골반이 틀어져 있습니다.

X-레이 찍고, 운동처방해 보고, 침 맞고, 요가해 보고 여러 가지 방법을 찾았지만 그때뿐이었구요, 여전히 틀어진 채로 있었죠. 어젯밤 자비명상 후 오늘 아침에 일어나서 아이 유치원 보내면서 걸어 보니 정말 달라졌습니다. 마치 윤활유 바른 자전거 바퀴같이 오른쪽 골반이 너무 편합니다. 부드럽고, 경직된 것이 풀려 걸음이 가벼워요. 아, 설명이 부족하니 좀 답답한데, 새 부품에 기름칠을 한, 그래서 부드러운 그런 느낌이에요. 어제는 몸이 눕기도 하고, 앉기도 하라고 하더군요. 그리고 얼마나 유연해졌는지, 양쪽 허리 돌아가는 위치가 확연히 달라졌습니다. 얼마나 시원하고 개운한지, 운동으로는 전혀 느낄 수 있는 기분이 아닙니다. 어제는 왼쪽 오른쪽 반복적으로 훌라후프하는 것처럼 허리 골반 돌리기가 이어졌습니다. 왼쪽 하고 나니 오른쪽, 오른쪽 하고 나서 왼쪽, 여러 종류의 골반 돌리기가 시도됐구

요. 그러고 나서는 목이 뒤로 한참이나 젖혀졌습니다. 이러다 뒤로 꽈
당 넘어지겠다 싶었는데, 다행히 안 넘어졌구요. 허리까지 같이 뒤로
젖히기가 시도되었기에 하고 나서는 정말이지 후련하고 시원하
고……. 그러더니 허리를 숙이게 되고 자꾸 아래로 내려갔어요. 손이
결국 바닥을 짚고 나서도(저 원래 유연성 제로입니다) 계속 더 앞으로 나
아가서 결국 앉았더니 요가하면서 했던 고양이 동작을 하고서 눕게
되고, 누워 잠시 쉬다 다시 제 의지로 일어나서 다시 서니 앞서와 같
은 동작이 계속 반복되는 거예요. 왼쪽 오른쪽 허리 틀기, 골반 돌리
기, 목과 허리 뒤로 젖히기, 숙여서 척추와 골반 펴기, 앉아서 고양이
자세와 골반 돌리기, 크게 이와 같은 내용이 반복되었습니다. 이제 됐
다 싶어 끝냈더니 2시간이나 지났어요.

오늘 아침 어느 때보다 몸이 개운합니다. 자비명상을 공유하고 싶
어도 결국 제 몸이 온전해야 하고, 그래야 부처님의 자비의 빛을 온전
히 보낼 수 있겠다는 생각이 들었습니다.

참, 이런 동작들은 몸을 정화한 다음 부처님의 빛으로 제 몸을 완전
히 채운 다음에 이뤄진답니다. 그리고 어제는 능엄주를 틀어놓고 했
어요. 하는 내내 부처님의 빛 속에 제가 머무는 관상을 했답니다. 능
엄주하면서 달릴 때도 큰 부처님 몸속에서 뛰고 있다고 생각하면서
했지요. 제 몸이 온전히 정화되고, 맑아져 자비명상이 다른 이들에게
잘 전달되기를 서원합니다.

여러 사례에서 임사체험과 명상의 과정을 간단히 비교 살펴보았
듯이 객관 세계와 주관적 세계를 인정하고 주관적인 흐름에 끌려가

거나 혐오해서는 안 된다는 것을 일깨우고 있다. 어리석은 사람들은 눈으로 직접 확인된 것만 인정하려 한다.

위에서 보았듯이 마음을 안으로 모아 깊은 명상에 잠겨 보면 사후세계에 벌어지는 일들이 그대로 드러난다. 우리가 명상을 하면서 마음을 길들이는 이유는 보이는 것에 생각되어지는 것에 담담하게 대처하기 위함이다. 마치 강기슭에서 흐르는 강물을 지켜보듯이.

이렇게 어떤 대상에도 흔들림이 없을 때 사후에 나타나는 현상에도 속지 않는다. 마찬가지로 현재의 삶도 깨어 살펴가게 될 것이다.

그렇게 되기 위해서는 많은 노력이 필요하다. 조용한 곳에 앉아 명상만 하기보다는 명상을 순조롭게 하기 위한 기본 자량을 쌓는 일이 더욱 중요하다. 끊임없이 물질적인 공양물과 비물질적인 공양을 올리는 실천으로 복덕을 쌓고, 또 시기하거나 질투하는 마음 없이 남의 잘됨을 함께 기뻐하는 수희동참隨喜同參의 공덕을 쌓는 일에도 게을리하지 말아야 한다. 힘들이지 않고 편안하게 가만히 누워서나 어디서든 공덕을 쌓을 수 있는 것이 수희공덕이다. 또 차질 없는 여행을 위해 자량을 쌓는 것은 물론이거니와 몸을 건강하게 유지하면서 가야 목적지까지 갈 수 있음을 명심해야 한다. 이와 같이 자량을 쌓고 건강한 몸을 유지할 수 있을 때 어떤 대상을 공부로 하든 흔들림 없이 짧은 시간에 각성을 이루게 된다.

끝으로 명상을 마칠 때마다 모든 중생의 이익을 위해서 이 수행의 공덕을 회향해야 한다. 모든 수행의 완성은 나만의 정화로 이루어지는 것이 아니다. 나와 다르지 않은 이 모든 현상계가 함께 맑아질 때 온전한 부처를 성취할 수 있기 때문이다.

이와 같이 공부를 하게 되면, 우리들의 몸과 말과 마음을 부처님의 신성한 신·구·의로 전환할 수가 있으며, 수행을 해 가는 과정에서부터 강력한 힘을 발휘한다. 그 증거는 먼저 달라진 자신의 모습이다. 조금 전과 지금의 변화, 어제와 오늘의 달라짐, 한 달 전과의 변화(……) 거슬러 올라가 수행을 하기 전과 이후의 변화가 확연히 드러난다. 스스로 탐·진·치·아만·의심의 다섯 가지 독으로부터 얼마나 자유로운가를 보면 그 변화의 긍정적인 발전을 알 수 있다. 그리고 얼굴의 표정과 건강, 일 등 어느 것도 좋아지지 않은 것이 없다. 이 힘은 해방의 목적지에 도달할 때까지 그 가치를 발휘한다.

만약 당신이 이와 같이 간절하게 공부를 하고도 긍정적으로 발전하지 못했다면, 진실된 공부가 아니라 누군가를 흉내 내고 있지 않았는지 한번 반성해 보아야 한다.

● **참고문헌**

혜거스님 《가시가 꽃이 되다》, 책으로 여는 세상

청전스님 옮김 《깨달음에 이르는 길》, 지영사

초펠스님 옮김 《깨달음에 이르는 길》, 하늘호수

설오스님 옮김 《밀교란 무엇인가》, 효림

강선희 《체험으로 읽는 티벳 사자의 서》, 불광출판사

최로덴 《티벳불교의 향기》, 대숲바람

ⓒ 지운스님

내 인생 최고의 스승, 죽음 수행법

❋ 김기호

오늘이 마지막 날이라면

주위를 둘러본다. 내 앞에는 검은 옷의 저승사자가 기다리고 있다. 뒤에는 체험자들이 슬픈 표정으로 따르고 있다. 나는 죽음을 향해 가고 있고, 죽음은 나를 향해 다가온다.

눈 내린 겨울 숲은 고요하다. 이 고요함은 처음 경험하는 새로운 세상 같다.

한 번도 느껴 보지 못한 적막함……

오싹함이 느껴지며 온몸에 한기寒氣가 돈다. 앞을 향해 한 발 한 발 걸음을 옮길 때마다, 눈 속에 몸을 감추고 있던 낙엽의 앙상한

❋ 능인선원 수행 지도법사, 정신보건 사회복지사, 아름다운 삶 수련센터 책임교수
www.happydying.com

시신들이 모습을 드러낸다.

"한없이 길 줄로만 알았던 삶이 순식간에 끝나고, 어느덧 죽음이 찾아왔습니다. 돌아보니, 시간은 정말 덧없이도 흘렀습니다. 이제 이 작은 관 안에 이 한 몸을 누이면, 세상사와의 모든 인연은 끝이 납니다.

살아오는 동안 그토록 애지중지했던 이 몸에서, 마지막 숨이 빠져나가면, 이 몸은 좁디좁은 널빤지 속에 갇혀 들끓는 벌레들 속에서 그저 한 점 고깃덩이로 썩어 가겠지요.

주변으로부터 인정과 흠모를 받으려고, 최고가 되기 위해 온갖 치장을 다 했건만, 그토록 쾌락과 성공을 위해 몸부림쳤던 삶도, 결국 아침 이슬처럼 사라져 이 모든 것이 덧없는 한갓 꿈 아니면 무엇일까요?"

짙은 먹구름이 상현달을 삼킨 10월 23일 자정 무렵, 계룡산 자락에 위치한 조그만 오두막에서 2000년 마지막 죽음수행법이 한창 진행되고 있었다.

나는 입관 발원문을 읽는다.

누런 삼베옷으로 머리에서 발끝까지 온몸을 칭칭 동여 감은 채……. 저 멀리 산기슭에 있는 조그만 암자에서 비치는 불빛을 바라보며 지나간 삶을 되짚어 본다.

생전의 일들이 주마등처럼 떠오른다. 욕망과 집착으로 새겨진 지난날의 삶. 별것도 아닌 것을 얻으려고 사소한 것에 목숨 걸듯 품었던 헛된 욕망들이 순간 날 부끄럽게 한다.

어쩌면 이토록 어리석은 삶을 살았을까?

좀 더 주변을 배려하고 사랑하는 마음으로 살아볼 것을…… 헛된 욕심에 이끌려 정작 주위의 소중한 사람들을 제대로 알아보지 못했던 것들이 참으로 후회스럽다.

"간절한 마음으로 용서를 빕니다. 나와 인연을 맺었던 세상의 모든 분들이시여! 안녕히 계십시오. 모두 다 평안하시기를 기원합니다.

일생 동안 모았던 나의 재산, 그리고 유품 등은 이제 많은 분들이 유익하게 쓸 수 있도록 사회에 회향回向하고자 합니다."

입관 발원문의 마지막 문장을 읽고, 숨을 한 번 깊게 들이쉰다. 눈가에 맺힌 가느다란 눈물방울을 훔치고 나서는, 검은 도포에 갓을 쓴 저승사자를 따라 산을 오른다. 오솔길 양 옆으로 꺼질 듯 희미한 촛불들이 길게 굽이굽이 이어지며 죽음을 향해 나아가는 길을 밝혀 주고 있다. 100미터쯤 올랐을까, 조그마한 공터에 10여 개의 관이 늘어서 있다.

아! 죽음이 저기 있구나.

순간, 무언가 내게 주어진 숙제를 다하지 못하고 가는, 아쉽고 무거운 마음이 엄습해 왔다.

'이럴 줄 알았으면 수행도 더 열심히 하고, 인연 맺었던 분들에게 좀 더 많이 베풀 것을…….'

　애써 안타까운 마음을 정리하면서 2미터 남짓한 작은 관에 발을 들여놓는다.

　내 몸에 맞춘 관에 몸뚱이를 뉘자, 만감이 교차한다. 관 바닥의 나무판자의 차가움을 느끼기도 전에, 저승사자들은 곧바로 나의 손과 발을 칭칭 동여맨다. 답답한 느낌이 손과 발을 통해 온몸으로 전해진다. 얼굴에 수의가 씌워지면서 호흡은 조금씩 거칠어진다.

　이윽고 매정하다시피 관 뚜껑은 덮이고 어둠이 나를 향해 밀물처럼 순식간에 덮쳐 왔다. 내 몸에 맞춰 제작된 관이 몸을 조금씩 조여 오는 것 같다. 몸을 움직일 수가 없다.

　쾅! 쾅! 쾅!!
　관 뚜껑에 못질 하는 소리.
　관 속에 누워 있는 나의 정신이 점점 더 또렷해진다.
　두두둑-, 두두두둑-
　이내 관 위로 흙 뿌려지는 소리가 들린다. 곧바로 어둠의 심연…….

　　삼계는 우물 속 두레박과 같으니
　　백천만겁 지내온 것 티끌과도 같아라.
　　금생에 이 몸이 도를 얻지 못하면
　　어느 생에 다시금 이 몸을 구제하리.

　관 밖에서 들려오는 애달픈 장엄염불 곡조가 전신을 휩싸고 돈다.

전도몽상 – 거꾸로 살아온 삶

1996년 가을까지만 해도, 나는 성공을 향해 맹목적으로 전진하는, 끝없는 훈련을 받은 엘리트주의자였다. 출세, 야망, 성공. 이런 단어가 그 당시 나를 단적으로 표현하는 단어들이었다. 이름을 떨치고, 가문을 빛내야 한다는 유교적 관념과 경쟁에서 이기고 출세하기 위해서는 남을 밟고서라도 일어서야 한다는 어리석은 관념과 집착으로 가득했던 때였다.

타인에 대한 배려란 있을 수 없으며, 오로지 나 자신의 지식과 능력을 최고로 만들어야 한다는 잘못된 신념만으로 가득했으며, 자본주의의 시장경제, 학벌주의, 1등주의 등 세속화된 프로그램으로 무장된 교육 방식을 너무나 당연한 것이라고 여기고 있었다.

초등학교에서 대학원을 졸업할 때까지 나는 나의 성적이 가장 좋아야 했다. 그래서 모든 친구들은 나의 경쟁자일 뿐이었고, 직장에서는 성공과 승진밖에 몰랐다.

오직 출세만을 위해서, 다른 사람들과 마음으로 교류하려는 기회 자체를 시간낭비라고 생각해 차단했었고, '나'라는 감옥 속에 철저히 갇힌 삶이었다.

그러던 내가 십 수 년이 지난 지금, 이기심에 바탕을 둔 물질주의, 나만의 성공과 명예를 향해, 정해진 프로그램대로만 사는 삶의 방식이 얼마나 위험하고 해로운 것인지를 이야기하고 있다. 인생의 본래 목적은 성공과 출세가 아니라 영혼과 정신의 성장임을 말하며, 이제는 인류가 맞닥뜨리고 있는 심각한 사회문제, 정신적·환경적 위기를 인식하고 그것을 극복하기 위해 모두 하나가 되어 노력해야 할 때라고 주장하고 있는 것이다.

1996년 임사체험을 접하기 이전의 나는, 모범생에서 벗어나면, 사회가 만든 규범이라는 틀을 벗어나면, 큰일이라도 나는 듯 살아왔다. 한 치의 의심도 없이 내가 나아가야 하는 길은 최고여야 한다는 생각으로 앞만 바라보며 부지런히 걸어왔다. 공부 외에 소일거리는 기공 수련뿐이었다. 대학교와 대학원을 졸업한 뒤 항공회사에 취직했고, 세계 각국을 돌아다니며 수많은 사람들을 만났다. 이러한 경험은 나로 하여금 새로운 인생관을 세우는 계기가 되었다. 다양한 인종과 다양한 직업을 가진 많은 사람들을 만나며 일등만을 추구하며 앞을 향해 달려왔던 지난날들을 돌아보게 되었다.

그때, 문득 나는 지금 내가 어디로 가고 있는지, 그것이 진정 나를 위한 것인지, 과연 제대로 된 삶을 향해 가고 있는지 깊은 번민에 빠졌다.

그러한 과정에서 우연히 죽음을 체험한 사람들의 이야기(임사체험)를 통해 임사체험 메시지를 접하게 되었다. 창원에 있는 치과병원에서 발견한 임사체험 관련 책자와 능인선원에서 접한 임사체험 메시지는 나에게 신선한 충격을 주었고 삶의 진정한 의미가 무엇인지 발견하게 해 주었다.

임사체험자는 죽음 이후 빛을 보게 된다. 처음엔 저 멀리 떨어진 하나의 점이었다가 자력이 있는 듯 그를 향해 끌려 내려와 곧 빛과 사랑

으로 그를 감싼다. 이 빛은 거룩한 아름다움으로 눈을 매혹시키는 것
으로 묘사되지만 눈을 상하게 하지는 않는다.

임사체험자의 증언에 의하면, 빛이 나타났을 때, 빛 속에서 그에게
들려오는 첫 번째 질문은 "그대는 당신의 일생 동안 무슨 일을 했는
가? 그대는 인류를 이롭게 하고 향상시키기 위해 무엇을 했는가?"라
는 메시지라고 한다. 빛의 존재와의 만남은 이를 통해서 삶의 참된 목
표는 다른 사람을 사랑하는 것을 배우고 지혜를 얻는 것임을 강조하
고 있다.

임사체험과 만난 이후, 대학에서 전공한 사회복지에 대해 다시
관심을 갖게 되었고 죽음과 영성sprituality과 연결하여 그 분야를 좀
더 깊이 연구해 봐야겠다는 생각을 하게 되었다. 그래서 1998년 여
름, 사회복지국가로 유명한 호주에서 사회복지에 대해 더 자세히
공부해 보려는 의도로 박사과정을 밟기 위해 유학을 떠났다. 호주
는 나에게 새로운 삶의 모습들을 발견하게 해 주었다.

나는 죽음 이후의 세계에 많은 의문을 가지고 있었기에, 자연스럽
게 티베트불교에 흥미를 갖게 되었고 특히 소갈 린포체Sogyal Rinpoche
의 《죽음에 관한 지혜의 서Tibetan book of living and dying》를 읽으면
서 티베트불교의 힘이 죽음에 대한 깊은 이해에서 나온다는 것을
알게 되었다.

호주에서 공부하는 동안 가장 인상적이었던 것은 호주의 지식층
에 불교가 널리 전파되었다는 점이다. 동남아의 소승불교에서 비롯
된 절이나 승려, 재가 수행자가 생각 이상으로 많을 뿐만 아니라 불

교에 대한 관심과 연구가 상당히 높은 수준이었다. 대학 도서관에는 특히 현대화된 불교서적과 논문이 많이 비치되어 있었다.

나는 세계 여러 민족들이 어떻게 죽음을 대하고 있는지를 탐색하기 시작했다. 박사학위 논문을 준비하며, 티베트에서 바라보는 죽음의 의미, 죽음 수행법, 그리고 죽음에 임박한 암환자를 돌보는 호스피스 치료에 더욱 깊은 관심을 가지게 되었다.

그리고 미국의 의과대학 교수인 레이먼드 무디Raymond Moody의 연구결과(Life after death, 1975)를 통해 사고로 우연히 죽음체험(임사체험)을 한 사람들은 거의 대부분 그 후 삶이 180도로 변화되었다는 사실을 알게 되었다. 임사체험을 한 경험자들의 그 이후 삶을 조사한 결과, 다음과 같은 공통점이 있었다.

첫째, 임사체험 이전의 삶과는 확연히 다르게, 진리를 추구하며, 봉사하는 삶을 선택하였다. 죽음을 체험한 후 인생에 대한 이해가 더욱 넓고 깊어졌으며, 사랑하고 봉사하는 일들이 얼마나 가치 있는 일인지를 발견하게 되었다는 것이다.

둘째, 체험자들은 더 이상 죽음을 두려워하지 않았다. 사후 삶에 대한 새로운 견해를 가지게 되었으며, 또한 살아 있을 때 무엇을 해야 할 것인지를 각성하게 되었다고 한다.

셋째, 대부분의 체험자들은 '빛'을 목격하고 이를 통해 '깊은 마음의 안정'과 '충만한 기쁨'을 느꼈으며 '시간이 정지하거나 시간과 공간의 의미를 상실한 느낌' '우주와의 합일감'과 '체외 이탈' 등을 체험했다고 밝혔다.

브루스 그레이슨Bruce Greyson의 1982년 조사(Near Death Studies)에 따르면, 74명의 임사체험 경험자 중 절반 이상이 이와 같은 체험을 했다고 한다.

이렇게 임사체험 경험자들의 사례를 살펴보며, 나는 우연한 기회에 지인의 소개로 실천적인 죽음 수련법을 직접 체험하게 되었다. 처음에는 죽음이라는 것에 대한 막연한 호기심으로 임하였으나, 막상 죽음 수행 명상에 임하자 나는 새로운 경험을 할 수 있었다. 고민들은 사라지고 마음은 가라앉아 따뜻한 어머니의 품속처럼 편안해졌다. 나의 몸은 거대한 우주 허공 속에 편안히 자리 잡고 있었다. 그리고 내가 살아온 지난날들을 돌아보며 앞으로 어떻게 살아야 하는지와 내가 할 일이 무엇인지를 깨닫게 되었다. 결국 나 역시 죽음 수련을 통해 삶의 방향이 완전히 180도 바뀌게 되었다. 인생의 목적은 성공·출세가 아니라 영혼의 성장과 사랑의 나눔이라는 것을 깨닫게 되었기 때문이다. 죽음 수련은 그야말로 목숨을 걸 만큼 가치 있는 일이었다.

거대한 나를 발견하다

나는, 죽었기 때문에 몸을 움직일 수 없다.
나의 모든 감각기관이 하나 둘 닫히기 시작한다.
눈, 코, 입, 귀, 촉감…… 모두가 닫힌다.

그러자 나의 영혼이 육체로부터 서서히 이탈되어 허공에서 나의 몸을 내려다본다.

두려움이나 고통도 없고, 슬픔도 없다.

그저 덤덤히……

그러나 의식은 그 어느 때보다도 더 분명하고 생생하게 깨어 있다.

나는 시신으로 누워 있는 나를 덤덤하게 바라본다.

흙과 분간할 수 없을 정도로 살은 썩어 없어지고

뼈마저 삭아 바람과 비에 흩어져 가는 것을 바라본다.

시공이 초월된 상태다.

내 자신의 육신과 함께 주위 환경이 보였다. 나의 시신은 사라졌지만, 나는 여전히 평화롭게 존재하고 있다. 그 순간 사라진 그것들이 실제 나의 모습이 아니었다는 것을 깨닫는다.

결국 죽음은 '끝'이 아니었다. 죽음은, 두려워할 일이 아니었다. 죽음은 바로 각성의 순간이며, 그동안 내가 갇혀 있던, 아니 나를 가두었던 의식의 틀로부터 자유로워지게 하는 것이었다. 죽음을 경험하는 순간, 나는 또 다른 나와 만났다.

나의 시체는 지금 계룡산 자락에 누워 있다. 그리고 나는 하늘에서 누워 있는 나를 바라보고 있다.

임사체험을 경험한 다른 이들의 증언처럼 나 역시 일종의 유체이탈을 경험하고 있는 것이다. 나는 시체가 된 나를 한 발 물러나 멀리서 지켜보다가, 세상 전체를 바라보는 경험을 한다.

나는, 무한대인 우주 속에서 우주 그 자체와 하나이었다. 눈앞에 거대한 우주가 펼쳐진다. 수많은 별들, 그리고 지구……

놀라운 것은, 내 몸이 거대한 우주 허공 그 자체였기에 수많은 사람들, 즉 지구 전체가 나와 분리된 존재가 아니라 바로 나와 연결되어 내 안에 있었다는 것이다.

내 안에서 강한 일체감이 느껴졌다. 그들도 나도 모두가 다 하나였고 모두가 너무도 소중한 존재였다.

공간과 시간에 대한 감각이 없었다.

과거도 미래도 없었다.

시공을 초월한 무한과 영원 속에 나는 부웅 떠 있었다.

그리고 무한대 허공 전체가 큰 숨을 쉬었다가 내뱉는 것처럼 느껴졌다. 무한대 허공이 호흡하는 것 하나하나가 생생히 느껴졌다.

나의 본성이 무한대 우주라는 사실, 내가 온 곳도 우주 허공이고 갈 곳도 우주 허공이고, 죽음은 가장 자유롭고 행복한 순간이었다. 《티베트 사자의 서》에 나온 가르침처럼…….

죽음은 모든 것을 잃는 것이 아니고 영적으로 가득 채워지는 순간이었다.

《티베트 사자의 서》*에 의하면, 죽음을 맞이한 순간부터 3일 반이

---

*티베트 사자의 서는 신들이 보호하는 나라인 설국 티베트의 동굴에서 수백 년

나 4일 동안, 첫 번째 중간계, 죽음의 순간의 바르도를 경험하게 된
다. 이때 눈으로 쳐다보기 어려울 정도로 투명하고 밝은 빛이 죽은 자
앞에 나타난다. 그러나 죽은 자는 그것을 인식하지 못한다. 다시 말해
그 빛이 상징하는 마음 본래의 초월적인 상태에 머물러 있지 못하고,
자신의 카르마 때문에 그것을 흐릿하게 인식한다.

　　첫 번째 중간계가 끝났을 때, 자신에게 죽음이 일어났다는 사실을
깨달은 사자死者는 두 번째 중간계, 초에니 바르도를 경험하기 시작한
다. 그가 기절 상태에서 깨어날 때, 그의 앞에는 상징적인 환영들이
하나씩 나타나기 시작한다. 그가 이 세상에서 육체를 갖고 있을 때 행
한 행위들이 카르마의 환영들로 출몰하는 것이다. 생전에 그의 의식
속에 그림을 그리며 나타났던 생각들, 뿌리를 내리고 성장하고 꽃피
고 열매 맺었던 그 생각들이 이제 장엄하고 거대한 파노라마가 되어
등장하는 것이다. 죽은 사람은 환영들로 이루어진 장엄한 영화 화면
을 지켜보는 유일한 관객이 된다. 그는 마치 어린아이가 놀라움에 질
린 눈으로 화면에 나타난 활동사진을 지켜보듯이, 자신이 보고 있는
것이 실제로는 존재하지 않는 것이라는 사실을 깨닫지 못한 채 눈앞
에 출몰하는 광경들을 지켜본다.
　　명상 수행에 정통한 사람이 아니라면 그 사실을 깨닫기란 거의 불
가능하다.

동안 숨겨 있던 비서(秘書)이다. 죽음 이후에 나타나는 과정과 단계에 대해서
자세히 묘사되어 있다

잠시 후, 깜깜하고 거대한 우주 허공 속에서,

거대한 삶의 스크린이 펼쳐져, 내가 살아왔던 세상이 모두 보였다. 내가 생각하고 말한 모든 행위들이 전부 되살아났다. 의도했건 하지 않았건 내가 모두에게 끼쳤던 과오들 역시 전부 생생하게 되살아났다. 나의 행동이 자연에 미쳤던 영향까지도 보였다. 태어나던 순간부터 지금까지의 나의 모든 인생이 순서대로 나타났다.

나의 이기적인 행동들, 어리석었던 행위, 그리고 가끔 행했던 친절한 행위도 차례차례 나타났다. 내가 전혀 기억하고 있지 않을 거라 여겼던 많은 사람들과 살아왔던 날들도 스크린에 스치는 영상으로 생생하게 나타났다.

즐거웠던 날들, 슬펐던 날들, 두 번 다시 떠올리고 싶지 않은 고통들, 이상하게도 육체를 떠나 펼쳐진 거대한 우주 허공에는 생전에 내가 살아온 모든 일들이 사진으로 찍히듯 생생하게 기록되어 있었다. 나의 일생이 한 권의 책으로 만들어진 듯, 마치 도서관의 책처럼, 비디오를 찍어 놓은 것처럼 일생 동안 행한 일거수일투족이 모두 기록되어 있었다. 영화 '트루먼 쇼'처럼, 한 인물의 삶이 낱낱이 촬영되고 있지만, 정작 그 자신은 이를 모르는 것처럼.

이제 나는 나의 삶 전체를 촬영한 기록을 바라본다. 마치 우주정거장에서 우주인들이 지구를 내려다보는 것처럼…….

우주의 허공에서 바라본 그 기록은, 내가 유독 집착했던 나만의 출세가 얼마나 하찮은 것인가, 그리고 물질적인 것만을 추구했던 삶이 얼마나 어리석었는가를 남김없이 보여 주고 있었다.

화면의 모습은 참으로 안타까웠다.

일상의 생활에서는 전혀 잘못되었다고 생각하지 못했던 일들이었다. 아니 오히려 남들보다 더 열심히 최선을 다하며 살아왔고 목표를 이룬 것에 대해 자부심을 가졌던 삶이었다. 그런데 스크린 속 화면은 그것이 아니었다.

나의 죽음을 상정하고, 시간과 공간을 초월하여 우주에서 객관적으로 바라보니 남들이 보기에는 1등과 최고 명문으로 자부심을 누려야 할 삶의 기록들이 안타깝게도 추하고 이기적인 행위들의 조합으로 얼룩져 있었다. 오직 출세만을 위해서 달려가느라 나의 도움을 필요로 했던, 나와의 관계를 원했던 주변 사람들을 외면하고 냉정하고 차갑게 대했던 모습들……

숫자에 불과한 성적을 높이기 위해 수단과 방법을 가리지 않는 나와 동료들의 추악한 경쟁들, 수많은 단어를 암기하고, 수많은 시험을 준비하고, 수많은 법조문과 역사적 사건 나부랭이에 불과한 것들을 암기하기 위해 1분 1초를 쉬지 않고 그렇게 불철주야 밤을 새고 노력했건만, 우주 허공에서 볼 때는 놀랍게도 그 수많은 세월들이 너무나 보잘것없고 무의미한 기록으로만 보였다.

명문대와 최고학력, 대기업을 목표로 하는 엘리트주의로, 입신양명만을 위해 살아왔을 뿐, 세상을 위해 무언가 가치 있는 일을 남기려는 마음은 안중에도 없이 내 안위와 만족만을 위해 살았던 편협된 삶이었다. 지난 세월을 바라보니 진정한 자아에 대해서는 조금이라도 성찰하려는 노력 없이 타인의 시선 속에서 다만 살아가기 위하여 기를 쓰는 모습뿐이다.

목표를 달성하고 무언가를 성취하여도 늘 만족하지 못하고 그것을 제대로 즐기지도 못했다. 항상 그 다음 미래에 대한 걱정과 긴장감이 마음 어딘가에 자리 잡고 있었다. 지난 삶은 욕심을 이루기 위해, 남보다 앞서가기 위해 항상 초조해 하고 불안해 했던 삶의 연속이었으니, 진정한 삶을 살았다고 할 수 없었다. 《반야심경》에서 말하는 전도몽상顚倒夢想, 거꾸로 사는 삶이었다.

허깨비 같은 내 존재와 남에게 보여 주기 위한 가식적이고 거짓된 삶을 보고 있노라니 참으로 한심스럽고 한탄스럽기만 하다. 차마 눈으로 바라보기 어려워 눈을 돌려버렸다. 열심히 살아왔고, 최선을 다하면서 잘 살아온 줄 알았는데 그것이 아니었다. 참으로 부끄러웠다.

'내가 열심히 살아왔다고 자부하던 내 삶의 모습이 저 모양이란 말이야? 1분 1초도 쉬지 않고 끊임없이 노력했던 삶의 모습이 저렇게 실망스러울 줄이야…….'

내가 제일 잘했다고 생각했던 삶의 업적들이 죽음 앞에서 보니 가장 큰 어리석음이었다.

죽음명상을 하면서 허공에서 바라보는, 내가 살아온 삶의 실제 모습에 나는 한동안 충격을 받고 망연자실했다. 그러자 죽음을 맞이한 내가 얼마나 안타깝고 불쌍한가, 왜 이렇게 어리석고 바보 같은 삶을 살았는가, 과거의 삶에 대한 후회와 내 자신에 대한 연민, 그리고 자책감이 마음속 깊숙한 곳에서부터 끓어올랐고, 가슴 밑바닥에서 솟구치는 듯 두 눈에 뜨거운 눈물방울이 맺혔다.

지금까지 살아온 삶이 모두 남에게 잘 드러내기 위한 껍데기일 뿐이었음을 절실히 알게 되었을 때, 무한대 우주 허공 속에서 나는 지구에서의 삶을 다시 바라보며, 다시 제대로 살고 싶어졌다.

타인에 의해 욕망과 집착으로 이미 계획되어진 삶을 로봇인형처럼 살아가는 것이 아니라 남을 위하고 사랑하고 사회에 보탬이 되는, 나 자신을 진정으로 사랑할 수 있는 삶으로 다시 살고 싶어졌다.

《티베트 사자의 서》에는 다음과 같은 가르침이 있다.

죽은 이는, 자신에게 죽음이 일어났다는 사실을 깨달으면서 생전 삶의 환영들을 보게 된다. 생전에 육체를 가지고 행한 행위들이 '카르마'의 환영들로 출몰하는 것이다.

카르마란 인간의 행동에 따라 그 행동을 일으킨 의도와 행동에 따른 결과의 기록을 뜻한다. 우주의 어딘가에 일거수일투족이 하나하나 기록되듯 남겨진 것이다. 티베트 성자들은 명상을 통해, 우주가 시작된 창조의 순간부터 지금까지의 그 기록들을 열람할 수 있다고 한다. (죽음수련과 명상을 통해서도 지나간 삶의 기록을 자세히 관찰할 수 있다.)

한편, 이 카르마는 환영처럼 죽은 이 앞에 펼쳐진다. 생전에 그의 의식 속에 있던 생각들, 뿌리를 내리고 성장하고 꽃피고 열매 맺었던 그 생각들이 장엄한 파노라마가 되어 영화처럼 등장하는 것이다. 죽은 이는 이 장엄한 영화를 지켜보는 유일한 관객이 된다.

《티베트 사자의 서》가 놀라운 것은 그 내용이 실제 임상학적으로 사망했다가 살아난 사람들, 즉 죽음의 문턱에까지 갔다가 살아온 사람들(임사체험자)의 경험과 놀라울 정도로 일치한다는 것이다. 다음은 임사체험연구로 유명한 일본의 다치바나 다카시의 임사체험자들의 체험담을 인용한 것이다.

임사체험의 공통적인 요소 가운데 하나이며 수많은 의식의 각성을 불러일으키는 것은 '파노라마처럼 자신의 삶을 되돌아보는 것'이다.

임사체험을 겪었던 어떤 여인은 이렇게 말했다.

"자기 삶이 보인다. 그리고 스스로 판단을 내리는 것이다. 자기가 자기를 심판하고 있다. 이전에 자신의 모든 죄를 용서 받았을지라도 마땅히 해야 될 것을 행하지 않은 자기 자신, 또 아마도 삶에서 비열하게 남을 해친 자기 자신을 스스로 어떻게 용서할 수 있겠는가? 당신이라면 자신을 용서할 수 있겠는가? 이것이 바로 심판의 내용이다."

진정한 삶을 발견하다

수십 차례의 죽음 명상을 통해 나는 나의 지나온 삶을 여러 번 다시 체험하게 되었고 《티베트 사자의 서》와 임사체험의 가르침과 유사한 경험을 하게 되었다. 한 장면, 한 장면을 다시 체험하면서 '아 내가 그랬던가?' 하고 고개를 끄덕였다. 수만 개의 사건 속에 있는 나를 바라보며, 지나간 내 인생 전부를 다시 체험하고 여러 번 반복함으로써 나의 인성은 서서히 변해 갔다.

나라는 인간을 보는 시각이 변했고, 다른 사람을 보는 시각도 변했으며, 어떻게 살아야 하는지를 깨닫게 되었다. 생각과 가치관이 달라지니, 인생이 완전히 다르게 보였다. 내가 이 세상에서 삶을 부여받은 이유를 알게 되었고, 진정한 삶이 무엇인가 다시 깨닫게 되었다.

한편으로는 참으로 감사했다. 나 자신을 분명히 알았기에, 이 몸이 내가 아닌, 엄청나게 거대한 진정한 나의 본질을 조금이나마 알았기에, 그나마 늦지 않게 인생의 중간 지점에서 잘못된 부분을 발견하였으니 이제부터라도 남은 인생을 거꾸로 살지 않고 바로잡아야겠다는 다짐을 하였다.

이기적으로만 살아온 흙탕물의 삶을 중간 정도로나마 중화시키기 위해서는, 남은 절반의 인생은 세상을 위해서 사랑과 봉사하는 삶을 살아야겠다고 서원했다. 또한, 우주 허공 속에서 나의 삶을 되돌아볼 때, 행복은 나를 위해 채우고 가짐으로써 오는 것이 아니라 나누고 비우는 것에서 온다는 사실을 죽음수련은 가르쳐 주었다.

죽음수련과 명상을 여러 차례 반복한 후, 마음이 마치 공기처럼 가벼워진 것을 느꼈다. 나를 내세우는 욕심을 버리고 나니, 남이 나를 알아주지 않아도, 단지 남을 행복하게 하는 그 자체만으로도 기쁘고 행복해졌다.

죽음수련 이전과 이후의 삶을 비교해 보면, 수련 전에는 나 개인만을 의식했던 이른바 '개체적 의식'이, 수련 후에는 전체를 의식하는 '공동체적 의식'으로 바뀌었다. 의식 자체의 틀이 바뀐 것이다. 나는 개별적인 존재가 아니라 세상과 연결된 존재이고, 세상을 의식하는 것이 곧 나를 의식하는 것임을 깨닫게 된 것이다.

예전의 나는 좁고 옹졸한 마음과 걱정, 집착을 가진 감옥 속에서 살고 있었다면 지금의 나는 넓고 큰마음, 긍정적인 마음으로 우주를 자유롭게 항해하며 사는 것이라 할 수 있다.

죽음수련의 가장 큰 매력은, 미래에 대한 걱정과 불안, 두려움과 집착을 사라지게 하는 것이다. 나는 마음속에 번민이 생길 때마다 죽음명상, 죽음체험을 하곤 한다. 그럴 때마다 내 마음은 한없이 평화로워지고 깊은 내면에서 울리는 소리를 듣게 된다.

죽음수련을 접하게 되면서, 삶에서 벼랑 같은 것은 처음부터 없었던 것이고, 그것은 나와 세상의 어리석음이 만들어 놓은 거짓이라는 것을 깨닫게 되었다.

죽음수련을 하지 않았더라면 나에게 이러한 무한한 가능성이 잠재해 있다는 것을 알지 못했을 것이고, 오로지 정해진 프로그램대로, 그 틀과 규범 속에서, 도무지 감사와 기쁨을 모르는 채, 불만만 가득 안고 계속 헤매며 달렸을 것이다. 세상을 뛰어넘는 나의 거대한 가능성을 모르는 채…….

세계 4대 생불로 널리 알려진, 제14대 달라이 라마(Tenzin Gyatso)
도, 죽음에 대해 다음과 같이 말하고 있다.

　"나는 죽음이란 삶의 일상적인 전개과정으로, 지상에서 살아가
는 한 우리가 수용해야 하는 과정이라고 생각합니다. 나는 죽음
이란 끝이거나 궁극적인 종말 같은 것이라기보다 낡아서 해졌을
때 갈아입는 옷과 같은 것이라고 생각합니다. 죽음이 실제로 일
어나는 시점은 가장 심오하고 풍요로운 내적 경험을 불러일으킬
수 있는 때이기도 합니다. 능숙한 수행자는 명상 속에서 죽음의
과정을 반복해서 인지함으로써 자신이 실제로 죽는 순간을 커다
란 영적인 깨달음을 얻기 위한 기회로 활용할 수 있는 겁니다."

　또한 천주교에서 '죽음 피정'을 이끄는 김보록 신부 역시 죽음 체험
의 의미에 대해 이렇게 이야기한다.

　"죽음 체험은 그리스도와 함께 죽는 거다. 내 안의 모든 죄스러
움이 죽는 거다. 매일, 매순간 죽어야 한다. 그래야 매일, 매순간
부활하게 된다. '작은 죽음'을 체험할 때마다 '작은 부활'을 보답
으로 받게 된다. 그렇게 그리스도와 함께 죽고, 그리스도와 함께
부활하는 거다. 그리하여 내 안의 죄스러움이 죽은 자리로 하느
님의 사랑이 들어온다. 우리는 그 사랑을 실천하며 살게 된다. 그
게 이웃에 대한 사랑이다."

여러 차례 죽음수련을 접하면서 나는 그간의 학업에도 잘못이 있었다는 것을 깨달았다. 관념적으로만 사회복지에 대해 배웠을 뿐, 실제로 세상을 위해 한 행동은 부끄러울 정도로 없었다. 우주 허공에서 바라보니, 지금 이 순간 사회복지를 지식으로 더 연구하는 것보다 당장 가슴을 열고, 사회사업을 해야 하는 것이 중요하다는 생각이 들었다.

대학교를 다니고 있을 때, 내 전공이 사회복지라고 말하면, 많은 사람들이 어떻게 해서 사회복지를 전공으로 선택했느냐고 물어보곤 했다. 그때마다 나는 분명하게 대답하지 못했다. 별다른 생각 없이, 사회복지의 필요성에 대해 가슴으로 체감하지 못한 채 막연히 이름이 괜찮아서 선택했기 때문이다. 사회복지를 왜 해야 하는지를 지식으로만 알고 있었기에 공부를 하면서도 절실함을 느끼지 못했고, 학교 이론은 공허한 이론으로서만 다가올 뿐 나의 가슴을 울리지 못했다.

그러나 죽음수련을 해 보니 사회복지는 선택이 아니라 우리 모두의 필수였다. 우리는 빛으로 이 세상에 왔기에 남을 돕는 일은 우리의 운명이었고 앞으로 남은 생애에서 해야 할 임무였다. 우주의 메시지는 사랑 그 자체이었다.

우리가 지구라는 별에 온 것은 개인의 출세나 명예가 아닌 지구의 평화와 우주의 사랑을 실천하기 위해서 온 것이라고 본다.

조금이라도 더 늦기 전에 고통받는 사람들을 향해 실천적인 사랑을 실현하고 내 고향의 별로 돌아가는 것이 그나마 이번 생에 태어난 역할일 것이다.

만약 내가 임사체험 메시지와 죽음수련을 좀 더 일찍 알았더라면, 꽤 오랜 세월 동안 헤매었던 삶의 진로에 대한 방황과 고민, 그리고 낭비했던 시간을 미연에 막을 수 있었을 것이다. 그런 의미에서 삶의 방향성을 놓치고 헤매는 젊은 사람들에게 이 수련을 더욱 권하고 싶다. 비록 늦긴 했지만 나는 임사체험과 죽음수련에서 거룩한 삶의 진정한 의미를 발견하게 되었다. 티베트 《지혜의 서》에 있던, 삶에서 실현해야 할 '자비행'의 의미를 진정으로 발견하게 된 것이다.

우리의 과거는 모두 영상으로 낱낱이 기록되어 있음을 기억해야 한다. 어렸을 때부터 지금까지의 삶을 가만히 반조返照하면, 즉 되돌아보면, 지난날들이 영상으로 기록되어 있음을 알 수 있다. 우리가 이 세상을 살면서 한 순간도 찍어대지 않는 순간이란 없다. 정말 우리 안에는 불가사의한 존재가 있다. 낮이건 밤이건 쉴 새 없이 계속 찍히고 있는 것이다. 카메라로 치면 얼마나 많은 양의 필름을 쓰고 있는가? 어떤 행위를 할 때, 그 행위의 결과 역시 매 순간에 영화처럼 필름으로 저장되는데, 우리는 행위와 이에 대한 결과까지를 매 순간 깊이 유념하고 마음에 새겨야 할 것이다.

그렇다면, 이 찍힌 필름들은 어떤 의미를 가지고 있을까. 어딘가에 소용이 되기 때문에 찍을 필요가 있는 것이다. 행위의 기록을 찍은 필름들은, 미래의 삶을 좌우하는 한편 우리가 과거를 되돌아보고 반성하는 기회를 준다고 할 수 있다. 내가 찍는 그림이 어떤 그림인가를 항상 관찰하면서 살아야 한다. 우리의 삶 전체가 다 영상이기 때문이다. 그래서 일체一切가 유심조唯心造이고 심여공화사心如工畵師인 것이다. 그러므로 우리는 지금 이 순간 더더욱 삶 속에서 좋은 기록으로 된 영상자료를 만들어야 가치 있는 삶을 살았다고 할 수 있을 것이다.(지광스님 법문 중에서)

죽음수련의 방향과 전망

여러 차례의 죽음수련 이후, 나는 구체적인 사회사업을 구상하게 되었다. 박사학위를 마치는 것보다 사회사업의 현장에서 고통받는 이들과 함께 하는 것이 더 중요함을 깨달았다.

노자의 상선약수上善若水(最上의 善은 물과 같은 것이다. 물은 항상 낮은 곳에서 處身하기 때문이다)처럼. 성인들이 낮은 곳을 향해 길을 걸어가셨던 것과 같이, 그러한 방향이 바로 옳은 길임을 우주 허공 속에서 본 덕분이다.

죽음수련의 반복된 체험은 조직에서의 문제 해결에도 큰 도움을 주었다. 2002년부터 나는 사회복지관 현장에서 프로그램 기획, 운영을 맡고 있었는데, 당시 그곳에서는 사회복지사와 성직자 간에 갈등이 상당히 많았다. 좋은 일을 하는 사회사업 현장에서도 갈등과 다툼은 여전히 존재하고 있었다.

일견 복잡해 보이는 상황 속에서, 나는 죽음 명상을 통해 그들의 행동과 문제의 원인이 무엇인지 짐작할 수 있었고, 이를 직접 적용하여 해결방법을 찾았다. 그리고 이 과정에서, 나는 죽음수련법이 자기 자신의 내면을 들여다볼 수 있을 뿐 아니라 인간관계의 갈등 해소에도 기여할 수 있을 것이라는 또 다른 가능성을 보았다.

우리는 신문, 방송을 통해 날마다 수없는 다툼을 본다. 여야 간의 다툼, 노사 간·이익집단 간·가족 간·국가 간·종교 간 끝없는 갈등과 분쟁들.

안타깝게도, 임사체험한 사람들이 지적하듯이, 거의 대부분 사람들의 의식은 지구라는 혹성 안에 갇혀 살고 있다. 지구 저쪽에 펼쳐져 있는 넓은 세계, 우주라는 무한한 장場으로 눈을 돌리려고 하지 않기 때문이다.(다치바나 다카시, 임사체험, 207쪽)

그러나 일단 지구에서 눈을 떼고 우주 전체로 시야를 넓히면 거기에는 다른 많은 혹성들, 다른 많은 생명체, 다른 많은 지적 존재가 있을 것이다.

죽음수련은 우리의 의식의 확대를 가져오고, 나아가 우주의식을 가지게 되어 이 작은 혹성에서 고정되고 집착하는 자기 자신의 의식을 해방시킬 수 있을 것이다.

죽음이 우리에게 전해 주는 메시지는, 삶이란 참으로 짧고 소중한 시간이니 서로 협력하고 사랑과 봉사를 실천하라는 것이다. 그럼에도 불구하고 소중한 인연으로 맺은 가족 내에서도, 좋은 일을 하는 사회사업의 현장에서도, 진리를 공부하는 종교집단에서도, 자기 자신만의 주장을 고집하며 끊임없이 서로 다투고 갈등하는 안타까운 현실을 나는 수없이 목격해 왔다. 그래서, 나는 복지사회를 실현할 수 있는 최고의 방법이 결국 모두가 하나가 되어 서로 존중하며 화합하게 되는 정신수련 프로그램이라고 생각하고, 죽음수련이 하나의 대안일 거라고 생각하게 되었다.

많은 봉사자들의 도움에 의해서, 2002년, "만약 오늘이 나의 마지막 날이라면?"이라는 주제로 북한산에서 시작된 죽음수련 프로그램은 시간이 갈수록 점점 주변으로부터 관심과 호응을 얻었다. 그리고 그 후 각 기업체, 복지관, 종교 단체 등에 임종체험이라는 프로그램으로 보급되었고 신문, 방송을 통해 한국 사회 전체로 널리 확산되었다. 파격적인 체험과 강렬한 효과 덕분인지 이 프로그램은 국내뿐만 아니라 외국의 여러 방송매체(미국, 영국, 프랑스, 일본, 독일)에서도 깊은 관심을 갖고 심도 있게 다루었다. 사업성 또한 충분히 예견되었기에, 그 와중에 욕심을 가진 몇몇 기업인들도 이 프로그램을 시장화하는 데 참여하려는 양상을 보였다. 죽음수련 프로그램이 널리 퍼져서 사회 전체에 올바른 인생관, 죽음관을 형성하는 것은 바람직하지만, 영혼의 문제를 다루는, 종교적인 성격을 지니고 있는 공익사업이기에 지나치게 영리를 추구하는 사업의 일환으로 운영되어서는 안 된다고 생각한다.

또한, 죽음수련이 거리의 이벤트 행사나 극기훈련하는 것처럼 흥미 위주의 반짝행사 식으로 진행되어서도 곤란할 것이다. 실제로, 여러 차례 죽음교육 세미나에서 전문가들을 통해, 웰다잉에 대한 높은 관심을 상업적으로 이용해서 제대로 된 죽음 준비가 아닌 겉핥기식 강의와 비싼 금액을 받고 판매하는 체험상품은 죽음 준비의 본질과 멀리 떨어져 있다는 비판이 많이 대두되고 있는 실정이다. (유경, 사회복지에서의 죽음 준비교육이 필요하다, 삶과 죽음을 생각하는 기념강연회, 28쪽)

입관체험 프로그램의 특성상 강렬한 만큼 영적인 부분을 다루는 것이기에 조심스럽고 신중을 기해야 할 부분이 많으므로, 인생을 충분히 성찰하는 죽음명상, 살아온 삶에 대한 참여자 간의 나누기, 자신의 상처를 치유하는 여러 수행법과 함께 병행해서 진행해야 바람직한 방향으로 효과를 나타낼 것이다.

따라서 제대로 된 죽음준비 교육을 위해서는 공익단체에서 비영리적으로 시행되는 한편, 국가나 복지관, 종교단체 등 공인된 교육기관에서 이 프로그램을 운영하여 사회가 더욱 정화되고 성숙되어 간다면 그것이야말로 죽음수련을 애초에 기획한 성인들과 임사체험자들이 전하고자 하는 진정한 메시지일 것이다.

현재 우리나라는 OECD 국가 중 자살 증가율 제1위라는 오명을 안고 있다. 최근 몇 년 들어 우리 사회에 자살이 전염병처럼 번지고 있기 때문이다. 유명한 연예인들의 자살, 기업인과 의사, 교수, 심지어 사회지도층의 자살까지, 자신을 유명인과 스스로를 동일시하여 자살 시도를 하는, 베르테르 효과인 모방 자살의 증가도 걱정하지 않을 수 없다.

통계에 의하면 2008년 자살사망자 수는 1만 2천 8백여 명이다.

하루 35명이 소중한 생명을 끊고 있으니 41분마다 한 명꼴로 자살하는 셈이다. 40대, 30대 순으로 자살사망률이 높고, 생산성이 가장 활발한 연령층에서 자살이 다수 발생하고 있다. 얼마나 안타까운 일인가. 하나의 생명을 유지하기 위해 얼마나 많은 사람들의 피와 땀의 에너지, 자원 등이 소요되는가. 백번을 양보해도 생명은 스스로 버려서는 안 되는 것이다. 어떤 경우에도 자살이 문제를 해결하는 방법일 수는 없는 것이다.

한국 천주교 정의채(78 · 서강대 석좌교수) 신부는 우리 사회의 심각한 자살 문제에 대해 이렇게 말한다.

"1953년 8월 휴전 직후, 전쟁 중에도 자살이 없었어요. 모두 열심히 살겠다는 의지가 충만했지요. 그런데 요즘은 교통사고사보다 자살이 많다고 해요. 가치 부재의 시대, 영靈의 아사餓死 상태라고밖에 볼 수 없습니다."

자살을 통해 유가족들이 겪는 고통은 어떠한 위로로도 달랠 수 없다. 또한 무엇으로도 대신할 수 없는 가장 고통스러운 사건일 것이다. 매년 수만 명씩 유족이 발생되고 있고 이들 또한 자살로 이어질 수 있는 가능성이 매우 높으니 유족에 대한 도움이 절대적으로 필요한 상황이다. 늦었지만, 이제는 공익기관, 종교계, 복지관 등이 총망라하여 범사회적으로 자살 예방을 위한 대책 마련에 나서야 한다.

나는 죽음수련을 통해 자살을 미연에 예방하고 방지하는 효과적인 프로그램으로서의 가능성을 엿보았다. 자살은 개인의 유전적 소질과 성격, 경기불황 등 사회경제적 요인에 영향을 받는다. 80%는 우울증을 거쳐 자살에 이르고, 20%는 충동적으로 자살을 한다고 한다. 죽음체험 수련은 우울증을 해소하는 데 탁월한 효과가 있다는 것을 여러 차례 수련생들의 소감을 통해 발견하게 되었다. 실제로, 학교생활에 대한 심각한 회의와 허무감, 절망으로 자살을 몇 차례 시도하려고 했던 학생이 부모님의 안내로 죽음수련을 한 후 다시는 그런 행위를 하지 않겠다고 각오하고 눈물 흘리며 참회하는 모습을 보고 죽음수련은 자살 예방 교육으로서도 효과적이었음을 알게 되었다.

폭력과 범죄의 증가, 가족 해체의 만연, 빈부의 양극화 현상과 실업 문제 등을 둘러싸고 갈수록 사회계층의 분화와 대립, 갈등이 뚜렷해지고 있는 지금, 나는 또 한 번 이 사회에서 죽음수행 프로그램의 필요성을 절실히 느낀다. 불교의 '연기緣起적 질서'가 주는 가르침에서 보듯이, 이 세계의 모든 존재는 독자적 개별체가 아니라, 연결되는 우주 속의 운명공동체이고 공생 공멸하는 관계이다. 그런 관점에서 보면, 사회 문제가 결코 우리와 상관없는 문제가 아니라, 그 원인과 결과가 바로 우리 모두와 직·간접으로 연결되어 있다는 것을 알 수 있으며 그것은 바로 나의 아픔이요, 괴로움이다. 하지만 통시적으로 보면, 우리는 지금까지 이웃에게 손을 내밀기는커녕 이웃이 탄 배의 바닥에 구멍을 뚫는 일에 더 집중하지 않았던가.

지금 지구 곳곳에서 벌어지는 환경오염과 지진, 이상기후와 같

은 심각한 지구 재난 문제, 에너지 위기, 건강관리의 위기, 경제적
위기와 실업 등을 보면, 우리는 배의 구멍을 막는 일 못지않게 시급
한 것이 우리 모두가 똑같이 가라앉는 배에 타고 있다는 현실을 알
아야 한다는 것이다. 이런 현대사회의 흐름은 본질적으로 사람들이
공존의 원리를 인식하지 못하고 있는 인식의 위기에서 비롯된 문제
이다.

우리는 타인과 경쟁하기보다 타인과 공존하기 위해 노력해야 한
다. 즉, 타인을 위하지 않고서는 자신을 구할 수 없는 것이다. 그리
고 이 깨달음을 얻을 수 있는 가장 효과적인 방법은 자신의 자아에
대한 집착을 사라지게 하는 죽음수련 프로그램이라고 생각한다. 세
계적 수행자인 소걀 린포체의 말씀처럼.

바로 지금이야말로 죽음과 죽어감에 대한 개화된 비전이 전 세계
모든 교육기관에 소개되어야 할 때이다.

마치며

죽음이 우리에게 가르쳐 주는 것은, 인생을 경쟁적으로 살지
말고, 사랑과 자비와 평화를 서로 나누라는 깨우침이다. 잠깐 사는
짧은 인생이기에 다투지 말 것이며, 함께 사는 인생이기에 타인을
위하며 살아야 한다. 그러나 현재 우리의 삶은 그렇지 못하다. 당장
한반도에서도 남북 간, 이념 간의 대립이 더욱 격화되고 있고, 지역

사회 내에서도 크고 작은 갈등이 계속되고 있는 상황이다. 끊임없는 다툼과 투쟁 등 평화보다 갈등이 항상 먼저 눈에 띄는 시대에 우리는 살고 있다.

이런 갈등의 원인은, 대상과 나를 확고하게 분리시켜 보는 이원적 사고방식에서 시작되었다고 할 수 있다. 무명(어리석음)으로부터 비롯된, 타인과 나, 사회와 나, 환경과 나를 분리시키는 개인주의적egoistic이고 배타적인 사고는 진실을 보는 눈을 가리게 되고, 공존의 사회질서를 간과하게 만들어 결국 갈등을 초래하게 되는 것이다.

그러나 인간은, 결코 혼자 살아갈 수 없다. 모든 이들과 모든 환경과 관계를 맺으며 살아가는 것이 인간이다. 타인의 불행에서 자신의 행복을 찾기보다 모두의 행복을 통해 자신의 행복을 구현하는 길이 참된 길일 것이다.

티베트의 유명한 격언이 있다.
'세상이 악으로 가득 찼을 때, 모든 불행은 깨달음의 길로 이끌어져야 한다.'

우리는 지금의 세상이 '탐욕과 어리석음으로 가득 찬', 위험에 직면한 시대임을 분명히 인식해야 하며, 영적인 성장은 삶에서 사치가 아니라 모두의 생존을 위한 필수품임을 알아야 한다. 그렇다면 부처님의 가르침에서 제시되었듯이, 죽음 교육과 죽음수련이야말로 영적인 성장의 기회를 만날 수 있는 최선의 길이라고 할 수 있

다. 죽음 교육은 현재의 삶과 죽어 가는 과정뿐만 아니라 미래의
삶, 나아가 인류의 미래까지 바꿀 수 있기 때문이다. (소걀 린포체,
티베트의 지혜, 582쪽)

나는 이 수련을 통해 진정한 나 자신을 발견할 수 있었다. 그리고
불교의 가르침인 윤회Samsara에서 끝없이 반복되는 번뇌와 고통을
중단하는 법을 배울 수 있었다. 죽음 수행을 통해 나의 어리석은 미
망을 내려놓고 보니, 본래 세상이 빛과 사랑과 무한한 가능성으로
가득하다는 것을 발견할 수 있었다.

죽는 법을 배우는 것은 사는 방식을 배우는 것이다. 삶과 죽음은
동전의 양면이기 때문이다. 그래서 가장 좋은 죽음을 맞는 방법은
다름이 아니라 가장 좋은 삶을 사는 것이다. 가장 좋은 삶이란, 주
어진 시간 동안 자신과 타인에 대한 사랑으로 살아가는 것을 의미
한다. 그리고 이 삶은 우주의 모든 것들이 서로 연결되어 있음을 깨
닫는 데서 비롯된다. 하지만, 우리는 사람을 죽이고 건물을 폭파하
고 테러 훈련을 시키는 일과 폭탄, 폭격기, 미사일 등을 만드는 일
에는 수백만 달러를 소비하면서 인간의 본성을 발견하는 일과 인간
의 근원적인 문제인 죽음 이후에 대해서는 무관심하고 동전 한 푼
도 투자하지 않는다.

그러나 지금처럼 우리의 삶이 폭력으로 가득 차 있고, 분노, 공
포, 욕심 등의 감정으로 마음이 혼란스럽다면, 평화로운 죽음을 맞
을 수 없다는 것은 분명한 사실이다. 따라서 죽음을 제대로 맞고자
한다면 제대로 사는 법을 배워야 하며, 평화로운 죽음을 희망한다

면 우리의 마음과 삶 속에서 평화를 일구어야 하는 것이다.(달라이
라마의 법문 중에서)

　우리는 지금 새로운 시대를 열 수 있는 가능성을 손에 쥐고 있다.
물질주의·과학만능주의의 시대에서 영성의 시대로 옮겨 가고 있
다. 그리고 그 가능성은 우리에게 달려 있으며, 모든 종교를 초월하
여 주어지는 진정한 영성에 대한 깨달음이 그 원동력이다. 모든 분
야의 직업에서 앞으로는 기술 이전에 이런 삶의 깨달음을 지니고
있는 인물들이 필요하다.
　우리 자신을 참으로 변화시켜 다른 존재를 돕기 위해 어떻게 하
면 변화된 존재로 다시 태어날 수 있는가를 배우는 것은 진정 세상
을 돕는 가장 효과적인 방법이다. (소걀 린포체, 티베트의 지혜, 582쪽)
그리고 이런 사회의 구현은 죽음 교육과 영성수행을 통해 우주 속
의 진정한 나를 만나는 데에서부터 출발할 수 있을 것이다.

　내가 지금 헛되이 보낸 오늘은
　어제 세상을 떠난 이가 애타게 그리던 내일이다.

© 이인자

호스피스 이야기

✵ 지현스님

호스피스 이야기 첫 번째

　탄생은 누구에게나 새롭고 축복해 주는 삶의 시작을 말하는 것이지만 죽음에 대해서는 잘 알고 있는 듯하면서도 왠지 말하고 싶어 하지 않는 것 같다. 하지만 늘 어느 곳이든 내가 존재하는 곳에 존재하는 그림자인 것을……

　이 글을 쓰며 먼저 떠난 이들의 삶이 가벼운 이야깃거리로 덮이 지나 않을지 염려되지만 우리와 같이 하루를 열심히 살고 누구보다 행복한 삶을 살았던 이들의 삶을 잠시 기억하고 싶어 글을 쓴다.

1.

어려서 일찍 부모가 그녀의 곁을 떠나게 되자 사춘기를 벗어나도 록 삶이란 버거웠다. 두려움도 모르고 일찍 사회로 나와 직장 생활 을 시작하며 삶을 알기 시작했고 정이 그리웠던 그녀는 결혼이라는 것이 무엇인지도 모른 채 성실하고, 자상한 한 남자를 만나 보잘것 없고 초라하지만 누구보다 행복한 신혼을 시작했다.

밤이 되면 발을 구부리고 잠을 청해야 하는 좁은 방이지만, 남부 럽지 않은 정말 행복한 시간들이 이어지고, 열심히 살면 이보다 행 복할 수 있지 않겠냐며 두 부부는 밤도 낮처럼 열심히 살았다.

어느덧 아이도 생기고 외롭던 그녀도 가족을 갖게 되었다.

두 번째 아이의 태동을 느끼며 여름 노을이 지는 저녁, 즐거운 저 녁 식사를 생각하며 연탄불에 찌개를 올려 놓고 아이 손을 잡고 남 편 마중을 나갔다.

큰 도로에서 많은 사람들이 모여 웅성거리고 있었다. 영문을 모 르고 들여다본 그곳엔 한 남자가 쓰러져 있었다. 그녀의 남편이었 다.

남편을 그렇게 교통사고로 허망하게 보내고 홀로 두 아이와 남게 된 그녀 집에 어느 날 사람들이 몰려와 세간을 헤집었다. 큰 소란 을 겪고서 정신을 차리니 이번엔 밀린 방세를 내지 못한다는 이유 로 주인은 짐을 밖으로 내놓았다. 밖으로 내몰린 그녀는 영문을 알 지 못하는 두 아이를 데리고 하천 다리 밑에서 밤새 마르지 않는 눈 물을 닦았다.

하루가 지나도 그 다음 날이 지나도 누구 하나 그녀를 도와주는 사람은 없었고, 두 아이의 웃음이 지쳐 가는 그녀에게 무엇인가 해야 한다고 재촉을 하였다.

그녀는 아이들과 종이며 박스를 주웠다. 더러운 폐병이, 물에 젖은 파지가 돈이 되어 주었다. 허기를 달래기도 고달프지만 그래도 희망은 있었다. 시간은 또 그렇게 지나고, 살고 싶다는 욕심은 아이들이 있기에 가능했다.

세상에 그녀에게 믿음을 준 것은 조금씩 모여 가는 돈이었다. 아무런 도움을 주지 않는 세상은 돈밖에 믿을 수 없었다. 허름한 헝겊주머니로 전대를 만들어 배에 차고 작은 돈이라도 모이면 넣고, 아이들이 과자를 사달라고 떼를 써도 외면했고 계모라고 소리를 질러도 모질게 듣지 않았다.

추운 날도 견디고, 아파도 참아 냈다.

2.

남매는 아버지의 기억이 없다. 아버지는 남동생이 태어나기 전에 교통사고로 돌아가셨다고 한다. 어떤 분인지 어머니도 이야기해 주지 않았고 친척도 없다고 한다.

어머니는 늘 정이 없는 얼굴로 남매를 대했다.

학교에서 돌아오면 눈도 마주치지 않는 어머니를 도와 악을 쓰며 폐지를 주워야 했다. 밥도 반찬이라고는 김치가 전부였고 그나마도 배불리 먹을 수 없었다. 늘 마음이 허기졌고 군것질은 꿈에도 생각할 수 없었다.

그런 환경에 넝마주이라는 놀림도 참기 힘들었고 당연히 친구도 없었다. 주변 어른들은 폐지를 줍는 남매를 보며 친어머니가 저럴 수 있냐며 혀를 차기도 했다.

남매는 어쩜 정말 계모인지도 모른다는 생각을 참 많이 했다.

어머니에게 섭섭해서 '우리 엄마가 아니다, 계모야' 라고 항변을 하면 네 어미 찾아가라며 매를 드는 그런 어머니가 미웠다.

정이 없이 지낸 까닭일까, 남매 중 누이가 일찍 사회생활을 시작하면서 집을 떠나 전자제품을 만드는 공장 기숙사로 들어갔고 동생도 자립을 다짐하며 직장을 구해 집을 떠났다.

남매는 사회생활을 하면서 서로 연락도 잘 않게 되었고 삶이 퍽퍽했던 어머니는 물론 자녀들도 독하게만 생각되던 어머니를 찾지 않았다.

3.

6인실 병실에 들어서니 창가 환자가 커튼을 드리우고 기척이 없다.

"보살님, 호스피스 스님이에요. 커튼을 열어도 될까요?"

커튼 안에서 "됐어요"라고 차갑게 여인이 답을 한다.

"아! 그러세요. 혹시 다른 종교시면 목사님이나 신부님을 연결해 드릴까요?"

커튼 안을 살며시 들여다보며 이야기를 건네니 모로 누워 있는 환자가 "필요 없어요. 저 자야 돼요" 눈을 감은 채로 답을 한다.

"힘드신가 봐요. 그럼 다음에 다시 올게요, 쉬세요."

"……"

눈을 뜰 듯 하다가 이내 감아버리곤 답이 없다.

매번 방문 때마다 별 변화 없이 그렇게 봉사자를 외면하기 다반사다.

의료진의 도움 의뢰

56세, 말기 부인암으로 투병생활이 어려워지고 있다.

자녀가 있으나 연락이 잘 이루어지지 않고 다른 봉사자를 비롯하여 도움에도 대화를 거부한다.

방문자도 없고 혼자서는 거동이 어려운 상태이며 배에 복대를 하였는데 손도 대지 못하게 한다. 목욕을 한 지가 오래되어 위생상태도 좋지 못하다.

여인은 찾아 주는 가족이 없이 늘 그렇게 혼자 투병 생활을 하고 있었다. 종교는 불교로 되어 있으나 스님이 방문을 해도, 호스피스 봉사자가 다가가도 차갑게 반응을 해 봉사자들 역시 방문을 꺼렸다.

어떤 이유인지 모르겠지만 환자 스스로 움직일 수가 없고 찾는 가족이 없는 그녀가 늘 신경에 쓰였다. 환자의 상태가 점점 어려워지자 간호실에서 가족들에게 연락을 취했으나 바빠서 갈 수 없다고만 한다며 난감하다고 도움을 청해 왔다.

이대로 포기해서는 안 된다는 생각에 다시 찾은 병실 여인의 자리는 여전히 썰렁하게 비어 있었고 알 수 없는 냄새도 나고 있었다.

그녀에게 "많이 힘드시지요?"라고 물으니 힘들게 눈을 뜬다. 그다지 달가워하는 표정은 아니지만 초점이 없는 그녀의 눈빛은 외로움이 가득했다. 링거 자국으로 멍이 든 손을 살며시 잡으니 그제서야 "또 오셨네요"라는 말을 건넨다.

"방문이 불편하세요?"라고 물으니 긴 한숨을 쉬며

"사실은 오래전에 저도 절에 간 적이 있지요. 마음이 편하긴 하더라구요. 그러다 사느라 힘들었고 아프기도 하고……"라고 그 동안 외면만 하던 그녀가 눈을 맞추며 의외로 답을 한다.

나도 반가웠다.

"아! 그래요. 그럼 이제는 제가 가끔 방문해도 될까요? 그리고 오늘은 불편한 곳 없는지 와 봤어요"라며 혹 불편한지를 살폈다.

잡은 손을 내려다보며 조금은 안도하는 듯이 "힘들지요 뭐"라고 답을 한다.

"가족은 밤에 오시나요?"

알면서 물었다. 가족에 대한 반응을 보느라고.

"아이들이 바빠서…… 그리고 외지에 있어 못 와요."

그리움도 있지만 약간은 포기한 듯이 말을 하는데 원망은 없는 것 같다.

"아! 네 그렇군요. 어떻게 식사는 잘하세요?"

삶에 대한 의지를 보기도 하고 현재의 건강 상태를 위해서 물었다.

"입맛에 없고 입속이 다 헐어서 영……."

역시 힘든가 보다.

간호실에서는 정상적인 식사를 못하고 유동식이 제공되고 있다고 했다.

"네 많은 환자들이 병상에 오래 있게 되면 많이 입맛을 잃으시는 것 같아요. 그래도 약을 드시려면 식사를 하셔야 할 텐데요."

"그러게요."

체념한 듯 힘없이 답을 하는 그녀. 그동안 남들에게 보여지는 것과 다르게 혼자만의 외로움이 얼마나 컸을까 싶었다.

물론 모든 이들이 외로움을 가지고는 있지만 병상에서 아무도 찾지 않는, 또 자신의 삶의 회한의 과정에서 느껴지는 외로움은 건강할 때와는 비교할 수 없을 텐데.

몇 번의 방문에 그녀는 여전히 웃음은 없지만 우리를 기다리고 있었던 듯한 모습을 보여 주었다. 그 후 봉사자들도 자주 방문을 하고 그녀에게 무엇이 필요한가, 또 그녀의 남은 삶에 가치를 찾아 주는 일들을 생각하고 있었다.

우선 몸의 쾌적함을 위해 몸이라도 닦아 주고 싶었다.

"혹시 몸을 좀 닦아 드려도 되나요?" 하니 여전히 예민한 반응을 보이며 배를 가린다.

"됐어요."

기력이 없어 대화가 어려운데 뚜렷하게 거부의 말을 한다.

무엇이 있을까.

그 안에 무엇이 그녀를 그렇게 신경을 쓰게 하는 걸까.

또 다시 그녀의 신경을 건드린 이유로 병실에서 나와야 했다.

햇살이 좋은 날 우린 다시 그녀를 방문하게 되었고 그 물건이 무엇인지 모르지만 몸을 닦으면 기분도 훨씬 나아질 텐데 도와주겠다며 그녀를 닦아 주었다.

우리가 그녀를 닦아 주고 있을 때 이미 그녀는 대화도, 자신을 표현하기도 어려운 시간이었다.

그러나 우린 알고 있었다. 이제는 그녀가 우리를 믿고 의지한다는 것을.

환자들은 보통 사람이 느끼는 작은 힘에도 고통을 느낀다고 한다는데 우리가 닦아 주는 시간에 그녀도 힘이 들었으리라. 그래도 우리에게 몸을 내어주며 도움을 받는다는 것은 의지하고 있다는 것이었고, 그렇기에 그녀도 닦는 동안 힘은 들었어도 편안했을 것 같다.

"개운하시지요? 수고하셨어요. 이제 쉬세요" 하며 옷을 갈아입히고 로션도 기분 좋게 발라 주었다.

말이 없는 그녀를 토닥여 안심을 시키고 병실 밖으로 나오며 봉사자들은 환자가 더 오래 머물진 못할 것 같다는 생각에 누구도 이야기를 더 하지는 않았다.

그녀는 그렇게 서서히 우리를 받아들이기 시작했고 그럴수록 그녀에게 시간이 없다고 생각한 우리는 가족에게 연락을 취했으나 바빠서 갈 수 없다는 대답만 들을 수 있었다. 환자에게 시간이 없을 것 같으니 그래도 한 번쯤은 방문을 해 달라는 이야기를 딸과 아들에게 전했다. 역시 바빠서 올 수는 없지만 급한 일이 생기면 연락 달라는 말에 그나마 희망이 생겼다.

다음에는 꼭 가족과 대화를 해 보리라 생각하고 몇 날이 지나고 다시 그녀의 병실을 방문해 보니 그녀는 많이 힘들어 하고 이미 나의 방문도 알지 못하는 것 같았다. 환자의 이름을 불러 보았으나 약간 미동만으로 답을 하고 있을 뿐 상태가 안 좋았다.

간호사실에서도 며칠 사이 갑자기 상태가 나빠졌다고 이야기를 한다.

가족을 만나보고 싶었지만 어려울 것 같다.

그녀에겐 어떤 사연이 있기에 늘 혼자이어야 할까?

방문했던 그날도 그녀의 배를 감싸고 있던 주머니를 풀고 봉사자들의 배려로 몸을 깨끗이 닦을 수 있었다. 우리는 그날 그녀의 배를 처음 볼 수 있었는데 얼마나 오랫동안 그 주머니를 몸에 단단히 묶고 있었는지 부드러운 피부가 거북이 껍질처럼 단단하고 험하게 갈라져 있었다.

그러는 사이 딸의 방문이 있었고, 다른 봉사자를 통해 가족 이야기를 들을 수 있었다.

그녀는 남편이 죽은 후 팍팍한 삶에 많이 지치고 그래도 자식에게 무언가 남겨 주고 싶어 악착같이 살았지만 쉽게 나아지진 않았다고. 그러한 그녀를 이해해 주지 못했던 자식들과 심각한 갈등을 겪게 되면서 더욱 악화된 관계로 인해 그녀의 병상은 아무도 지켜 줄 수 없었던 것 같았다.

그래도 이제는 힘들어진 환자의 소식에 자식들이 방문을 하고 밤이면 늘 혼자였던 그녀를 지켜 주면서 비록 서로 대화를 할 수는 없었지만 어머니의 삶을 이해하게 되고, 그녀도 자식들이 옆에 있다는 것을 알고 좋아하는 반응을 보여 호전되는 듯하였다.

너무도 오랜 시간을 돌아 서로 힘들 수밖에 없는 삶을 서로 바라보며 보듬을 수 있었던 화해의 시간이지 않았을까?

바람이 많이 불던 어느 날 늦은 시간에 그녀가 떠났다는 전화를 받고 잠이 쉽게 들지 못했다. 그녀의 삶을 생각했다. 그녀에게 삶은 무엇이었을까.

그녀가 몸을 바꾼 후 49재가 지나고 자식들이 배려해 준 것에 감사하다며 인사차 방문을 했다. 우리는 그녀의 배를 단단히 감았던 주머니를 모두 같이 펼쳐 보았다. 땀에 전 돈과 알아보기도 힘든 아이들이 아주 어렸을 때 사진이 들어 있었다.

어찌나 단단히 붙어 있는지 떼어내기가 쉽지 않았다.

많지는 않았지만 마치 그녀의 삶을 보는 듯하여 들여다보는 이들의 마음을 안타깝게 했다.

그녀 삶의 전부이기도 하였고 그렇게 자식들과 살고 싶었으나 오히려 자식을 떠나보낸 매정함을 만든 원인이기도 하지 않을까.

호스피스 이야기 두 번째

환자의 남편은 호스피스 상담을 받기 위해 사무실을 방문하였다. 부인이 다른 병원에서 유방암 진단을 받아 수술 후 항암치료, 방사선치료 등 여러 시술을 거쳐 노력했으나 의사소견으로 더 이상 치료가 불가능하다는 선고를 받았다는 것이다. 그는 부인이 병이 계속 진행됨은 인정하고 있지만 가족을 떠나야 하는 죽음이라는 커다란 과제는 받아들이지 못하고 있어 어떻게 부인을 도와주어야 할지 고민하던 중 간병하는 분의 권유로 호스피스를 소개받고 찾아온 것이다.

환자가 평소 절에 열심히 다녔다고 이야기를 하며 스님께 의지할 수 있다면 참 좋겠다고 하였다.

사실 많은 불자들이 평소에 절에서 많은 기도를 하고 있지만, 그리고 평소에 죽음을 잘 받아들이고 있는 것처럼 '에유! 뭐 살면서 기도 열심히 하다가 때가 되면 미련 없이 가는 거지'라고 담담하게 이야기를 하지만 막상 더 이상 치료가 불가능하다는 선고를 듣게 되면 그 동안에 늘 기도해 왔던 것과는 달리 종교에 대한 원망을 하는 모습을 보게 된다.

또 나 역시 스님이라고 해도 환자가 너무 힘들어 할 때는 어찌 도와주어야 할지 당황할 때가 많다.

이번 환자도 어떻게 무엇을 도와야 할까?

6인실 가운데 자리의 병상에서 환자는 숨쉬기가 힘든지 상반신을 약간 올린 상태였다. 많이 말라 눈도 퀭하니 들어가 보였고, 호흡을 위한 줄을 끼고 있지만 호흡이 곤란한지 입을 약간 벌리고 있다.

의료를 용이하게 위한 줄을 여러 개 달고 있었고, 개인 사물함 위에는 종이컵에 정성스레 작은 꽃이 제법 소담하게 담겨 있다.

손가락 크기의 작은 지장보살상과 경전, 그리고 네모난 그릇에

잘게 썰어 놓은 과일이 눈에 띄었다.

아마도 가족들의 배려가 잘 되는 환자인 것 같았다.

환자는 우울한 표정으로 발치를 응시하고 있었고, 간병인이 환자의 발치에서 서성이다 나를 발견하곤 반색하며 환자에게 말했다.

"아이고! 스님이 오셨네요. 좋으시겠다. 이리 오세요."

간병인이 간이의자를 권한다.

환자는 많이 어려운 상태라 듣거나 말하기가 어렵고 저려오는 손으로 팔에 힘을 주어 글을 쓰며 의사소통을 하고 있다고 일러 준다.

혹 내가 더 힘들게 하는 것은 아닐까?

"좀 어떠세요?"

우울하고 지친 표정에 잠시 미소를 띠곤 이내 발치로 눈을 내린다. 듣지 못할 수 있기에 입 모양을 크게 하고 미소 지으며 말했다.

"제가 관세음보살님 그림 가지고 왔는데 보살님 기도를 열심히 하시나 봐요?"

환자는 나를 쳐다보고는 이내 고개를 저으며 시선을 또 내려놓는다.

"방금 머리 감겨 주는 봉사가 있어 머리를 감았어요."

"아! 그러셔서 좀 피곤하신가 보네요?"

손을 가볍게 감싸 쥐며 이야기를 하니 무표정하게 바라본다.

간병인이 무언가 할 이야기 있는지 내게 눈짓을 하며 밖에서 이야기하자는 신호를 보냈다.

"그럼 좀 쉬시고 다음에 또 들러도 되지요?" 하니 고개를 끄덕이며 어렵게 합장을 한다.

마중 나오는 듯 따라 나오며 간병인이 작은 목소리로 말했다.

"환자분이 자기 이야기를 다른 사람들에게 하지 말라고 해요. 그래서 누가 오는 것도 별로 반기질 않는 것 같고 그러네요."

"혹 무슨 일 있으셨어요?"

"그런 것 같지는 않고 가족들이 와도 대꾸도 잘 하질 않고…… 방문 자체가 싫은 것 같아요. 모여서 이야기하면 자신을 두고 이야기하는 것 같다고. 봉사자 분들이나 또래 나이 사람들에게 자신의 모습을 보여주는 것이 싫은 거 같아요. 짜증뿐 아니라 맘에 들지 않으면 욕도 하고 자존심이 굉장히 강하신가 봐요.

그동안 간병인도 여럿 그만두었다고 하고……. 환자가 말로 간병인들에게 상처를 많이 줘서 힘들다고 했어요."

"아! 그러세요. 입장을 바꿔 생각하면 왜 안 그렇겠어요. 저도 그럴 것 같아요."

누구나 자신이 남들과 달리 외모도 변하고 특히 치료에 희망이 없다는 것을 누가 받아들일 수 있을까.

"그럼 보살님은 환자와 얼마나 계셨어요?"

"이제 한 두어 달 접어드는 것 같아요. 저도 힘이 들었지만 한편 딸 같은 생각이 들어 옆에 있어 보니 그래도 성질은 피우면서도 환자가 의지를 하네요. 에이고, 젊은데 저렇게 가야 하나 생각하니 불쌍하기도 하고요."

"예, 그렇게 배려를 하시니 마음이 고맙군요."

"아이, 아니에요. 할일을 하는 거니까……."

잠시 침묵이 흐르고 환자에 대한 생각이 복잡하게 와 닿는다.

© 지운스님

그때 인척인 듯한 중년의 부인이 합장을 하며 다가왔다.

"어느 절에서……?"

"아! 저는 이 병원에서 활동하는 스님이에요."

그 이는 갑자기 눈물이 그렁그렁해졌다.

"이 일을 스님 어쩌면 좋아요. 저 애 이모예요. 쟤는 엄마가 없어요. 안 그래도 안타까운데 저렇게 젊은 나이에 누워 있으니……. 쟤 애들은 또 어떻게 하고요."

아마도 환자에게 어린 아이들이 있나 보다.

"더구나 말을 못하니 이야기를 속 시원히 할 수가 있나, 지 심기가 불편하니 쳐다보지도 않고 가라고만 하니, 그저 안타깝고 어찌할 바를 모르겠어요. 스님, 이럴 때는 어찌해야 하나요?”

“많이 상심하셨지요. 우리도 환자의 입장이 되어 보면 병약한 모습과 미운 모습으로 변해 가는 자신이 너무 힘이 들 거라고 생각해요. 그래도 아직은 시간이 있으니 지켜보면서 도움이 필요한 부분을 도와 드리도록 노력하겠습니다. 자주 방문하겠습니다.”

잡은 손을 놓지 못하는 환자의 이모가 더 안타까웠다.

다시 병실로 들어가니 환자는 눈을 꼭 감고 있어 다음 방문을 생각하며 나왔다.

한때는 누구보다 아름다운 시간을 보냈을 환자의 삶을 어떻게 마무리하도록 도와줄 수 있을까.

그들의 삶은 우리와 다르지 않고 한때는 벅찬 희망으로 삶을 살았을 테고 또 한때 사랑으로 삶에 봄도 있었으리라.

우리는 흔히 말기 환자를 이야기할 때 삶에 희망은 없으나 잘 죽게 하는 마지막 이야기를 많이들 떠올린다. 하지만 그보다 한 사람의 삶의 모든 것을 보고 그들 존재를 이해하여 떠날 자와 남는 자의 이야기를 들어주는 것이 아닐까 하는 생각을 하게 된다.

삶이란 산 사람들만의 이야기도 아니고, 죽음은 죽은 자의 것만이 아니라 살고 있는 지금 우리의 이야기가 아닐까.

어느 누구도 떠난 자를 회상할 때 죽음만을 이야기하지는 않는다. 마치 지금 우리 옆에 존재하듯이 그들의 삶을 이야기하고 있지 않은가.

말기 호스피스 대상이 되는 환자를 어쩜 미리 내쳐 그들이 스스로 삶을 정리하고자 하는 희망도 부숴버리는 것은 아닌지 가끔 반성해 본다.

인연이라고 하죠.
포기할 수는 없죠.
내 생에 이 아름다운 날이
또다시 올 수는 없을까요.
나를 놓지 말아요.

어느 가수가 부른 노래의 일부분이다. 가끔 아직도 이 노래가 들리면 마음을 먹먹하게 하는 환자가 생각난다. 물론 지금은 만날 수 없지만…….

감염 우려가 있어 1인실에 있었던 환자를 방문하게 되었다.

비가 오던 날로 기억이 되는데, 비가 와서 그런지 환자는 방문하는 나를 힐끔 쳐다보곤 눈을 감아 버린다.

보호자 역시 창가에 기대어 앉아 있었는데 별 반응 없이 방문을 거절했다. 몇 번 방문을 했지만 변화가 없었다.

어느 날 방문을 하니 보호자는 없고 환자 혼자 앉아서 눈인사를 한다.

용기를 얻은 내가 가까이 가서 보니 발이 부어 발목 부분에 양말로 눌린 자국이 있었다. 얼굴도 부어 있고 손은 마디와 손끝에 멍이 들어 있었다.

발을 쓸어 주며 말을 걸었다.

“많이 부었네요.”

“자주 부어요. 원래 이렇게 빵순인 아닌데.”

환자가 머쓱하게 웃는다. 미소가 예쁘다.

손을 만지며 “아프진 않아요?”라고 물으니 “아프진 않아요. 보기 흉하지요? 약 반응 때문에 이래요”라고 밝게 답을 한다.

“보호자는 어머니……세요?”

“아! 네 지금 잠깐 앞에 나가셨어요. 뭐 사러……. 나 때문에 힘이 드실 거에요. 하루 종일.”

눈이 빨개지는 것이 여러 가지 생각이 떠오르는가 보다.

울진에서 학교를 졸업한 후 서울서 디자인을 하는 직장에 다니고 있다가 몸에 이상이 왔다고 했다. 감기인 줄 알았는데 약을 먹어도 여러 날 동안 나아지질 않아 검사를 해 보니 간과 신장에 이상이 생겨 입원을 하게 되었다고 한다.

간암인데다 희귀성 질환이 겹쳐 투병이 어려운 상태였다.

자신보다 어머니가 스님을 기다리고 있다고 이야기를 한다. 본인은 내가 방문하는 것이 불편하냐고 물으니, 어머니는 울진에서 다니는 절이 있으시고 본인은 다니는 곳이 없으니 스님의 방문이 미안하다고 하면서 힘든 어머니를 위로해 달라고 부탁을 했다.

자주 방문을 하다 보니 환자도 1인실에서 다인실로, 퇴원했다가 다시 입원을 거듭하며 만남이 이루어지게 되었다.

서로 기다리는 정이 오가는 사이가 되어 가면서 그녀는 오히려 바쁘게 다니는 나의 건강을 챙겼다.

“아이고, 스님. 그래 다니다 내처럼 이래 된다. 나중에 후회 말고 이리 좀 쉬라"며 자신의 침상을 내어 주기도 했다.

밝고 이야기도 잘하는 그녀의 이런 저런 삶을 들여다보게 되었다. 그녀의 꿈이 자신의 작품을 나에게 보여 주는 것이라며 시간이 더 주어지길 기도해 달라고도 했다.

어느 날인가는 영 냉랭한 분위기여서 방문한 나도 어색하게 앉아 있었다. 시간이 좀 흐른 후 "무슨 일 있어요"라고 물으니, "마……이제는 어떤 치료도 효과가 없으니 집에 가서 먹고 싶은 거 먹고, 보고 싶은 거 다 보고 그러란다. 그래도 쪼매 억울하니까 집에 가서 민간요법도 좀 해보고 밥이라도 잘 먹어 볼라 그런다. 서울이 좀 답답하잖아, 스님"라고 답을 하는 그녀.

병원에서 더 이상 치료를 할 수 없어 울진으로 내려갈 생각을 하고 있다고 말을 하는 그녀도 어머니도 눈물을 떨군다.

어떤 위로의 말도 할 수가 없었다.

무슨 말을 해야 할까.

"스님, 잊지 말고 우리 잘 지내다 보면 또 보겠지 뭐"라고 오히려 나를 위로하는 그녀와 서로 안고 말없이 있었다.

잠시 후 "스님도 건강 챙기소. 그래 다니지 말고 알았제! 전화라도 자주 합시다."

그렇게 고향으로 떠난 그녀와 가끔 전화를 하면 그녀의 휴대폰에서 노래가 흐른다.

인연이라고 하죠.
포기할 수는 없죠.

내 생에 이 아름다운 날이

또 다시 올 수 있을까요.

나를 잊지 말아요……

처음엔 잘 몰랐다.

점점 대기시간이 길어지고, "이제는 전화기 들 힘도 없다"라는 대화를 하고, 그녀가 아닌 어머니가 전화를 대신 받으며, "이제는 우리 아이가 먹질 못한다"라는 근심어린 통화 후 얼마 지나지 않아 문자 메시지가 왔다.

　우리 아이가 어젯밤 몸을 바꾸어 갔습니다. 그동안 감사했습니다.

그 노래의 가사는 그녀가 내게, 아니 정든 이들에게 하고 싶은 가장 절실한 이야기였을 것이라고 믿는다.

내가 도움을 주기보다는 내게 더 큰 위로가 되어 준 그녀를 나는 잊을 수 없었다.

지금 나는 그 노래를 들을 수 있고 기억하지만 이제 그녀의 전화는 번호조차 없는 전화가 되었기 때문이다.

살아 있다고 생각하는 우리의 죽음은 어떤 것일까?

또 많은 병상에 있는 환자들의 죽음은 우리와 어떻게 다른 것일까?

생명연장? 태어난 이래 우리 모두는 생명을 연장해 가고 있는 것이 아닐까?

단지, 누구에 의해 알게 되는 것과 무심히 지나는 시간의 의미일
뿐 아닐까?

지금 이 순간도 되돌릴 수 없는 죽어 가는 시간인데

이 아름다운 날이 다시 올 수 없는 것처럼…….

대비란 모든 중생에게 사랑을 주는 일이고,

대비란 모든 중생들의 고통을 함께 하는 일이다.

《대지도론》

2부
웰다잉의 권리와 과정

ⓒ 이인자

정신의학,
존엄하게 죽음을 선택할 수 있는 권리

❊ 이근후

글을 시작하면서

Well-dying에 관한 대중들의 인식을 드높이고 보다 아름답고 품위 있는 삶을 누릴 수 있도록 도와줄 책을 발간하고자 기획된 부분 가운데 필자가 담당한 부분은 '존엄하게 죽음을 선택할 수 있는 권리'에 대한 부분이다.

이 부분은 어느 한 분야에서만 논할 수 있는 명제는 아니기 때문에 필자에게 더 좁은 의미의 경계로 정신의학이란 부제를 붙여 준 것 같다.

❊ 이화여대 명예교수(정신의학)

이를 충족시키기 위해서는 먼저 지금까지 알려진 의학적 죽음의 의미를 명확히 전달할 의무를 느낀다. 왜냐하면 죽음에 대한 여러 분야의 접근이 있지만 아직까지는 의학적 접근만큼 명확성에 가까이 가 있는 정의는 없을 것이기 때문이다. 의학적이란 말은 과학적이란 말과 신체의학적인 면을 보다 근본에 깔고 있는 부분이기 때문에 이에 대한 설명을 먼저 드리고 정신의학적인 죽음 또는 죽을 권리에 대해서 적어 보고자 한다.

개인적으로 이 글을 시작하는 마음의 전제는 '누가 이 세상에 오고 싶어 왔으며 저 세상으로 가고 싶어 가는가'란 어느 선사의 말씀과 톨스토이가 했다는 '이 세상에 죽음만큼 확실한 것은 없는데도 사람들은 겨우살이는 준비하면서 죽음은 준비하지 않는다'는 말을 떠올리면서 주제를 풀어 가고자 한다.

죽음이란 과연 무엇일까?

사전적 의미로는 '사람이 목숨을 잃는 일이나 현상'으로 적고 있다. 죽음이란 단어를 생각하면 먼저 떠오르는 것들이 있다. 생명의 생성과 소멸, 시작과 끝, 삶과 죽음, 집합과 분산, 이렇듯 동전의 양면처럼 이분법으로 생각을 하게 된다.

그러나 이 이분법적인 사고도 그 연결 고리를 놓지 않고 생각한다. 편의상 유기체와 정신을 구분하듯 죽음과 삶을 별개로 보는지 연속선상의 현상으로 보는지에 따라서 생각들이 많이 달라질 것이다. 편의상 갈려 있는 유기체의 죽음에 대해 먼저 생각해 본다.

죽음에 대한 의학적 의미

의학은 자연과학이며 인체를 대상으로 하는 학문 분야이다. 과학의 속성상 확실성이 있어야 하고 검증이 되어야 하며 그 결과는 한결같아야 한다. 사회과학에서 논의되고 있는 여러 의견들처럼 다양성이 존재하지 않는다. 그래서 죽음에 대해 보다 확실한 의학적 정의를 내리기 위해 많은 학자들은 나름대로 노력을 하고 있으며 학자에 따라 주장하는 견해가 다소 다른 점은 있으나 어느 정도 확실성에 가깝게 접근하고 있는 것도 사실이다.

우리들이 기준 삼아야 할 기점은 언제나 지금이고 또 여기이다. 이 기준은 아주 중요한데 죽음을 정의하는 논의의 시점에 따라 달라져 왔기 때문이다.

국어사전에 보면 죽음이란 사람이 목숨을 잃는 일이나 현상을 말한다. 일반적으로 아주 쉽고 명쾌하다. 그런데 쉽긴 하지만 명쾌하다는 말에는 의학적으로는 동의하기가 어렵다.

그 이유는 사람이란 유기체와 자아로 대변되는 정신현상의 복합적 죽음을 설명하자면 그만큼 명확하게 검증되어야 하며 보편성을 지녀야 하기 때문이다. 그런 전제를 두면 사전적 의미는 쉽긴 하지만 명쾌성이나 검증성이 떨어진다. 그래서 지금까지 죽음이란 정의에 가장 과학적으로 접근되어 있는 개념을 정리하고 이를 바탕으로 죽음이나 인간의 존엄성의 문제를 생각해 보는 것이 순서일 것 같다.

그러면 우리들이 의학적으로 죽음이라고 선언하는 내용은 어떤 것일까?

몇 가지 의학에서 토론되고 있는 부분을 소개함으로써 죽음의 의학적인 정의에 대해 살펴보고자 한다.

죽음은 크게 두 가지 설로 시작한다. 하나는 심폐기능설이란 것으로 폐 기능과 심장 기능의 정지가 곧 죽음이란 설이다. 숨이 끊어지고 심장이 멎어 버리면 이를 죽음이라고 한다는 뜻이다. 다른 하나는 뇌사설로 뇌 기능의 영구적 정지를 죽음이라고 규정한 설이다. 이는 심폐기능설에 비해 보다 정교한 접근 개념이다. 심폐기능의 정지에도 불구하고 사례에 따라서는 그 기능이 소생한다는 것을 관찰하면서 죽음의 정의를 보다 정교화할 필요에 따라 발전한 개념이 뇌사설이다. 심폐기능이 일시적으로 정지했다고 하더라도 이를 관장하는 뇌 기능이 비가역적이지 않는 한 심폐기능을 소생시킬 수 있기 때문에 죽음의 정의로서 심폐기능설은 부족함이 있게 된다.

뇌사설의 의미는 뇌가 죽는다는 의미를 가진다. 뇌는 인간의 신체 가운데 가장 고도로 분화 발달한 기관이며 이 뇌의 각 영역이 중추적 기능을 수행함으로써 각 장기 또는 말초세포에 이르기까지 기능을 운영 통제하는 역할을 담당한다. 말 그대로 중추적 핵심 역할을 한다. 심폐기능설의 주 기관인 폐나 심장이 바로 뇌의 기능하에 통제되고 있다면 왜 뇌사설이 지금에 와서 보다 설득력을 지니는지 알 수 있을 것이다.

뇌사설은 뇌 기능의 비가역적 기능 상실을 죽음의 기점으로 보는 설이다. 앞서 설명한 대로 심폐기능이 정지하였다고 하더라도 발달된 의학적 소생술로 심폐기능이 다시 살아나는 가능성이 있기 때문에 이 심폐기능이 고도의 의학적 기술로도 살아나지 않는 비가역적 정지에 이르자면 이들의 기능을 관장하고 있는 뇌가 그 기능을 정지해야 한다. 이런 선행 기능의 정지가 후속 기관들의 기능을 정지시키고 궁극적으로는 말초세포의 괴사에까지 이름으로써 명실상부한 죽음이란 상황에 이른다. 이런 점으로 인하여 근래에 와서는 의학적으로 심폐기능설에 비해 뇌사설에 입각한 죽음의 개념을 일반적으로 인정하는 추세이다.

뇌사설 역시 복잡 미묘한 주장으로서 일반적으로 이해하기에는 고도의 어려움이 있다. 여기에서 크게 두 가지 흐름을 간략하게 설명하고 한국에서의 입장을 덧붙이는 것으로 죽음에 대한 의학적 설명을 대신하고자 한다.

시드니 선언

이는 1968년 8월 호주의 시드니Sidney에서 열린 제22차 세계의사회에서 채택된 선언으로 죽음에 대한 정의를 최초로 담고 있다는 점에서 의미가 있다. 이 당시의 의학적 흐름 가운데 이미 유행하고 있던 장기이식의 문제 등으로 장기공급자의 죽음을 어떤 기준으로 정할 것인가에 대해 논쟁이 분분했던 배경을 갖고 있어서 이의 통일된 기준 마련이 시급했던 시기였다. 이 선언은 당시 선행연구에 가장 앞장섰던 미국의 하버드 대학 기준을 기조로 하여 세계 의사들의 공통 의견으로 채택한 선언이다.

내용에는 도의적으로 허용 가능한 아픔을 가하여도 반응이 전혀 없고 모든 자발적 운동, 특히 호흡의 중지, 각종 반사의 소실 그리고 뇌파가 반응하지 않는 평탄뇌파를 기준 삼는다고 정하고 있다.

베니스 선언

이는 1983년 10월 이태리의 베니스Venice에서 열린 제35차 세계 의사회에서 채택한 선언이다. 시드니 선언이 있은 지 15년이 경과하는 동안 의학적인 발전은 죽음 그 자체의 정의를 보다 실용적이고 정교화할 필요성을 느꼈다. 뇌사설에 이의를 가진 의학자들은 드물지만 뇌사도 뇌사의 부위나 시기를 어떻게 잡는 것이 옳은가를 두고 끊임없는 토론을 이어 오고 있었다. 이런 흐름을 보완한 것이 베니스 선언이다. 이 선언은 본질적으로는 시드니 선언을 계승한 것이지만 임종기 질환에 관한 선언을 덧붙임으로써 보다 정교화하는 노력을 보였다. 지금 세계 각국의 의학자들은 대개 이 선언의 정신을 따르고 있다.

뇌사설의 쟁점 몇 가지

뇌사설에 대해 최초로 연구한 것은 미국의 하버드 대학 연구팀이었다. 이 팀에서 제시한 내용은 다음과 같다.

① 깊은 혼수상태에서 몸 안팎의 어떤 자극도 수용하지 않는다.

② 1시간 동안 관찰해도 아무런 자발적인 몸의 미세한 움직임도 없다.

③ 인공호흡기를 떼어 내는 경우 3분 동안 자발적인 호흡이 없다.

④ 척수반사를 포함한 모든 반사가 없다.

⑤ 증폭률을 5마이클로 볼트/분으로 최대화시켜도 평탄뇌파를 보인다.

이와 같은 다섯 가지 기준은 시드니 선언의 근간이 된다.

미네소타 대학팀이 개발한 소위 미네소타 기준은 하버드 기준과 별 차이는 없으나 다만 하버드의 기준이 뇌사의 범위를 광범위하게 설정한 반면 미네소타 기준은 뇌 가운데 특히 뇌간brain stem의 비가역적 기능 상실에 중점을 두었다. 뇌간은 호흡과 심장 기능 등 생명 유지 기능이 있는 뇌 영역이다.

① 원인은 알지만 회복 불가능한 두개 내 병변을 갖고 있다.

② 자발 운동이 없다.

③ 인공호흡기를 떼어 놓았을 때 4분간 자발적 호흡이 없다.

④ 모든 뇌간 반사가 소실되어 있다.

⑤ 이상 기준이 최소한 12시간 이상 지속되어야 한다.

이런 조건 하나하나가 듣기엔 사소해 보이지만 의학적으로는 대단히 중요한 논쟁거리로 남는다. 다른 논쟁들도 있으나 대개 이 범주를 벗어나지 않는 논쟁의 연속이다.

그러나 유기체의 말초세포의 최종적인 기능까지 소멸되었을 때 완전한 죽음이란 것을 의학적으로 모르진 않지만 그래도 뇌사설 운운하면서 죽음을 정의하려는 의도는 뇌사 자체가 이미 비가역적이라서 죽음의 여진이 남았을 뿐 죽음과 같은 것이란 의미도 있고, 요즈음 회자되고 실제 시행되고 있는 많은 장기이식의 문제 때문에 죽음을 실용성 있게 정의해야 할 필요성 때문이기도 하다. 완전 죽음, 즉 유기체의 마지막 남은 한 세포의 괴사에 이르면 장기이식이란 문제는 생각해 볼 수도 없기 때문이다. 따라서 뇌의 어느 영역과 비가역적 기능 소실이란 시점이 어디인가 하는 문제가 쟁점의 핵을 이룬다. 여기에서 논의되고 있는 많은 부분의 토론은 죽음의 시점을 어디에 둘 것인가 하는 점이다. 정말 어려운 논쟁이기도 하고 또 불필요한 논쟁이기도 하다.

어려운 논쟁이란 전제는 죽음의 시점 정하기가 그렇게 용이하지 않은 만큼 완벽성을 앞세운다면 지금 논쟁을 일으키고 있는 시점은 죽음이 아닐 수도 있기 때문이다. 논자들은 생명이 회복될 수 없는 비가역성을 전제로 토론을 한다. 결국 죽음의 기점은 비가역적 기능 손상에 두는데 이 시점을 정하는 데는 서로 약간의 견해 차이를 보인다.

완벽한 죽음의 정의를 전제로 한다면 죽음의 시작점이 아니라 죽음의 종착점에 도달한 시점이 될 것이다.

보다 쉽게 설명을 하자면 완벽한 죽음이란 뇌사설이 생명을 기능하는 대뇌의 비가역적 기능 상실에 두지만 완벽한 죽음은 뇌사에 의한 기능이 아니라 뇌사로 인해 후속적으로 진행 종착하는 말단 세포의 괴사에 이르는 것을 뜻한다. 그런 의미로 본다면 뇌사설은 죽음의 길로 들어선(비가역적으로) 시기이고 후자인 완벽한 죽음의 정의는 말단 세포의 괴사가 진정한 죽음이란 뜻이다. 논리적으로는 후자가 설득력이 있으나 대부분의 의학자들은 약간의 시차는 있겠지만 생명력을 잃은 것은 이미 뇌사했을 때이기 때문에 시점을 고려하여 죽음을 정의하는 것에 대체로 동의하고 있다.

한국에서의 죽음 기준

우리나라에선 아직까지 구체적인 논의가 이루어지고 있지 않다. 다만 대한의학협회에서 논의되었던 뇌사 판단기준이 있을 뿐이다. 암묵적으로는 베니스 선언과 같은 세계적 흐름을 따르고 있지만 이에 수반된 법률적·사회적·윤리적 공감대는 형성되어 있지 않고 종래의 의학적·법률적 관행에 따라 하는 경우가 많다. 그러나 우리나라도 장기이식 등 생명 연구에 점진적으로 무게를 두고 있는만큼 죽음에 대해 보다 엄격하게 정의를 내릴 필요가 있다. 현재 우리나라가 뇌사를 인정하는 기준으로 삼고 있는 부분을 소개한다.

① 외부 자극에 전혀 반응이 없는 깊은 혼수상태

② 자발 호흡의 불가역적 소실

③ 양안 동공의 확대 고정

④ 뇌간반사의 완전 소실

⑤ 자발운동, 제 뇌강직, 제 피질강직, 경련 등이 나타나지 않는다.

⑥ 무호흡 검사 : 자발 호흡이 소실된 이후 자발 호흡의 회복 가능 여부를 판정하는 임상 검사로서 100% 산소 또는 95% 산소+5% 탄산가스를 10분간 인공호흡기로 흡입시킨 후 인공호흡기를 제거하고 100% 산소를 기관내관을 통해 6L/분 공급하면서 10분 이내의 혈압을 관찰하고 혈액 $PaCO_2$ 50torr 이상으로 상승하게 됨을 확인한다. 이 조건으로도 자발 호흡이 유발되지 않으면 호흡 정지가 불가역적이라고 판정한다.

위의 ①~⑥의 검사를 6시간 경과 후에 재확인한다.

⑦ 뇌파검사 : 위의 ①~⑥의 기준을 재확인한 후 뇌파를 검사하

여 평탄뇌파 30분 이상을 확인한다.

⑧ 소아의 뇌파 판정기준은 다음과 같이 한다.

* 생후 2개월에서 1년 사이의 연령군은 48시간 간격으로 2회 판정기준 검사와 2회의 뇌파검사를 하여야 한다.
* 1세에서 5세 사이에는 성인에서와 같이 2회의 판정기준 검사와 1회의 뇌파검사를 하되 24시간 간격을 두어야 한다.
* 6세 이상의 소아는 성인에서와 같다.

이상과 같은 복잡하고 정교한 의학적 죽음의 기준을 설정하고 있다. 이 죽음의 기준은 지금 세계 여러 나라에서 법률로 합법적으로 규정한 나라도 있고 규정에 이르진 못해도 암묵적인 동의 아래 이를 인정하는 나라들도 많다. 이미 많은 나라에서 이 기준을 받아들여 이를 임상에서 활용하는 기준을 삼고 있는 것이 현실이다.

그렇다면 이 죽음의 정의가 왜 문제가 되는 것일까? 이는 의학적으로만 설명하기엔 너무나 협소한 의미만 있을 뿐 죽음 그 자체를 포괄적으로 설명해 주기에는 한계가 있기 때문에 생기는 문제들일 것이다.

뇌사가 생명의 죽음에 이르는 관문으로 비가역적인 것이라면 또 그 시점을 두고 논쟁은 있지만 대체로 뇌사설을 공감하고 있으면서도 뒷맛이 개운하지 않은 이유는 무엇일까? 바로 의학 밖의 복잡한 변인들 때문일 것이다.

© 지운스님

존엄사에 대한 변천적 추이

존엄사를 논하면서 항상 충돌되는 부분이 환자 당사자의 기본
권이 우선이냐 아니면 생명 존중 윤리가 우선하는가에 대한 쟁점이
다. 어느 쪽이 절대적으로 옳다는 판단을 하기에는 너무나 어렵고
다양한 변수가 작용하기 때문에 우선은 인정하려고 하는 노력과 이
를 적극적으로 저지해야 한다는 논리를 설명하기 위해 사례 하나씩
을 들고, 그럼에도 불구하고 같은 사례를 두고 살아남은 유족들의
의견 차이로 법률적 다툼이 심화된 경우를 함께 설명함으로써 이해
를 돕고자 한다.

인정하는 사례

존엄사란 용어가 처음 나오기 시작한 것은 오래되었지만 결정적인 역할을 한 사건은 미국의 캐런 앤 퀸런Karen Ann Quinlan 사건이다. 이는 1975년 퀸런이 친구들과 생일파티를 마치고 혼수에 빠져 의식불명 상태로 6개월이 경과하자 퀸런의 부모가 법원을 상대로 인공호흡기로 연명하는 것을 중단해 줄 것을 요청하면서 발생했다. 이 법정 사례는 지방법원에서는 산소를 제거하는 행위를 살인죄로 판단하였으나 대법원에서 의사나 병원 당국의 엄격한 동의를 전제로 허용을 한 판례이다. 이는 후에 자발적 존엄사라는 용어로 존엄사를 보다 깊이 있게 논의하는 계기를 만들었다.

인정하지 않는 사례

1990년 미국의 내과의사 잭 케보키언Kebokieon은 인간의 죽을 권리를 강력히 주장하면서 그를 찾아온 자발적 자살자 28명을 그 자신이 고안한 자살 보조 장치를 통해 소기의 권리를 행사하도록 돕는다. 이로 인해 존엄사 개념을 악용했다는 이유로 살인죄로 재판에 회부되었다. 결과는 2급 살인죄로 25년형을 살게 되었는데 이로 인해 정작 오리건 주에서 적극적 존엄사를 인정하는 계기를 만들었다. 같은 사건으로 미국의 미시건 주에서는 존엄사를 엄격히 제한하는 법률이 통과되어 존엄사 자체를 인정하지 않는 추세로 이어져 가고 있다. 이렇게 같은 사건을 두고 전혀 다른 법률이 제정되기도 했다.

다투고 있는 사례

같은 식물인간 상태를 두고도 엇갈리는 의견들이 많다. 의학자들의 논쟁은 사망의 시기나 장기가 어디에서부터 최초로 출발하며 그 진행이 회복 가능한지 아니면 비가역적인 것인지의 기준을 두고 왈가왈부하는 과정에 있다. 그러나 테리 시아보Terry Siabho의 사례는 그런 의학적인 기준이라기보다는 유족들의 견해 차이로 인한 다툼이다.

플로리다 주에 살고 있던 테리 시아보가 15년 동안 식물인간 상태로 침대에 누워 있었다. 더 이상 생명연장의 의미가 없다고 판단한 남편의 요청으로 급식튜브를 제거했는데 테리 시아보의 부모가 이의를 제기한 사건이다. 남편은 뇌사설에 입각한 죽음의 기준에 합당하다는 견해였고 부모는 그 기준에 미치지 못한다고 하는 의견 차이로 소송 중에 있는 사례이다.

위에서 사례를 든 것은 존엄사에 대한 이해를 보다 깊이 있게 높이고자 함이다. 의학적 뇌사설을 받아들여 법원이 인정하고 법적 뒷받침을 해 주는 나라가 있는가 하면 관행적으로 인정할 뿐 법적 뒷받침이 없는 경우도 있다. 그와 반대로 그런 죽음의 기준을 바탕으로 존엄사 운운하는 것 자체를 엄격히 규제하는 곳도 있다. 1990년 잭 케보키언 사건이 그런 사례에 해당하는데 법원이 보는 견해는 존엄사라는 것을 악용하는 사례로 근절해야 한다는 의미에서 살인죄를 판결한 사례이다.

아무리 의학적 죽음의 기준이 명확하고 객관적인 데이터에 입각한다고 하더라도 이 또한 사람이 하는 일이니 망자는 말이 없지만 남은 유족들의 분분한 의견과 이해관계의 상이함 등으로 지속적으로 존엄사에 대한 논란을 불러일으킬 소지는 많이 남아 있다.

우리나라에서의 존엄사 사례

우리나라에서도 존엄사의 문제는 일찍부터 관심사였으나 세계적 추세에 비해 비교적 공론화가 늦게 이루어지고 있다. 이는 단지 의학적 문제뿐만 아니라 우리나라의 문화적 속성이나 전통적 관습 등에 따라서 죽음 자체를 의식화시켜 직면하기를 싫어하는 심리적 속성과도 무관하지 않을 것이다. 우리나라에서도 이 존엄사의 사례가 이미 법원에 의해 살인죄에 해당하는 판결을 받은 바도 있고, 최근에는 비가역적 환자에게는 생명연장을 위한 의학적 수단을 중지해야 한다는 엇갈린 판단이 나와서 지금 상급 법원에 계류 중에 있다.

독자들의 이해를 돕기 위해 사례를 설명해 본다. 먼저 보라매병원사건이라고 통칭되는 사건이 있었다.

1977년 보라매병원을 찾아온 응급환자(당시 60세)의 뇌수술 후 그 경과가 비가역적인 상태에서 보호자의 요청으로 퇴원을 시켜 생명 유지 장치를 제거함으로써 환자를 사망에 이르게 했다는 이유로 기소된 사건이다. 대법원에서는 작위에 의한 살인 방조죄로 담당

의사를 징역 1년 6개월에 집행유예 2년형을 확정지었다. 이는 가족 내부의 서로 다른 죽음에 대한 생각 때문에 고소고발이 발생하여 촉발되었다. 이에 비해 치료자 측은 이미 뇌사 상태로 비가역적이란 판단을 내렸고 가족의 강력한 요청이 있어서 퇴원을 시켰던 것이다. 그러나 법원은 비가역적이란 부분에서 쟁점을 달리했던 결과로 '작위에 의한 살인 방조죄'를 적용하였다.

이런 판결이 있고 난 이후의 의료 행태는 비록 비가역적인 뇌사 상태에 있다고 해도 이런 판례 때문에 생명 유지 장치를 임의로 제거하지 못하는 딜레마에 빠지게 되었고, 비록 가족의 동의가 있었다고 해도 치료자의 완강한 저항에 부딪치게 되었다.

이로부터 32년이 지난 2009년 같은 사건이 세브란스병원에서 일어났다. 비가역적 뇌사 상태에 있는 한 환자의 보호자가 법원에 청구한 생명 유지 장치를 제거해 달라는 소송에서 고등법원은 보호자의 손을 들어 주었다. 법원이 판단한 요지는 다음과 같다.

무의미한 연명치료 중단의 4가지 요건으로 ① 회생 가능성이 없는 비가역적인 사망 과정에 진입했고 ② 환자의 진지하고 합리적인 치료 중단 의사가 있으며 ③ 중단을 구하는 치료행위의 내용이 타당하고 ④ 의사에 의한 치료 중단의 시행 등을 충족시키고 있기 때문이란 이유를 들어 보호자의 승소 판결을 내린 것이다.

이것은 30년 전에 비해 훨씬 진전된 판결이다. 하지만 피고인 세브란스병원은 이를 환영하면서 이 기회에 좀 더 명확한 생명 연장 장치의 제거에 대한 기준을 법률적으로 보장받기 위해 대법원에 상고 중에 있다.

내용인즉 회생이 불가능한 비가역적인 사망 과정에 이른 것으로 판단되었던 환자 김 모 씨처럼 당사자의 치료 중단 의사를 명확히 확인하기 힘든 경우 보호자와 병원이 치료 중단 결정을 내릴 수 있게 해달라는 것이 상고의 이유이다.

비가역적 상태는 이미 의식불명의 식물인간 상태이므로 당사자의 의사를 전달받기는 현실적으로 어렵다. 이 부분을 평소의 환자가 주장했던 것이나 환자 보호자의 동의로도 가능하게 해야 한다는 논지이다. 대법원이 어떻게 판단할지 주목되지만 아마도 세계의 흐름을 참작하지 않을까 생각한다.

무엇이 존엄한 죽음인가

그렇다면 무엇이 존엄한 죽음인가. 쉽게 말하면 인간답게 죽음을 맞이하자는 뜻일 것이다. '인간답게'라는 말도 아주 복잡하고 다양한 부분에서 종합적인 설명이 요구되지만 지금 여기에서 논하고 있는 존엄사라는 용어는 좁은 의미에서의 의학적 용어로 먼저 해석을 해야 하겠다.

옥스퍼드 대학의 완화의학 교과서에 실린 죽음의 정의를 인용하면 '죽음은 평화로운 사람의 존엄과 신중함을 갖춘 이승으로부터의 단순한 퇴장이어야 하고 궁극적으로는 고통이나 괴로움이나 무서움 등이 없는 죽음이어야 한다'라고 적고 있다. 바로 평안이다.

사람들은 모두 평안한 죽음을 원한다. 잠자듯이 고요하게 생을 마칠 것을 바란다. 하지만 사람들은 노화라는 병리적 과정을 겪으면서 수다한 질병과 고통에 시달리며 의학적인 도움을 받기도 하지만 역부족이다. 어떤 형태로든 소멸적 의미의 죽음을 맞이하게 된다.

이 평안한 죽음을 안녕 상태의 죽음well dying이란 용어를 사용해도 무방할 것 같다. 그러나 이론처럼 현실은 그렇지 않다. 의학의 일각에서 노화 과정 자체를 이미 병리현상으로 보는 관점이 있고 보면 어느 누구도 안녕 상태의 죽음을 맞이하기는 어려울 것이다.

과거에 우리나라에서는 자연 수명을 다하여 노쇠한 상태로 생을 마감하면 호상이라고 일컬어 죽음 그 자체를 상서로운 것으로 생각했다. 말은 다르지만 바로 웰다잉이 아닐까 생각한다.

이런 죽음 과정의 개념과 궤를 같이하여 존엄사라는 말이 요즈음 회자된다. 많은 의학개론서나 임종학 등 관련 전문서적들을 보면 존엄사와 안락사를 함께 묶어 설명한 부분이 많다. 그렇다면 존엄사는 죽음 직전의 모습이나 과정을 의미하는 아주 좁은 의미로 먼저 이해할 필요가 있다.

교과서적 설명에 의하면 존엄사란 비가역적 뇌사 상태에 있는 사람을 인공 수명 연장 장치로부터 자유롭게 만들어 줌으로써 품위 있게 죽을 수 있도록 하는 생명 단축 행위를 말한다.

설명을 덧붙이자면 식물 인간적 뇌사 상태에 있는 환자, 즉 죽음의 관문에 들어선 환자를 인공적으로 연명 장치를 조작하여 생명현상을 유지시키는 것을 중단함으로써 기왕 맞을 죽음을 품위 있게 맞을 수 있도록 돕는 것을 말한다. 즉 인공적 수명 연장 장치나 행위를 중단하여 죽음에 이르도록 한다는 것이다.

이 존엄사를 의학적으로 세분하여 적극적 안락사와 소극적 안락사라는 용어로 분류하여 구분하기도 한다. 안락사를 존엄사와 함께 항상 거론하는 뜻은 존엄사 역시 안락사의 일종으로 단지 소극적으로 인공 연명 장치를 제거한다는 점이 적극적 안락사와 다르다는 점을 부각하고 있다. 소극적 안락사란 용어 자체가 안락사시킨다는 점에서 법률적으로나 윤리적으로 살인이라는 오명에서 자유롭지 못하기 때문에 그런 분류를 고집하는 것이 아닐까 생각한다. 적극적인 안락사는 말기 환자나 뇌사 환자 등 소생이 불가능하거나 임종을 맞기에 너무 큰 고통을 수반하는 환자에게 적극적으로 죽음에 이르도록 돕는 것을 말한다. 자연사가 아니라 인위적으로 죽음을 돕는다는 말인데, 경직된 법률적으로 해석한다면 이는 분명 살인의 범주에서 자유로울 수 없는 행위로 해석될 수 있다.

뇌사설을 죽음의 기준으로 받아들이는 점에서 논쟁의 쟁점을 보면 명확한 나름의 논리를 가지고 있다. 찬성론자들의 논리는 뇌사 상태에 있는 환자는 이미 뇌사로 인한 기능을 상실했기 때문에 비가역적이란 뜻에서 존엄사를 찬동한다. 아무리 의학적인 연명 처치를 하지만 이는 연명에 불과할 뿐 생명현상을 되돌릴 수는 없는 것이기 때문에 죽음 그 자체로 인식해야 한다는 논리이다. 반면 반대론자들은 뇌사란 죽음에 이르는 과정일 뿐 죽음 그 자체는 아니라는 점을 강조한다. 불가역적인 뇌사라고 해도 주체의 죽음 그 자체는 아니라는 보다 경직된 주장을 한다. 모두 일리 있는 주장이긴 하지만 이 주장을 서로 굽히지 않는 이유는 장기이식과 같은 현실적인 문제가 인간 생명과 직결되면서 법률적·윤리적인 문제와 맞물려 쟁점화될 소지를 충분히 갖고 있기 때문이다. 그러니 존엄사를 논하자면 보다 광범위한 영역에서의 의견 수립과 동질성을 찾아 합의에 이르지 않고 의학적인 관점만으로 판정할 수 없게 된다. 그러므로 이런 통합적인 합의에 이르기 전까지는 사전적 의미를 넓게 간직하는 것도 의미가 있을 것이다.

국어사전에는 '존엄사란 불치의 병이나 장애로 의식불명이나 심한 고통 상태에 있는 환자에 대해서 연명만을 목적으로 하는 치료를 중단하고 인간으로서의 명예를 유지하면서 죽을 수 있게 해야 한다고 한 견해 또는 그와 같은 죽음'이라고 정의하고 있다. 전문적인 여러 분야에서의 논의가 첨예하겠지만 이러한 사전적인 의미가 바로 많은 분들이 공통적으로 공감할 수 있는 기반이 아닐까 생각해 본다.

존엄은 죽은 자의 몫인가 산 자의 몫인가

존엄이란 단어가 시사해 주는 바가 여럿 있다. 존엄이란 범할 수 없게 높고 엄숙한 것. 그 예로 흔히 무릇 생명이란 그 무엇과도 바꿀 수 없을 만큼 존엄한 것이라고 말한다. 그렇다면 존엄은 생명 그 자체에 있는 것이지 산 자와 죽은 자로 구분할 필요가 없는 것이다.

굳이 구분을 하자면 살아남은 자의 존엄 그리고 죽음을 맞이한,

또는 죽은 자의 존엄 정도로 인위적인 구분을 할 수 있을 것이다.

여기에서 이 문제를 굳이 인위적인 이원법으로 나누어 생각하고자 하는 데는 이런 뜻을 지니고 있다. 주어진 제목에 '죽을 권리 그것도 존엄하게 죽을 권리'란 제한적인 의미를 주었기 때문이다. 사실은 살아남은 자도 언젠가 죽음을 맞이할 테니 죽은 자와 시차가 있을 뿐 하등 달리 취급을 해야 할 이유는 없다. 그러나 가족을 생각해 보자. 죽은 자와 살아남은 자의 의학적인 죽음 이외에 안고 가야 할 여러 사회 문화 · 법률적 · 윤리적 문제가 남아 있기 때문에 조금은 구분하여 생각해 볼 필요가 생긴다.

죽음이란 생명의 탄생에 비하면 비참한 현상이다. 탄생이 생성이라면 죽음은 소멸이기 때문이다. 생성은 없던 것이 새로 생겨난 것이니 기쁨이요 죽음은 있던 것이 없어지는 것이니 비참하고 슬픈 것이다. 그럼에도 불구하고 죽음에 그토록 존엄성을 부여하려고 하는 뜻은 어디에 있을까? 이는 존엄이란 단어가 바로 생명 그 자체이기 때문에 그 생명이 생성하건 소멸하건 같은 가치의 존엄성을 지니기 때문이 아닐까 생각한다. 다만 우리들의 인간다운 감성이 이를 구분하여 기쁨과 슬픔으로 나눌 뿐 생명 그 자체의 존엄에는 다름이 없을 것이다.

그렇다면 그 존엄한 생명은 누가 관장하는가? 인류가 생긴 이래 그 의문을 풀기 위해 많은 선각자들이 고심했지만 아직도 의문은 풀리지 않는다. 종교가들은 그들이 믿는 절대자인 신의 산물이라고도 하고 과학자들은 단백질의 합성에서 그 의미를 찾으려고도 한다. 인간뿐만 아니라 이 지구상에 수많은 생명체가 탄생과 소멸을 이어가

고 또는 멸종과 새로운 생명종이 생성되기도 하는 정말 신비로운 것이 생명이다. 그러니 아니 존귀할 수가 있겠는가. 죽음은 선택할 수 있는 것이 아니다. 탄생을 선택할 수 없듯이 죽음 또한 선택할 문제가 아니다. 혹자는 자신의 의지에 의해 죽음을 자초하는 자살을 두고 죽을 권리 운운하는 주장도 있으나 이는 아직까지는 사회적 공감대를 형성하지 못하고 있다.

탄생은 부모를 인연으로 태어나는 것이고 죽음은 타고날 때 부여받은 생명현상의 시간을 다 소모하고 나면 자연히 소멸되는 과정이다. 그런데 사는 과정에서 주어진 삶의 시간을 온전히 보전하지 못하고 질병에 걸리거나 재해나 사고 등으로 목숨을 잃는 경우가 있으니 이는 존엄한 생명이지만 그 존엄을 지키지 못하고 소멸의 길에 오른 경우이다. 주어진 수명을 다하고 소멸에 이른다면 우리들은 천수를 다한 행복한 죽음이라고도 말한다. 죽음은 삶을 살고 있는 각 개인의 종착역이다. 그 종착역은 누구도 대신해서 가 줄 수 없는 것이다. 그렇다면 그 죽음의 존엄 여부란 말을 붙일 수 있는 것 역시 각 개인 당사자를 제외하고는 누구도 붙일 수 없는 존엄한 단어일 것이다.

그런데 그 존엄의 선택을 본인이 하지 못할 생물학적 조건이 있을 경우에는 문제가 생긴다. 이 말의 뜻은 우리들의 생명현상이 온전할 때는 우리의 의지에 의해 존엄을 선택할 수 있는 기회가 있지만 불의의 질병이나 사고 등으로 인해 각 개인의 유기체가 의식을 잃고 식물인간 상태가 되어 존엄을 선택할 의지 표명이 어려워지는 경우에는 여러 가지 문제가 발생할 수 있는 것이다. 살아남은 사람들은 그 죽음을 맞이하는 사람이 평소에 어떤 존엄에 대한 의지를 가지고 있었는가 하는 속마음을 알 수가 없기 때문에 그렇다.

엄격한 의미로 존엄 여부의 판단은 망자의 절대적인 몫이다. 그러나 자신의 죽음을 예측 못했거나 존엄사에 대한 진지한 생각을 해 보지 않았던 망자에게는 그것은 자연히 살아남은 자의 몫으로 남게 된다. 살아남은 사람으로서는 가족이건 주변 지인이건 각자 나름대로 망자와의 관계 때문에 여러 정서적인 어려움을 지닐 수가 있다. 이들 남은 문제를 해결하기 위해서는 존엄사에 대한 의견들이 엇갈릴 수가 있고 견해가 다르기 마련이다. 특히 정서적인 문제 이외에도 여러 가지 현실적으로 얽힌 연관들을 해결하자면 결정이 쉽지 않을 것이다.

치료자 입장에서도 비가역적인 죽음의 문턱이라고 판단하더라도 의학적인 아쉬움은 역시 남게 된다. 지금의 의학적인 수준으로는 어쩔 수가 없는 일이지만 [만일] 더욱 발달된 의술이 있다면 하는 아쉬움은 어떤 치료자도 갖는다.

인간 생명의 소멸인 죽음 하나를 두고 고민해야 할 사람은 당사자인 망자와 가족(넓게는 사회) 그리고 치료자들이다. 망자가 의식이 명료할 때 자신의 죽음을 존엄하게 해 달라는 요구를 해 둔 경우라면 문제가 없겠다. 만일 그런 명료한 존엄사에 대한 의지를 표명하지 못한 경우라면 그 몫은 고스란히 가족과 치료자의 것으로 남는다. 치료자는 비가역적인 상태임을 알려야 하고 가족은 이를 바탕으로 망자의 생명을 존엄하게 소멸시켜 줄 것인가를 결정해야 한다. 그런 명증한 결정이 없다면 죽음 하나를 두고 망자 가족, 치료자가 함께 또 다른 고통을 감수해야 하기 때문이다.

존엄은 인간이면 누구나 소망하는 지선의 덕목이다. 존엄사도 마찬가지로 자신의 생을 마감하면서 품위를 유지하고자 하는 인간다운 자세다. 그렇기 때문에 존엄사는 망자의 몫만도 아니고 가족의 몫만도 아니다. 넓게 우리 인간이면 누구나 공유해야 할 당연한, 그리고 존귀한 행위로 이해해야 할 것이다. 다만 그 존귀함을 유지하기 위해 어떤 방편을 사용할 것인가 하는 것은 사회 문화적 배경이나 인간 정서와 연관된 모든 상황들을 존엄하게 논의함으로써 깊이 있는 동감을 이끌어 내야 할 의무가 있다.

죽음을 선택할 수 있는 권리

요즈음 권리와 의무라는 법률적 용어가 일반화되고 있다. 여기서 다루고 있는 문제가 존엄하게 죽음을 선택할 권리인 만큼 일단 권리에 대한 보편적 생각을 정리할 필요가 있다.

권리란 '어떤 일을 자유로이 행하거나 타인에 대하여 당연히 주장하고 요구할 수 있는 힘이나 자격'이라고 하는데, 법률적으로는 일정한 이익을 누리기 위해 그의 의사를 관철시킬 수 있는 힘을 뜻한다고 정의한다. 그런데 죽음은 선택사항이 아니며 자연적인 현상이다. 생명현상이 시간을 경과하면서 어떤 생명체도 겪게 되는 종착역이다. 즉 선택의 여지가 없다는 뜻이다.

그런 죽음을 우리가 왜 권리라는 이름으로 접근해야 하는가가 궁금하다. 이는 생명 소멸 그 자체를 의미하는 것이 아니라 죽음의 과정을 선택하는 권리를 말하는 것이다. 살고 죽음을 선택하는 것이 아니라 그 과정을 선택한다는 의미다. 이는 자연현상에 순응하면서 그 테두리 안에서 우리들의 의지를 백분 활용하며 살아갈 의지, 즉 자신의 권리를 상징한다.

여기에서 우리들이 한 가지 간과해서는 안 될 문제는 자기의 생명을 자기 의지에 의해 끊는 자살의 문제가 있다. 이는 또 다른 의미에서 토론을 해야 할 문제이며 죽음의 존엄성 여부를 두고 함께 토론할 성질의 것이 아니기 때문에 여기에서는 좁은 의미의 존엄사에 국한한 권리를 말하고 싶다.

권리라면 앞서 언급했듯이 '자신'의 것이기 때문에 타인의 것과는 구별된다. 내가 권리가 있듯이 타인도 나와 같은 권리가 있는 것이다. 죽음에 이르러 존엄할 권리가 나에게 있다면 타인에게도 역시 존엄할 권리는 있는 것이다. 사실은 존엄이란 말은 인간이 태어나서 죽음에 이르기까지 생활사 전반을 두고 평가해야 할 문제이지 죽음의 순간을 어떻게 맞는가만을 가지고 논할 문제는 아니다. 그렇지만 필요에 의해 존엄사의 정의를 명확히 해야 할 시점이라서 그 시점에 국한할 뿐이다.

우선 죽음에 이르는 이의 존엄사는 의식이 명료했던 평소의 삶에서 자신이 가치 있다고 생각하는 죽음, 그리고 행복하고 만족할 것 같은 죽음 그 자체일 것이다.

죽음 그 자체를 부정하려고 하는 자아방어 기제들은 많다. 말로는 많은 살아남은 사람들이 돌아가시는 분이 고통 없이 평안한 죽음에 이르게 되기를 소망한다. 이 소망은 고통으로부터의 해방도 있겠지만 새로운 소생을 소망하기도 한다. 비가역적 생명현상임을 전문가로부터 통고 받고도 자신의 가누지 못하는 여러 정서적 문제들 때문에 존엄사에 대한 이론을 일으키는 경우도 있다. 따지자면 살아남은 사람들의 자기 문제이지 망자의 존엄과는 거리가 먼 문제로 비화할 때를 종종 본다.

치료자도 고통을 받기는 마찬가지이다. 지금 현재 의학적인 수준으로는 비가역적 뇌사는 회생시킬 수 없다는 무력감을 지니고 안타까움으로 뇌사를 선언해 준다. 그러나 현재의 법률은 이 뇌사설에 의한 생명 연장 시술을 법으로 보장하고 있기 때문에 치료자나 보호자의 합의만으로 생명 연장 장치를 제거할 수가 없는 모순이 있다.

뇌사자는 말이 없고, 그래서 이런 점을 이제 공론화함으로써 뇌사자나 유족 그리고 치료자 모두를 법률적·윤리적·종교적인 모든 면에서 자유롭게 풀어 주어야 할 사회적인 요구가 발생하는 것이다.

뇌사설을 죽음의 시점으로 보는 중요한 이유는 현재 널리 시행되고 있는 장기이식의 문제와 무관하지 않다는 것도 유념하여 깊이 있는 공론화가 필요하다. 이 공론화와 함께 법률적·윤리적·종교적·사회 문화적인 합의가 없이는 이 문제는 언제나 우리들에게 깊은 죄의식을 남길 것이며 때로는 허위적인 조작으로도 남을 수 있을 것이다.

어떻게 사람답게 자연사에 가까운 죽음을 맞이할까 하는 것을 선택하는 것이 우리에게 주어진 권리이다. 그 권리는 내가 선택해도 되고 미처 선택하지 못한 사람에게는 치료자와 가족의 선택을 법률적으로 보장하여 윤리적으로나 종교적으로, 또 사회 문화적으로 자유로움을 누릴 수 있도록 하는 것 또한 권리다.

글을 맺으면서

필자는 의사이기 때문에 임종의 환자를 많이 보아 왔다. 존엄사에 대한 깊은 고민도 해 보았다. 내가 만일 그렇다면 하는 생각도 해 보았다. 외견상 존엄사란 너무 쉽다. 의학적으로 뇌사 상태에 있는 환자를 연명의 목적으로 의학적인 처치를 중단하는 것으로 규정한다면 고민의 여지는 없다. 그런 규정에 따라 그렇게 의학적인 처치를 하면 되는 것이다. 그러나 인간이기 때문에 인간답게 살아야 하고 인간답게 죽어야 한다는 명제를 두고 생각한다면 그런 간단한 의학적 처치만으로 해결될 성질의 것이 아니다.

글을 마치면서 의학적 존엄사라는 좁은 의미의 정의에서 벗어나 존엄 그 자체에 대해서 더 부연하고자 하는 데는 이제 우리들이 정말 직면하긴 힘들겠지만 삶의 과정에서 어떻게 하는 것이 인간답고 또 인간답게 죽어가는 것인가 하는 영적 문제에 이르기까지 되돌아보아야 할 의무 같은 것을 느끼기 때문이다.

죽음을 선택할 권리란 부제가 붙어 있지만 이는 권리라고 표현하기보다는 좀 더 존엄한 단어가 있다면 좋겠는데 필자의 머리로는 그 이상의 것을 알지 못하겠다. 존엄사, 그렇다. 그 존엄사의 과정과 결정의 몫은 누구의 것도 아닌 당사자의 것임에 틀림이 없다. 다만 살아남은 사람들은 망자를 두고 이러쿵저러쿵 옷을 입혀 마치 망자가 정말 그랬던 것처럼 있을 법한 이야기들로 포장을 한다. 이 포장된 존엄은 존엄이 아니다. 다만 존엄이란 이름으로 옷을 입혀 그럴듯하게 만든 살아남은 자들의 죄의식을 경감해 주는 몫 이상도 이하도 아니라는 생각이 든다.

그렇다고 하더라도 망자가 미처 존엄사를 택하기 전에 뇌사 상태가 되어 버렸다면 남은 사람들이 진지하게 생각하여 그 권리를 대신 행사할 수 있도록 길을 열어 두어야 할 것이다. 다행히 지금 존엄사에 대해 살인죄에서 허용의 입장으로 판결이 나서 대법원에 계류 중에 있고, 이 시점에서 서울대학병원 윤리위원회가 뇌사를 인정하는 의료행위를 선행적으로 행동화함으로써 존엄사에 대한 인정을 촉구하는 듯한 인상을 주고 있어 반가운 일이다.

끝으로 몇 가지 경험을 첨부함으로써 존엄사에 대한 우리들의 이해를 보다 인간적인 것으로 수용하기 위한 근거를 삼아 본다.

한 스님이 암에 걸려 수술을 했다. 많은 방문객들이 찾아왔다. 한 방문객이 나에게 물었다.

"저렇게 도가 높은 스님이 간호사의 가운 자락을 붙들고 살려 달라고 하니 그게 말이나 됩니까?"

또 신부님 한 분이 선종을 했다. 이 신부님은 젊었을 때 안구를 기증하도록 약정을 했는데 임종이 가까워서는 이를 번복했다. 얼마간 의식이 다시 소생했을 때 이 약속을 다시 결심했다.

한 목사님이 입원을 했다. 임종이 가까워 오자 그는 하나님이 어디 있느냐고 소리쳤다. 신도들은 너무 깜짝 놀랐다.

한 수녀님이 암으로 수술을 받고 자신의 여명이 얼마나 있는지를 물었다. 알려야 하나 알리지 말아야 하나 고민 끝에 알려 주기로 결론을 내렸다. 그런데 그분은 임종을 맞아 치료팀에게 자기에게 임종의 시기를 절대로 알려 주지 말아달라고 당부했다. 자신은 일생 동안 하나님의 은혜로 수도를 한 사람인데 죽음이 그렇게도 불안한 줄은 미처 몰랐다고 하였다.

한 중소기업의 사장이 암으로 수술을 받고 입원을 했다. 여명을 알려 달라 해서 알려 주었더니 너무 감사하다고 했다 이유인즉 자기가 죽기 전에 정리를 하고 가야 깨끗할 문제들이 많은데 그 정도면 모든 정리를 할 수 있을 것 같다고 했다.

　나의 친한 친구가 암으로 입원 치료를 받았다. 내가 병실로 찾아가면 그 고통을 이기지 못해 너는 내 친구니까 내 청을 들어주어야 한다면서 안락사를 시켜달라고 했다. 너무 안타까웠다. 내가 나오고 나면 목사님이 그 병실을 방문했는데 나는 궁금했다. 목사님에게는 무슨 말을 할까? 목사님은 환자가 살려 달라고 한다고 했다.

　한 연구에 의하면 사람은 누구나 죽음에 이르면 이를 수용하는 네 가지 단계를 경험한다고 하였다. 처음에는 거부를 하고 화가 나고 다음에는 무력감으로 인한 우울증이 오고 마지막엔 이를 자연현상으로 담담하게 받아들인다는 것이다. 어느 단계에서 임종을 맞는 환자를 보느냐에 따라서 외견상 도가 높아 보이기도 하고 얕아 보이기도 한 행동을 보이지만 기실 이런 단계를 대개는 모두 거친다. 그러므로 궁극적으로 어떻게 인간답게 담담한 평화로움을 찾아갈까 하는 자세가 존엄과 연관이 된다고 생각된다. 그러니 이 존엄이란 말을 연명기구를 뽑고 붙이는 일만으로 구분할 일이 아니며, 죽음의 과정에서 존엄스럽게 보이지 않을 수도 있지만 궁극적으로 가져야 할 관점은 결코 그런 것이 아니다.

　위에 예를 들은 종교지도자들은 우리들이 모두 익히 알고 있었던 분들로 그 분들이 고통 속에서도 그렇게 정리를 해 나가는 모습 그 자체를 존엄하다고 보아야 할 것이다. 존엄이란 당사자가 일생을 살고 이만하면 하는 만족과 평온감을 갖고 발을 뻗을 수 있다면 이미 존엄사다. 의학적으로도 과정의 한두 가지 행위를 두고 존엄이다 아니다를 토론할 것이 아니라 정말 우리들이 갖고 있는 인간다운 모든 부분을 함께 토론해서 공감하는 존엄사를 도출해 내었으면 한다.

© 선암스님

유족의 사별슬픔과 사십구재를 통한 치유[*]

❋ 이범수

인간은 애착하던 대상과 별리別離하면 슬퍼하고 그 사실을 부인하고 혹은 애달파하며 분노한다. 이것은 곧 상실의 괴로움으로 부처님이 중생을 깨우치기 위해 설하신 사고四苦 중 애별리고愛別離苦이다. 우리들이 사랑하여 정든 애착의 대상과 더 이상 만날 수 없게 되는 죽음의 상실을 겪게 되면 우리 가슴에는 지울 수 없는 상처들이 남게 된다. 일반적으로는 애착하던 대상의 상실 곧 죽음, 애인의 변심, 이혼, 실직, 사회적 갈등, 파산, 전쟁, 재앙 등에 의해 쓰라

---

[*] 이 글은 〈사십구재에서의 유족심리 치유 촉진방안〉(한국불교학회 49집, 2007)을 수정 보완한 것입니다.

❋ 바이오 행복 상담소장, 동국대 생사의례학과 강사, 철학박사, 미국 AAPC 공인 심리치료사

린 아픔을 경험하게 된다.

우리 인간에게 죽음으로 인한 상실감은 일생을 통하여 반복적으로 타자의 죽음을 경험하면서 다가오게 된다. 그 경험은 불안과 두려움의 충격을 연속적으로 가하지만 우리는 그 죽음으로 인한 상실의 충격이 우리에게 어떠한 멍울을 남겼는지 모르고 무심히 살아간다.

애착하던 대상의 죽음 뒤에 남겨져 애도하는 사람들의 가족과 친지들을 유족이라 한다. 유족이라고 해서 오로지 가족만을 말하는 것은 아니며 친지, 애인, 친구, 동료, 심지어는 애완견을 기르던 주인도 될 수 있다. 어떤 대상과 죽음 등의 이유로 별리別離하게 되어 그 둘 사이의 사회적·문화적·심리적 변화가 일어나 남겨진 상대방이면 누구든 가능하다. 그런 면에서 여기에서 말하는 유족이란 애착하던 대상과의 별리로 힘들어 하는 사람들이라고 이해할 수 있다. 그 중에서 애착하던 대상과 현실의 시간과 공간에서 다시는 재회할 수 없는 죽은 이와의 별리는 우리를 가장 절망케 한다.

이와 같이 애착하던 대상과의 애끓는 별리는 부처님 당시 애린愛隣하던 아이를 상실한 어머니의 깊은 슬픔을 치료해 준 부처님의 가르침으로 《잡아함경》의 한 부분에 소개되어 오고 있다.

이 글의 전반부에 그 내용을 실어 유가족에 대한 실재의 이해를 돕고자 하며, 이어서 그 예를 현대 유족 심리학적 시각으로 각색한 글과 비교해 보면서 유족 심리에 대한 이해를 촉진하고자 한다. 후반부에는 위의 유족 심리를 위해서 지금까지 영가의 극락왕생을 빌어주는 시각으로 이해했던 '사십구재'가 유족의 마음을 달래 주기 위해서 존재해 왔으며 그러한 '사십구재'가 유족들의 마음을 어떻게 달래 주는지 살펴보고 그를 위한 좀 더 효과적인 방법에는 어떤 것이 있는지 알아보고자 한다.

유족 심리

유족들은 애착하던 대상의 상실로 감정적·인지적·신체적 충격을 받게 된다. 유족이 겪는 증상으로는 다음과 같은 것들이 있다.

그들은 감정적으로는 슬픔·분노·죄책감·자기 비난·불안·외로움·피곤함·무력감·쇼크·그리움·해방감·안도감·멍함 등을 느끼게 되며, 인지적으로는 불신·혼란·몰두·망자의 현존·환각현상 등이 보이게 되고, 신체적으로는 위가 텅 빈 느낌·가슴이 답답함·목이 답답함·소리 과민 반응·비현실감·숨 막힘·에너지 부족감·입 안의 마름 현상 등을 겪게 된다.[1]

이와 같이 사별에 의한 상실은 사람들에게 심리적으로 그리고 신체적으로도 큰 충격을 가하므로 유족들에게는 특히 이 시기는 격심한 증상들을 감내해야 하는 매우 힘든 기간이 될 수 있다.

---

1 William Worden, 〈*Grief Counseling and Grief Therapy*, Third Edition〉 (Springer Publishing Co, 1991), pp.11~16.

소승 계율인 《십송률十誦律》에서도 미친 사람이 되는 다섯 가지 까닭은 친척이 모두 죽은 까닭, 재물을 모두 잃어버린 까닭, 농토나 직업이나 노비를 잃어버린 까닭, 사대四大(地·水·火·風)가 착란을 일으킨 까닭, 전생의 업보로 미치는 것[2]이라고 하여 상실에 의한 슬픔과 좌절, 분노 등은 너무 충격적이라 사람을 미치게 만들 정도로 강렬하다고 하였다.

일반적으로 상·장례를 치르고 삼우제三虞祭나 칠·칠재를 거치는 동안 유족들의 애통함은 매우 절절하다. 대부분의 유족들은 죽음을 접했을 때 ① 충격과 불신 ② 해체와 혼란 ③ 변덕스러운 감정 ④ 죄책감 ⑤ 상실과 외로움 ⑥ 안도 ⑦ 재기의 과정을 거친다.[3] 유족들은 통렬한 고통의 단계에서 회복의 단계로 나아가는데 유족에 따라서 심한 고통을 드러내거나 숨기기도 하고 그 기간이 비정상적이고 장기적으로 발전하는 경우도 있다. 특히 관계가 각별한 유족의 사별 슬픔은 통렬할 것이며, 이러한 비통한 심정은 적절한 과정을 거쳐 해소되지 않으면 해당 유족에게 매우 위험한 후유증을 남기게 될 것이다.

S. Freud는 사랑하는 사람이 사망했을 때 애도 과정mourning process, grief reaction 연구를 통해 상실된 대상 또는 상실했다고 생각되는 대상을 향한 양가감정ambivalence이 내재화되어 병적 애도가 나타

---

2 《十誦律》卷第57 (大正藏 23 律部二), 424b쪽.
　"佛言 有五相名狂人. 親里死盡故狂. 財物失盡故狂田業人民失盡故狂 惑四大錯亂故狂. 惑先世業報故狂."

3 Gere B.Fulton/ Eileen K. Metress, *Perspectives on Death and Dying*, (Jones and Bartlett, 1998) p.352.

난다고 하였으나 죽은 이에 대한 긍정적·부정적 감정이 현실적 균형을 이루어 자신의 고유한 역할, 가치관에 대해서 명료하게 재인식하게 되면 손상받은 자존심이 회복되어 우울증에 빠지지 않게 된다[4]고 하였다. 더 나아가서 우리가 유족 특유의 심리와 유족이 애도하는 과정을 깊숙이 이해한다면 그를 바탕으로 유족들로 하여금 사별을 어떻게 극복할 것인지, 그리고 타자의 죽음을 통해서 그들의 자성自性을 어떻게 성장시키고 깨달음에 도달할 수 있는 방향으로 나아가도록 도움을 줄 수 있게 된다.

끼사 고따미 비구니와 유족심리

다음은 석가모니 부처님 당시 설법과 일화를 모아 만든 《잡아함경》에 나온 '끼사 고따미 비구니'에 관한 이야기이다. 이 일화는 어린 자식과 사별하고 혹독한 슬픔으로 괴로워하다 미쳐 버린 한 어머니가 부처님의 도움으로 사별의 슬픔을 극복하고 무상을 깨달아 아라한과를 성취했다는 인생 역정을 묘사한 것이기도 하다. 경의 해당 부분을 살펴보면 다음과 같다.

그녀는 '고따미'라고 불리었으며, 몸이 야위었기 때문에 '끼사 고따미(여윈 고따미)'라고 알려졌다. 사람들은 결혼한 그녀를 별 볼일 없는 집안의 딸이라고 경멸했다. 하지만 그녀가 아들을 낳자 아들 덕분

---

4 민성길, 《최신 정신의학》(일조각, 2006) 279쪽.

에 존경을 받게 되었다. 그러나 불행하게도 그녀의 아들은 허겁지겁 달리고 사방으로 뛰어놀았고 그러던 중에 갑자기 죽어 버렸다.

그녀는 너무나 슬픈 나머지 미쳐 버리게 되었다. 그녀는 '내가 시집와서는 별 볼일 없는 집안 출신이라고 무시당했었는데 아들을 낳은 후로는 존대를 받을 수 있었다. 그러나 그 아들은 죽었고 사람들은 내 아들의 시체를 바깥으로 내던져 버리려고 할 것이다'라고 생각하자 미친 나머지 죽은 아들을 등에 업고 "내게 아들을 살릴 약을 주시오" 하며 도시의 집집마다 돌아다니기 시작하였다. 그러자 사람들은 "도대체 약을 어디에서 구하냐"라고 대답했다. 그러나 그녀는 그들의 이야기를 이해하지 못했다. 그런 그녀를 보고 한 현자가 생각하기를 이 여자는 아들에 대한 슬픔으로 마음이 혼란해졌으므로 오직 부처님만이 이 여자를 낫게 하기 위한 약을 아실 것이라고 생각하고 "여보시오, 당신 아들을 살릴 약을 완전히 깨달은 분께 가서 물으시오"라고 말해 주었다.

끼사 고따미는 세존께서 법을 가르치실 때 정사로 가서, "아들을 살릴 약을 제게 주십시오. 세존이시여"라고 말씀드렸다. 스승께서는 그녀에게 "도시에 들어가서 이전에 식구 가운데 죽지 않은 이가 있는 집이 있다면 그곳으로부터 흰 겨자씨를 가져오라"고 말씀하셨다. 그녀는 "좋습니다. 대덕이시여"라고 만족해 하며 도시로 들어갔다. 첫 번째 집에 가서 "내 아들을 위한 약으로 스승께서 말씀하신 흰 겨자씨를 주시오" 하면서 "이 집에 전에 누군가 죽지 않았다면 흰 겨자씨를 주시오"라고 말했다.

한참을 다니던 그녀는 '누가 여기 죽은 이들을 헤아릴 수 있는가?

흰 겨자씨가 과연 무슨 소용이 있는가?'라고 생각하며 두 번째, 세 번째 집에 간 후에, 부처님의 위신력으로 정신이상 증세가 사라지고 제정신으로 돌아와 생각했다. '모든 도시에 이것이 정해진 법칙이 될 것이다. 이것은 유익에 대한 연민을 지닌 세존께서 보이셨던 것이다'고 혐오심을 얻고 그곳에서 밖으로 나와 아들을 묘지에 내버리고 게송을 말했다.

이것은 마을의 법, 작은 마을의 법도 아니고
이것은 한 가정의 법도 아니다.
천신을 포함한 모든 세계의 이 존재[법]는
항상하지 않는다는 것이다.

이와 같이 말하고 스승에게 가까이 갔다. 그때 스승께서 "그대, 고따미여. 흰 겨자씨를 얻었는가?"라고 물으셨다. "대덕이시여, 흰 겨자씨에 관한 일은 끝났습니다. 저는 확고하게 되었습니다"라고 말씀드렸다. 그때 스승께서는 그녀에게 게송으로 말씀하셨다.

큰 폭류가 잠든 마을을 휩쓸어 가는 것처럼
죽음은 아들과 가축에 집착하고, 갈망을 소유한 사람을 휩쓸어 간다.[5]

---

5 담마빨라 스님 지음, 백도수 역주, 《위대한 비구니- 장로니게 주석》 (열린경전, 2007) 287~289쪽.

그녀는 게송이 끝나자 서 있는 채로 예류과를 성취하여 스승께 출가를 요청했다. 그러자 스승께서는 출가를 허락하였다. 그녀는 스승을 오른쪽으로 세 번 돌아서 예경하고, 비구니의 거주지에 가서 출가하였다. 그런 후 구족계를 얻어 오래지 않아 올바르게 사유하여 수행하면서 위빠사나를 증장했다. 그때 스승께서는 그녀에게 게송으로 가르침을 주셨다.

백년을 살면서 죽지 않음의 경지를 보지 못하는 것보다
하루를 살아도 죽지 않음의 경지를 보는 것이 더 낫다.

그녀는 게송이 끝나자 바로 아라한과를 성취하였다.

위의 '끼사 고따미 비구니'에 관한 부분을 보게 되면 누구든 특히 아이를 가진 부모들은 가슴이 아파 오는 것을 금할 수 없을 것이다. 비록 끼사 고따미 비구니가 부처님의 위신력을 입고 깨달아 결국에는 아라한과를 성취하게 되었지만, 아이를 잃은 어머니인 유족이라는 관점에서 보게 된다면 그 상실의 슬픔이 얼마나 쓰라리고 컸을 것이며, 겪은 고통이 얼마나 깊었으면 미칠 지경에 이르게 되었을까 하는 동정과 연민의 정을 금할 수 없는 것이다. 그러나 다른 한편으로 이 이야기는 유족에게 나타내는 전형적인 심리 행태에 대한[6] 관찰을 가능하게 해 준다.

---

6 William Worden, *ibid*, pp.11~16.

현대의 유족심리와 사십구재

위의 끼사 고따미 비구니의 예에서 우리는 사별의 슬픔이 유족에게 주는 충격과 영향 그리고 사별을 애도하는 과정 중 유족에게 나타나는 반응을 볼 수 있다. 위의 예로 사용된 경의 내용을 독자들의 이해를 위해 다음과 같이 현대 유족의 심리적 관점에서 현세에 일어난 상황으로 각색하여 재구성해 보았다.

이를 통해 사별로 인한 다양한 감정·인지·행동·신체적 증상의 반응들을 현대인들은 어떻게 표현하고 처리하는지 좀 더 쉽게 이해할 수 있을 것 같다. 참고로 위에서 언급된 끼사 고따미를 아래의 예에서는 '고소미 보살'로 대치시켰는데 '보살'이란 용어는 현대 한국의 불교계에서 여성 불자를 일반적으로 일컫는 개념으로 이야기를 극화하기 위한 명칭으로 대신한 것이다.

그녀는 '고소미苦少美'라고 불리었으며, 한 남자와 연애 결혼하여 재력과 인맥이 괜찮은 집안으로 시집가게 되었지만 시집식구들은 그녀의 친정이 별 볼일 없다고 수군거리고 무시했다. 그러나 몇 년이 지나 시부모가 오매불망하던 금 두꺼비 같은 손주 '애린愛隣'을 낳자 시부모는 그녀를 맏며느리로 떠받들기 시작하였다. 고소미 보살은 그 집안에 대를 잇는 바람에 시집에서 입지가 바뀌어 당당하게 살 수 있게 되었고, 다른 시집식구들로부터 존경도 받게 되었다.

그녀의 아들 애린愛隣은 잠시도 가만있지 않고 이리저리 뛰어다니며 노는 활달한 아이였다. 그렇게 잘 자라던 아이가 불행하게도 어느 날 원인 모를 유아돌연사 증후군(SIDS : Sudden Infant Death Syndrome)으로 죽어 버렸다. 그녀는 너무도 큰 충격으로 거의 실성하는 지경에 이르게 되었다. 그녀는 어제까지 생생하던 아들 애린의 죽음을 도저히 믿을 수 없었으며, 부인하였다.

그녀는 망연자실茫然自失하여 ‘그동안 내가 시집올 때부터 시집식구들은 나의 친정이 별 볼일 없다고 무시했는데, 손이 귀한 이 집안에 아들 애린이를 낳은 덕분에 나를 우습게 대하는 일도 줄어들고 가족의 일원으로서 인정도 받을 수 있게 되었다. 그러나 그 아들이 이제 죽어 버렸기 때문에 사람들은 다시 나를 예전처럼 무시하고 냉대할 것이다. 그리고 그들은 내 아들 애린을 차디찬 땅속에 묻어 버리려고 내게서 빼앗아 가려 할지도 모른다’ 생각을 하며 매우 혼란스러워 했다. 그녀는 멍하니 주저앉아 계속해서 “애린이는 죽었을 리 없어, 그냥 자고 있는 거야”라며 혼잣말을 중얼거리고 아들의 죽음을 믿으려 하지 않았다. 그녀는 점점 미칠 지경에 이른 나머지 혼돈에 빠져 드디어 “내 아들을 살려 주시오”라며 주변 사람들에게 애걸하며 발광하기 시작하였다. 그녀가 울부짖으며 남편과 식구들에게 절대로 장례식을 치를 수 없다고 저항하자 그녀의 상태가 매우 심각한 것을 보고 장례를 진행할 수 없었다.

고소미의 친정에 대한 배경이 암시하듯이 그녀에게 아들 애린의 존재는 너무도 사랑스런 존재였음은 물론 그녀를 주위의 냉대에서 벗어날 수 있게 해 주고 가족 내 지위의 상승과 유지를 가능하게 해 주던 방호목과 같은 존재였다. 그녀에게 아들 애린을 잃는 것은 사랑하는 대상을 잃는 것뿐 아니라 아이를 통한 남편의 사랑과 시부모의 총애, 즉 사회적 지위를 잃는 것이었다.

　고소미는 쇼크 상태에서 자신의 존재의 안위에 대한 극심한 불안에 떨며 자신을 보호하기 위하여 울부짖으며 미쳐서 돌아다니기 시작하였으며 아들의 시신을 매장하지 못하게 하였다. 그녀는 얼이 빠진 듯이 보였으며 통 아무것도 먹으려 하지 않았다. 가끔 윗배가 텅 빈 것 같았으며 목이 메이기도 했고 가슴이 쥐어짜듯이 답답하여 가슴을 치기도 했다.

　때로는 아이가 바로 옆에서 그녀를 부르는 것같이 느껴져 혼잣말을 하기도 했다. 오후 유치원이 끝날 시간이 되면 그녀는 아들 애린이 금방이라도 문을 열고 뛰어들어와 자신의 품을 파고 들 것 같아 그때가 되면 보고 싶어 몸부림쳤다. 그녀는 혹시 아들이 길을 잃어 밖에서 못 들어오고 있을지 모른다는 생각이 들기도 하고, 애가 "엄마" 하고 부르는 소리가 들리는 것 같아 거리로 나섰다. 그렇게 걷노라면 자신의 몸이 공중에 떠다니는 것 같았고, 자신이 어디로 향해 걷는지도 잘 몰랐다.

　아들 애린의 죽음을 믿지 않는 고소미는 실낱같은 희망이라도 잡기 위해 죽은 아들을 되돌릴 수 있는 방법이 있다고 믿었고 혹시 그러한 방법이나 약이 있는지 골몰하여 남편과 주변 사람들에게 구해 줄 것을 요구하였다. 고소미의 남편은 이러한 아내의 모습을 보고 혹시 정신병원에 입원을 시켜야 하는 것이 아닌가 당황해 하였다. 친정 식구들을 비롯한 주변 사람들도 "도대체 이 세상에 그런 것을 어디에서 구할 수 있겠어?"라며 그녀가 미쳤다고 생각했지만 고소미가 아들의 죽음으로 정신착란에 빠졌다는 것을 이해하였다. 그리고 그녀에게 어느 보리菩提산에 계시는 '시원해' 큰스님이 고소미를 낫게 해 줄 방도를 아실 것이라고 생각하고 "고소미, 도가 높으신 시원해 스님이라고 계신데 그 큰스님께서는 당신 아들을 살릴 약이나 방법을 혹시 아실지 모르니 찾아가 보면 어떻겠소?"라고 말해 주었다. 그러자 고소미는 허겁지겁 시원해 스님이 계신 보리산을 찾아가서 "큰스님, 제 아들을 살려낼 방도를 제발 가르쳐 주세요"라고 애걸하였다. 시원해 큰스님께서는 고소미의 슬픔을 아시고 "사랑하는 아들을 잃으셔서 얼마나 애통하시겠습니까?"라며 깊이 위로해 주었다. 그러면서 "고소미 보살, 동네로 가서 어떤 집이든지 이전에 죽은 이가 없는 집이 있다면 그 증명으로 그 집에서 깨소금을 한 움큼 얻어 오세요. 만약 그렇게 해서 깨소금을 얻어 온다면 내가 그 깨소금으로 그 아이를 살려내도록 해 보겠습니다"라고 약속하였다. 그녀는 "좋습니다. 스님!" 하고 너무도 기뻐하며 동네로 가서 깨소금을 얻으러 이집 저집 방문하기 시작하였다.

고소미는 문을 두드리며 "혹시 이 집안에 전에 누군가 죽은 일이 없다면, 내 아들을 위한 약으로 시원해 스님께서 말씀하시는 깨소금을 좀 주세요!"라고 부탁하였다. 그러자 첫 번째로 방문한 집의 철수 엄마가 나와 실성한 고소미의 모습을 보고 불쌍히 여기면서 "애 엄마, 얼마나 상심이 크시겠소, 나도 예전에 6살 된 첫째 아이를 잃었을 때 가슴이 찢어지는 것 같아 한 5~6년 어찌할 바를 몰랐다오. 아직도 그 얼굴이 삼삼해요, 이리 들어와서 꿀물이라도 한잔 드시우"라고 하며 고소미의 사연을 들어주며 안아 주고 위로해 주었다. 고소미는 철수 엄마의 품에 안겨 엉엉 함께 실컷 울었다. 고소미가 방문한 두 번째 집의 영희 엄마도 "애 엄마 이야기를 들어 보니 얼마나 불쌍한지… 얼마나 가슴이 아프겠어?"라면서 손을 잡고 따뜻이 위로해 주었다. 세 번째 집 만수네 집에서는 작년에 교통사고로 만수를 잃었다며 고소미의 얘기를 듣자 만수 어머니는 아들이 생각나는지 한숨만 푹푹 쉬면서 자기는 만수 생각에 목이 메여 아무 말도 못하겠다고 맥없이 돌아서 버렸다. 네 번째 집의 영자 엄마는 재작년 돌아가신 자신의 친정엄마가 생각난다며 고소미의 친정엄마가 딸의 이런 모습을 보면 얼마나 가슴 아프시겠냐고 동정하며 가슴 아파했다.

그런데 실성한 고소미는 이렇게 다니면서 따뜻한 위로를 받다 보니 슬픔이 가라앉는 것을 느낄 수 있었다. 신기하게도 고소미는 그들에게 자신의 미칠 것 같은 슬픈 마음과 사연을 털어놓고, 또 그들의 위로의 말을 듣고 반응을 받아 보니 한결 마음이 가벼워지는 것 같았다. 그러면서 점점 고소미는 그들에게도 하나같이 사별의 슬픔이 가슴에 응어리져 있는 것을 깨닫기 시작했다. 고소미는 "아! 나도 그렇지만 나만큼 아픈 사연을 가진 사람들이 이렇게 많은 줄 몰랐구나. 안 그런 사람이 없네. 그들도 얼마나 가슴이 아팠을까? 철수 엄마와 영자 엄마가 나를 안아 주고 내 손을 잡으며 울어 주었을 때 나의 가슴에서 미칠 것 같은 슬픔이 빠져나가고 답답한 가슴이 좀 시원해지는 것 같았어"라고 혼잣말을 하였다.

그렇게 아무리 다녀 봐도 큰스님이 말씀하신 깨소금은 구할 수 없었다. 고소미는 "죽은 이가 없는 집은 없는 것 같아, 누가 그런 집을 찾을 수 있겠어?, 이것은 애초에 가능한 일이 아니잖아. 시원해 스님께서 뭔가 딴 뜻으로 얘기하신 게 아닐까? 그 깨소금이 죽은 사람을 살리는 데 무슨 소용이 있겠어?"라고 현실을 자각하기 시작하였다.

결국 고소미는 빈손으로 시원해 큰스님을 다시 뵈러 보리산으로 올라 갔다.

고소미 보살은 제 정신으로 돌아와 차분히 가라앉은 마음으로 시원 해 큰스님께 "큰스님, 사람이 죽지 않은 집은 없었습니다. 다들 저처 럼 아픈 마음을 가지고 세상을 살아간다는 것을 깨달았습니다. 하지 만 무엇보다도 소중한 것은 제가 그들로부터 따뜻한 위로와 격려를 받음으로써 제 비통한 마음은 한결 가벼워졌습니다. 이제 내려가서 아이의 장례를 치르겠습니다. 감사합니다"라고 인사한 후 아들 애린 의 장례식을 정상적으로 치렀다.

이상의 두 이야기에서 끼사 고따미와 고소미 보살의 아들은 자식 이상의, 자신의 안위를 보장해 주던 애착의 대상이었다. 그들은 애 착 대상으로 부모들의 심중에 그 존재가 자리 잡기 시작한 나이에 사망했다. 그들은 부모의 많은 도움이 필요한 유아의 시기에 그것 도 돌연히 사망함으로써 부모에게 실성失醒할 만큼의 충격을 주었 다. 여러 죽음에 의한 상실 중 아이의 죽음은 사람들에게 심한 충격 을 주게 되며 그중에서도 취학 전 연령의 아이의 죽음은 무엇보다 심각한 타격을 부모에게 가한다.

고소미 보살에게 아들의 죽음은 상실로 인한 충격을 가하는 것뿐 아니라 아들의 존재를 통해 획득되고 유지되었던 자신의 사회적 지 위가 추락할 것에 대한 우려와 두려움, 그리고 그렇게 될 수밖에 없 는 자신의 처지에 대한 분노를 가지게 되었을 것이다. 그녀는 다중 상실multiple loss의 충격이 촉발될 위기를 맞게 된 것이다. 고소미

보살에게 아들은 자신의 방호목이었으므로 아들 애린의 죽음은 자
신을 멍한 상태로 만들었음은 물론 죽음의 사실은 절대로 믿을 수
없고, 받아들이고 싶지도 않은, 부인하고 싶은 일이었다. 아들의 장
례식을 치르는 것은 그녀로 하여금 아들을 포기하고 아들의 죽음을
인정하는 것이었다. 아들의 죽음을 받아들이는 것은 곧 자신의 생
을 포기하는 것이라고 여겨졌기 때문에 그녀는 너무 불안하고 두려
웠다. 그녀는 자신이 애착했던 것들을 아들의 죽음에 휩쓸려 놓칠
것 같았기 때문이었다.

　그러나 고소미 보살이 시원해 큰스님의 말에 따라 아들 애린을
다시 살려 낼 것으로 기대하며 다른 이웃들에게서 깨소금을 얻으려
하던 중 그녀는 사별을 경험한 다른 유족들의 공감과 위로를 받게
되었다. 그로 인해 불꽃같이 일어났던 사별의 감정들이 서서히 잦
아들고 현실을 자각하는 계기를 맞게 된다. 다른 아이를 잃은 경험
을 가진 부모 유족들이 '나의 자식도 죽었어, 나는 보고 싶어도 다
시는 그 애를 보지 못해'라고 슬퍼하며 말할 때 고소미 보살은 자신
의 아이가 죽었다는 사실을 부인하면서도 한편으로는 엄연한 현실
로 인식하는 과정을 거쳐 수용하게 되었다. 이러한 과정은 충격을
감소시키면서도 죽음의 사실을 수용하는 고통을 반복되게 한다. 그
러면서도 거리에서 놀고 있는 아이들을 보면 스스로에게 "내가 어
떻게 내 아이가 죽은 것을 잊을 수 있겠니"라고 자문하며 죽음이
일어난 현실에 저항한다.

　끼사 고따미에게 가르침을 통해 정신이상을 사라지게 한 부처님
은 끼사 고따미가 격심한 충격을 준 아들의 상실을 극복하고 아라

한과를 획득하게 하였다. 이 과정에서 우리는 세존께서 끼사 고따미의 거주지를 확인하고 자신이 살던 친숙한 환경으로 돌아가게 해서 많은 사람들을 접촉하게 하며 사회적 지지망을 얻도록 유도한 점을 볼 수 있다.

끼사 고따미는 고소미 보살의 예를 통해 각색하여 설명된 바와 같이 흰 겨자씨를 얻으러 다니면서 방문한 집의 사람들에게 자신의 사정을 설명하며 자연스럽게 자신의 감정을 토출해 낸 것으로 보인다. 상식적으로 그녀를 대응해 주는 사람들 사이에서 공감과 위로의 대화가 이어졌을 것에는 의심의 여지가 없다. 더욱이 당시의 열악한 의료상황에서는 영아 생존율이 매우 낮았을 것이므로 많은 유아의 사망을 경험한 부모로서의 동병상련은 유족인 끼사 고따미에게 사별의 슬픔으로부터 회복함에 필수적인 사회적 지지망[7]을 제공하고 안정을 되찾게 하였을 것이다. 이러한 과정 중에 일어난 반복적인 감정 표출은 자연스럽게 사별과 관련된 격앙된 감정 수위를 낮추면서 그녀로 하여금 균형감 있는 판단력이 회복될 수 있도록 해 주었을 것으로 보인다.

끼사 고따미는 이어서 죽음은 흰 겨자씨와 같이 무수히 일어나는 것이고, 부처님이 말한 흰 겨자씨는 구할 수 없는 것으로, 세상은 무상한 것이어서 아들의 죽음은 돌이킬 수 없는 것이라는 것을 깨닫고 자식에 대한 애착을 끊어 아이의 시신을 포기하고 아라한 도를 얻게 된 것이다. 자식의 죽음을 통하여 무상의 도를 깨닫게 되었

---

7 William Worden, *ibid*, p.55.

지만 여기서 우리가 주의할 것은 끼사 고따미와 같은 유족의 심리
는 부처님이 한 것처럼 적절하게 관리되어야 한다는 것이다.

유족이야말로 격심한 변화를 겪는 과정에서 무상無常을 뼈저리게
경험하는 순간에 있는 사람들이므로 이들에게 적절히 이와 같은 진
실에 대해 자각시킨다면 미칠 지경에 이르는 별리別離의 괴로움이
짧은 찰나에 깊은 깨달음으로 전변轉變하는 순간이 될 수 있을 것이
다. 이를 위한 유족의 사별의 슬픔을 적절히 관리하여 치유하는 방
안에 대해 생각해 보자.

유족의 사별 슬픔의 치유

인간은 타자의 죽음으로 그 존재를 간접 경험하며 좀 더 뼈저
리게 죽음을 인식할 수 있게 된다. 그러한 죽음의 인식은 죽음의 사
실을 확연히 인지하고 일어난 사실을 인정하고 수용하는 단계를 거
쳐 이후의 정상적인 일상의 생활로 복귀하는 것에 필수불가결한 요
소가 된다. 그러나 이러한 복귀는 유족이 사별을 애도하는 과정의
단계를 필수적으로 거쳐야 일어날 수 있게 되는 것으로 유족의 입
장으로서는 용이하게 도달할 수 있는 것은 아니다. 따라서 유족들
은 사별의 과정을 극복하고 현실로의 복귀를 위해서는 다음과 같은
과업을 이루어 내야 한다.

그 첫 번째 과업으로는 상실의 현실을 받아들이는 것이다. 누군

© 김종갑

가가 죽었을 때, 비록 그 죽음이 예기된 것이라 해도 사람들은 항상 그것이 일어나지 않았어야 한다는 느낌을 가지고 있다. 따라서 이 첫 번째 과업은 '그 사람은 죽었다' '그래서 다시는 돌아오지 못한다'라는 현실과 직면하고 받아들이는 것이다.

유족들에게 이와 같은 죽음이 발생한 현실의 수용은 이생에서는 망자와 다시 만나는 것이 불가능하다는 사실과 연결되는 것이기 때문에 그들로서는 받아들이고 승복하기 어려워진다. 상실의 현실을 수용하지 않는 것은 엄연한 사실을 부인否認하는 것을 말한다. 이들은 초기의 사별을 애도하는 과업에서 죽음이 일어난 현실을 부인함으로써 사별을 애도하는 첫 번째 과정에서 옴짝달싹 못한다. 상실의 현실을 수용하는 것은 인지적 수용뿐 아니라 정서적 수용을 포함하는 것이므로 시간을 필요로 한다. 유족은 이러한 과업을 달성하고자 노력하면서도 한편으로는 상실의 사실에 대한 수용과 부인을 반복하게 된다.

두 번째 과업으로는 사별 슬픔의 고통을 겪으며 이 상실이 발생한 현실을 경험해 가야 하는 것이다. 깊은 애착 대상을 적정한 아픔을 경험하지 않으며 떠나보낸다는 것은 불가능하다. 그런 만큼 유족들에게 엄습한 사별의 고통을 감내한다는 것은 그리 만만한 일이 아니다. "산 사람은 살아야지, 고인도 당신이 이렇게 힘들어 하는 걸 원하지 않을 거야!"라고 하며 사별 슬픔의 필요를 부인하도록 유도하는 사회적인 분위기나 개인적인 억압에 의해 이러한 고통을 느끼고 감내하는 것을 회피한다면 유족들은 정서적으로 혼란을 느끼게 될 것이며 사별의 애도는 지연되거나 잠복될 수 있다.

망자를 지나치게 이상화하거나 망자의 생각을 회피하는 것, 알코올 등의 약물을 사용하는 것은 사람들이 사별을 애도하는 두 번째 과업인 고통을 감내하며 애도하고 망자를 떠나보내는 것을 막는 것 중 하나이다. 사별 슬픔을 애도하며 고통을 감내하는 과정은 유족들이 사별을 애도하는 과정을 촉진시켜 그들로 하여금 평생 동안 사별의 고통에서 벗어나게 하는 매우 중요한 과정이다.

일반적으로 사별을 애도하면서 불안, 분노, 죄책감, 그리고 고독감 등을 느끼며 고통스러워하는 것을 정신불안의 개념으로 생각하려는 경향이 있다. 그러나 이러한 감정들은 유족들이 경험해야 하는 정상적인 감정들이다.

세 번째 과업으로는 고인을 잃은 환경에 적응하는 것이다. 애착 대상을 상실한 후의 유족이 새로운 환경에 적응한다는 것은 자신의 변화된 내적 환경, 그리고 변화된 외적 환경, 또 달리 변화된 영적 환경에 적응하는 것이다. 이 중 외적 적응은 다른 사물과 사람에 대한 것을 의미하며, 그 적응 여부는 고인과 어떠한 관계였나 하는 부분과 고인이 했던 다양한 역할에 달려 있다.

유족들은 대개 고인에 의해 행해졌던 모든 역할들을 상실이 일어나고 일정한 시간이 지나서야 깨닫게 된다. 많은 유족들은 새로운 방안을 개발해 대처해야 하고 기존에 고인에 의해 수행돼 오던 역할들을 자신들이 감당해야 하는 것을 원망하게 된다.

유족들에게 결국 도움이 될 수 있는 이와 같은 상실을 재정의하도록 하는 대응 전략은 흔히 성공적인 세 번째 과업 완성의 한 부분이 된다. 유족은 자신의 자존감이 입은 적나라한 상처에 고통스러워할 수 있다. 유족들은 스스로를 무기력하고 부적절하고 무능력하고 유아적이고 인격적으로 파산상태인 것처럼 간주하며 심각한 우울증에 빠질 수도 있다. 유족들이 그들의 삶에서 방향감각을 상실하게 되는 것은 이상한 일이 아니다. 이러한 일들은 특히 돌연사나 요절일 경우에 더욱 심하다. 그러나 모든 죽음이 개인의 기본 신념을 흔들지는 않는다. 영국의 저명한 사별심리학자 바울비는 고인이 없는 세상에 성공적으로 적응하는 것이야말로 이 과업을 달성하는 것으로서 유족의 변화된 환경에 대한 인식을 향한 성장을 이루거나 유족의 구체적 모델에 대한 수정을 하거나 또는 유족이 인생의 목표를 재정의定義하게 하거나 그 유족이 풀 수 없는 딜레마에 포로로 잡힌 유보된 성장의 상태를 그 결과물로 나타낸다고 하였다.

네 번째 애도의 과업은 고인을 감정적으로 재배치하거나 유족들이 고인과의 삶을 같이 살아나가는 것이다. 프로이드는 "애도를 수행하는 것은 매우 정교한 정신적 과업으로 그 기능은 고인으로부터 유족의 희망과 기억을 떼어 내는 것"이라 하였다. 그러나 클라스와 그의 동료들은 유족들은 죽음으로 인하여 고인에 대한 특별한 감정을 제거하는 것이 아니라 고인과의 '지속적인 결합'을 발전시키는 새로운 방법을 찾고 있는 것이라고도 하였다. 사별을 애도하는 자로 하여금 세상에서 고인을 배제하지 않는 방법으로 살아나가면서 고인과 연결되어 살아가는 것이다. 슈흐터와 지숙은 유족이 새로운 관계로 진입하기 위한 준비상태는 고인을 '단념'하는 것이 아니라 사별을 애도하는 유족 삶의 심리적 일부분에서 죽은 배우자를 위한 적절한 공간을 찾아내는 것이라고 하였다.

상담자의 과업은 따라서 유족들이 고인과의 관계를 단념하도록 도와주는 것이 아니라 유족들이 고인과의 정서적인 관계를 유지하며 삶을 살아나가도록 돕는 것이다. 많은 사람들에게는 이 네 번째 과업이 가장 이룩하기 어렵다.

이상과 같은 애도의 과정을 통해 유족들은 현실로 복귀할 수 있게 된다. 이 과정은 유족들이 자신의 힘으로, 혹은 사회적 지지망 등과 같은 주위의 지지를 받으며 혹은 종교적인 체계를 통해 촉진될 수 있다. 이 가운데 고인의 안녕을 보장하는 사후의 세계로 고인을 천도薦度하는 종교 의식들은 매우 정교한 형식으로 오랜 세월을 거쳐 오며 발전되어 왔다. 이들의 절차와 내용은 천도는 물론 유족들이 애도의 과정을 관습의 미명하에 자연스럽게 밟아 나가도록 운영됨으로써 유족들이 거부감 없이 의식이 만들어낸 고유의 세계로

끌어들인다. 이 같은 상황은 유족들이 그 결과에 만족하며 또 한편
으로 유족들을 위무하고 평안을 회복하는 단계로 인도한다.

이러한 불교 의식에는 예수재, 사십구재, 우란분재, 수륙재, 영
산재와 같은 것들이 있으며 이 중 사십구재가 가장 대표적이다. 그
러나 이러한 의미를 함유한 사십구재가 영가와 유족 모두를 위해
시행되어야 하는 재의 참의미가 구현되지 못하면 유족들은 그들이
원하는 망자의 평안과 스스로의 안녕을 온전히 누리지 못하게 된
다. 이를 위해 사십구재와 그 의미를 살펴보자.

사십구재四十九齋와 의미

한국인들에게 타자의 죽음은 저승이라는 사후세계에 대한 개
념을 환기시키게 된다. 저승이란 선대로부터 죽은 영혼들이 거주하
는 곳이며 극락이나 지옥, 천당의 개념으로 후손들과 소통이 가능
한 세계로 인식되는 세계이기도 하다. 물론 전통적으로 유족들은
하늘이라는 절대자에게 고인의 영혼을 무사히 저승으로 귀속歸屬하
게 하고 저승에 안착한 영혼들이 자신들을 해하지 않고 오히려 보
호해 줄 수 있다고 믿으므로 직접 그들에게 제물을 차려 놓고 제사
祭祀를 지내기도 하지만 불교에서는 불보살의 위신력을 간접적으로
구하는 사십구재나 우란분재와 같은 재齋에 의존하게 된다.

사십구재는 의식의 틀framing을 통하여 유족에게 망자라는 심상

의 여전한 존재에 대해 자신의 마음을 표현하게displaying 하도록 유족을 초점화해 주어 변화에 대처하게 하는 도구로서 존재한다. 만일 유족들에게 사별에 대한 대처에 있어서 의도적이며 나름의 시간과 공간의 틀을 경유하게 하지 않는다면 사별을 겪는 유족들에게 상실은 매우 당황스러운 모습으로 다가올 것이다.

다시 말하면 격렬한 심리 역동이 발생하는 당시의 상황을 고려한다면 의식이라는 고정된 고유의 시간과 공간의 틀에 따라 유족들을 체계적이고 자연스럽게 조절해 주지 않는다면 유족들은 그 변화에 적응하는 것에 어려움을 느끼고 애도에 혼란을 겪게 될 것이다. 따라서 죽음이 발생한 이후 일련의 반복적인 일곱 번의 재齋가 실행됨으로써 유족들은 의식의 틀을 통하여 망자와의 만남 즉 죽음의 사실과 연속적인 조우를 할 수 있게 해 준다. 이렇게 구조화된 의식이 만들어 내는 관계를 이용하여 망자를 포함한 유족들 간의 집단적 감정의 전이轉移와 공감共感은 자연스럽게 스스로 사별을 수용하고 애도하는 발판을 마련할 수 있게 된다.

사십구재는 인간의 삶을 생유生有 · 본유本有 · 사유死有 · 중유中有의 네 가지 단계로 분류한 불교의 교설에서 기인한다. 사십구재가 49일 동안의 기간을 설정하게 된 것은 '인간이 죽음을 당해 그 존재가 중유의 상태로 바뀌면서 그 변화된 중유 상태로서의 기간을 49일이라 한다'라는 설에 따른 것으로 보인다. 가장 최초의 유식론 중 하나인 유가사지론瑜伽師地論에 나타난 중유사상의 기록을 보면

사후의 중유가 미래세의 생연生緣을 얻지 못하면 칠 일이 지나야 출

생처의 인연을 얻을 수 있다고 하였다. 그러나 칠 일이 지나도 생연을 결정하지 못하면 그 중유의 세계에서 다시 죽어서 출생하는 등 생과 사를 되풀이하게 된다. 그리고 다음의 이·칠일 동안 출생처를 구하게 되며 그래도 생연을 만나지 못하면 다시 사망하여 동류의 중유로 출생하기도 하고 또 여타의 업력이 가히 전변하여 여타의 중유류 가운데 출생하기도 하는 등 중유기간에도 많은 변화를 초래하게 된다고 한다. 그러나 이와 같이 삼·칠일, 사·칠일, 오·칠일, 육·칠일을 거치는 동안에 생연을 얻지 못해도 마지막 칠·칠일에는 반드시 얻게 된다.[8]

이와 더불어 사십구재와 같은 천도의례를 더욱 공고히 뒷받침해 주는 근거는 《지장보살본원경地藏菩薩本願經》에서 찾아볼 수 있는데 〈이익존망품利益存亡品〉에서 분명히 칠·칠일 내에 골육권속들이 구제해 주기를 바란다고 하고 있으며 사망 후 칠·칠일 내에 선업을 광범위하게 조성하면 모든 중생으로 하여금 악취에서 영원히 이탈케 하고 인간계와 천국의 선도에서 생연生緣을 얻게 되며 수승殊勝한 묘락妙樂을 받게 할 뿐 아니라 현재의 권속도 이익이 무량하게 될 것이라고 하였다.[9] 무상하고 대귀와 같은 죽음이 기약 없이 내도

---

8 彌勒說 《瑜伽師地論》, 卷第一 (大正藏 卷29, 382쪽).
"又此中有 若未得生緣 極七日住 有得生緣 即不決定 若極七日 未得生緣 死而復生 極七日住 如是展轉 未得生緣 乃至極七日住 自此己後決得生 又此中有七日死己 或即於此類生 若由餘業可轉 中有種子轉者 便於餘類中生."
9 是命終人 未得受生 在七七日內 念念之間 望諸骨肉眷屬 與造福力救拔 過是日後隨業受報.

來到하면 무명이 가득하여 어리석은 정신은 죄복罪福을 알지 못하게 되며, 허공에서 중유로서 지내다가 결국 49일 내에 염라대왕으로부터 업과를 변론하고 결정적인 심판을 받은 후에 업력에 의거하여 내세의 생을 받게 된다는 것이다.

우리나라에서 사십구재를 언제부터 거행했는지 정확히 알 수 없으나 신라시대 3·7일에 대한 기록으로 보아 거행된 유례를 찾아볼 수 있으며[10] 고려시대에도 시행한 기록들이 있다. 조선시대에 들어와서는 유교로는 채울 수 없는 백성들의 기복신앙과 조상숭배 및 효사상과의 연계선상에서 여전히 존속해 왔던 것으로 알려진다.

우리나라에서 시행되는 사십구재는 시왕각배재의 형식이 주류를 이루고 있다. 시왕각배재에서는 사람이 죽으면 명부의 시왕에게 가서 생전에 지은 업에 따라 7일마다 7번 올리는 사십구재 기간 중 7대왕에게 심판을 받고 8·9·10대왕에게는 백일·소상·대상에 심판을 받는다고 알려져 왔다.[11] 유교의 상·제례에서는 초상初喪을 치르고 1년 만에 소상小喪, 2년 만에 대상大喪, 그리고 27개월째의 담제禫祭, 길제吉祭를 거쳐 28개월 만에 완전히 탈상하는 과정을 거치게 된다. 이와 같이 사십구재는 시왕경十王經에 근거를 둔 유교의 시왕사상十王思想과 인도의 중유신앙中有信仰에 근거를 둔 두 의식이 중국을 거치며 습합된 것으로 보인다.[12]

---

10 朝鮮總督府, 〈朝鮮金石總攬〉 上卷 1919.
　　鳳林寺 眞鏡大師 凌空塔碑 "寡人勿聆還化 深慟慟情 仍遣昭玄僧榮會法師 先令弔祭 至于三七 特差中使齎送賻資".
11 편무영, 〈시왕 신앙을 통해 본 한국인의 타계관〉 (동양고전연구 제4집, 1995) 317쪽.

사십구재는 대부분 사찰의 공간에서 이루어진다. 이 재는 시련-
대령-관욕-신중작법-상단불공-중단불공-관음시식-봉송의 절차
를 밟으며 진행한다. 사십구재의 일차적 목적은 이러한 의식의 절
차를 통하여 불보살의 가지加持에 의한 영가의 천도이며 이차적인
목적은 영가의 천도를 기원하는 유족들로 하여금 사십구재의 시간
과 공간을 통하여 그들의 상실을 극복하고 상실 후의 변화된 현실
상황에 적응토록 하는 것이다. 이는 사십구일 동안 중유로서의 잔
존殘存을 인정함으로써 사십구재를 통해 유족에게 고인과의 해결되
지 않은 사안을 완결시킬 수 있는 기회를 다시 제공한다는 점에서
그 중요 요인을 알 수 있다.

유족 사별 슬픔과 사십구재를 통한 치유

사십구재라는 의식은 망자와 유족들에게 과거 현재 미래의 시
간들이 통합된 의식 고유의 시간과 공간에서 그들과의 재회를 경험
할 수 있게 한다. 따라서 이 과정은 이미 사망한 과거의 인물인 고
인을 초혼하여 사십구재라는 의식이 설정한 고유의 시간과 공간으
로 그들을 인도하는 과정으로 시작된다.

---

12 미치히나 료오슈우, 〈불교와 유교〉 최재경 역, (한국불교출판부, 1991) 101쪽, 이
   진세 석사논문 재인용 95쪽.

　과거 시간에서의 고인 즉 현재의 시간과 공간에 있지 않는 이들을 불보살의 위신력으로 다시 현세 유족의 곁으로 불러들여 재림再臨하게 하는 것으로 유족들에게는 고인을 위해 더 나은 환경을 제시해 줄 수 있다는 희망을 주게 되는 것이다. 사십구재는 이를 위해 고인들을 초혼하고 사찰로 인도하여 차를 대접하고 씻기고 새 옷을 입히고 부처님의 법문으로 무상을 깨우치게 하고 애착을 거두게 하며, 공양을 대접하는 위무의 절차를 밟게 된다. 불보살의 가피에 힘입어 고인들을 보다 안락한 저승은 물론 극락에까지 인도하는 일대 사인연이 맺어지는 매우 중대한 시간과 공간이 된다.

　유족들은 이를 위해 특별히 맞추어진 시공을 통하여 불보살과 고인 그리고 유족, 삼자 간에 의도적인 관계가 맺어짐을 보게 되고 그 맥락에서 기원祈願하고 고인에 대한 소망이 이루어짐을 경험한다. 이 과정 중에 유족들은 고인과 못 다한 사연들을 해소할 기회를 다시 갖게 되고 고인들이 걸림 없는 마음으로 불보살의 가지加持를 입어 왕생극락하게 됨으로써 안심安心하게 된다.

　사십구재는 고인과 유족들에게 고인의 사망으로 발생한 다양한 유족 스스로의 심리적 변화를 의식의 과정을 통해 볼 수 있게 한다. 고인과 유족간의 애착은 이 재의 절차와 구성을 통해 초점화되고 새로운 차원으로의 변화를 드러내게 한다. 예를 들어 사십구재는 그 틀에서 설정한 과정에 따라 유족의 심상에서의 모든 관심과 주의注意는 임종 순간을 정점으로 고인에게 초점화되었다가 사망 시 분산되기 시작하며 7·7재를 거치는 동안 유족들이 좀 더 죽음의 사실을 수용하면서 변화하기 시작한다. 다시 말해 내적으로 임종 순간 이후 죽음의 사실을 수용하는 과정을 통하여 유족의 마음속에 자리 잡았던 고인의 심리내적 위치가 변화를 갖기 시작하여 다른 위치로 이동되는 것을 말한다.

이러한 변화들은 사십구재의 과정을 통해 나타나는데 천도薦度 대상인 고인의 영가가 인로왕引路王을 시련侍輦하여 법당으로 인도되는 절차, 차를 대접받는 절차를 통해 재림한 존재로서 확연히 유족들의 심상에 살아나며 다시 형성되는 것에서도 그 변화의 기미를 보게 된다. 그리고 병풍으로 둘러싸여 성스러움과 신비로움이 충만된 관욕을 하는 공간에서의 존재의 움직임을 상징하는 의식을 통하여 유족들은 고인의 영가의 연속적인 재림在臨을 경험하게 된다.

영가에게 그 시간은 다시 유족들 곁에 머물도록 공식적으로 허락하는 절차로서 유족들은 고인이 그들 곁에 머물고 있다고 간주하게 된다. 그로부터 사십구 일의 시간은 과거와 현재가 아닌 외부세계와 차단된 그들만의 시간이 되며 생명과 역동적인 힘과 성스러운 감정과 영원한 감정으로 가득 차게 된다.[13] 이처럼 사십구재에 함입된 유족들은 물론 영가도 함께 불보살의 위신력이 충만한 시간과 공간에서 의식으로 정화된 갱신의 힘을 부여받게 되어 각기 새로운 지위를 부여받게 되며 새로운 세계로 출발에 대한 격려를 서로 주고받게 된다.

사십구재의 순서는 막재를 중심으로 크게 4단계로 볼 수 있는데 준비단계, 시작단계, 중간단계, 종결단계로 나눌 수 있다. 그 단계

---

13 Willam, Worden, *ibid*, p.133.

별 과정과 그에 따라 일어나는 유족들의 심리 역동을 살펴보면 다음과 같다.

준비단계

준비단계는 유족들이 사십구재를 치르기 위해 해당 사찰과 계약을 하는 순간부터 시작된다. 유족과 법주는 계약을 통해 재齋의 일자를 확인하고 결정하면서 그 재를 착수하는 심리적인 움직임을 시작한다. 다시 말해 사십구재의 거행을 준비한다는 것은 빈번히 죽음을 부인하고 수용하는 과정에 있는 유족들에게 고인의 죽음을 다시 한 번 수용하고 고인을 망자로서 기정사실화하며 재회를 준비하는 심리적인 작업에 들어가는 것이다.

사십구재의 준비는 기본적으로 재를 거행하는 사찰, 법주, 일시, 일정, 규모, 금전, 준비, 참석인원 등이다. 이러한 항목들을 개별적으로 정리하는 과정도 항상 고인과의 연계성에서 떠나 정리할 수 없다. 예를 들어 유족들은 주위 친지들을 비롯한 참석 가능한 인원들을 접촉하는 과정에서 고인을 사유하게 되고, 의식하게 되면서 고인과 심상으로 접촉하고, 고인과 일정한 범위 내에서 상관相關하게 된다. 따라서 재가 시행되는 날까지 항상 고인에 대한 심상은 유족들을 떠나지 않으며, 그 심상은 시간이 흘러가며 변화하게 된다. 유족들은 자연스럽게 고인에 대한 변화하는 심상에서의 지위를 의식하며 지내게 되는 것이다. 다시 말해 사십구재의 준비과정은 망자에 대한 심리적 접속이 끊어지지 않고 지속되고 있는 것을 말하며 그 상실을 애도하는 중에 7일을 주기로 반복하면서 49일째 되는 날에 다가갈수록 망자를 다시 만날 수 있다는 기대감을 갖게 된다.

반면에 망자를 맞이해야 하는가에 대한 혼란감, 두려움 등도 느낄 수 있을 것이며 미해결된 감정이 많은 관계에서는 그 감정을 마무리할 수 있다는 기대감, 다시 부딪쳐야 한다는 압박감과 망설임도 가질 수 있다. 증오의 감정을 가진 관계라면 분노의 감정도 다시 준비기간을 통해 떠올릴 수 있게 되어 부담감을 가질 수 있다. 또한 불보살이 관장하는 재에 대한 막중함은 망자를 떠나보내면 다시는 만날 수 없게 된다는 아쉬움으로 준비기간을 준비하며 지낼 수 있다. 준비기간은 사십구재의 계약 이후 재를 거행하는 당일 사찰에 도착하여 재가 시작되기 전까지의 기간이 된다.

시작단계

시작단계는 시련侍輦, 대령對靈, 관욕灌浴이 해당된다. 법당에서 대기하고 있는 유족들은 법주의 인사말과 준비설명을 들으며 의식의 과정에 본격적으로 인입引入되기 시작한다.

이 시간은 유족들에게 그들의 곁을 죽음으로 떠난 고인이 다시 그들이 있는 공간으로 들어오는 극적인 순간이다. 현세의 시간으로는 49일이지만 과거의 시간으로 가버려 더 이상 현세의 유족 곁에 머물 수 없었던 고인이 내도하여 유족들 곁으로 재림하면서 유족들의 심상에는 고인이 부활한다. 재가 거행되는 시간과 공간에는 긴

장성이 부여되고 재에 참석한 유족을 비롯한 참석자 개개인은 망자와의 관계에 따라 다양한 기억과 감정을 경험하게 된다.

　유족들은 이 단계에서 과거 망자와의 관계에서 가졌던 사연과 그에 얽힌 반가움, 슬픔, 그리움, 미움, 원망, 분노, 수치심, 죄책감, 갈등, 아쉬움, 걱정, 두려움, 불안함 등의 감정을 가지고 고인과 재회하게 된다. 이러한 감정들은 고인의 영가가 인로왕보살[14]의 인도하에 사찰이나 전각 내로 진입하고 대기하고 차를 대접받고 목욕을 하는 과정을 통하여 고인의 존재에 대한 심상에서의 형성이 점점 뚜렷해지며 이렇게 유족들의 심상에 확연히 형성되어 가는 고인의 존재는 유족들이 고인에게 가진 핵심 감정을 고양시키게 된다. 또한 사십구재 과정 중의 유족과 법주 그리고 고인 간에 흐르는 집단 감정은 개개인의 감정과는 별도로 일맥一脈을 형성하며 나타나게 되고 이를 통하여 유족과 고인의 영가는 그들에게 못 다한 애증 등에 관한 의사意思와 감정의 표현을 좀 더 용이하게 할 수 있는 기회를 제공한다.

　이와 같이 재를 통한 시간과 공간에서의 해결되지 않은 사안에 대한 의사와 감정의 표현은 매우 의미 깊은 것으로 사십구재의 이와 같은 재생되고 긴장성이 부여된 생생한 세팅setting은 유족들로 하여금 감정의 토출吐出을 매우 용이하게 한다. 또 이러한 의사와 감정의 진솔한 노출은 유족들의 사별의 슬픔을 정상적으로 후유증

---

14 죽은 이의 영(靈)을 접인(接引)하여 극락세계로 인도하는 보살. 일반적으로 관세음보살이나 지장보살을 말함.

이 없이 완화시킬 수 있으며 사별의 애도 과업을 효과적으로 촉진
시킨다.

중간단계

이 단계는 신중작법 · 지장청 · 관음시식 등으로 구성되어 영가를
위하여 호법신중護法神衆을 청하고, 불보살의 가피를 이끌어 영가들
을 위무하고 격려하며 구제하는 단계이다. 이 단계에서 유족들은
그들의 곁을 이미 떠났다 해후한 영가에 대한 애틋한 마음으로 고
인의 영가가 극락세계로 왕생할 수 있도록 기원하게 된다. 초기 단
계에서 재등장함으로써 다시 애착하게 된 고인의 영가에 대하여 유
족은 그들이 의례의 시간이 지나면 다시 갈 수밖에 없다는 혼란한
마음을 갖게 된다. 유족들은 슬픔, 분노, 아쉬움, 애틋함, 불안, 두
려움 등의 감정을 재경험하면서 감정적으로 격앙하게도 될 것이지
만 시간이 지나면서 유족들은 그 애착의 대상이 이제는 고인의 영
가로서 그 자리에 머무는 것을 깨닫게 된다. 유족들은 그들의 회한
의 심상을 일으키는 대상이 더 이상 현세에서는 존재할 수 없는 무
상無常한 존재임을 자각하게 되면서 시작단계에서 느꼈던 감정들이
누그러지게 되지만 한편으로는 여전히 애착하는 대상과의 별리에
대한 아쉬움과 영가의 저승에서의 앞날에 대한 불안과 걱정으로 불
보살에게 영가들의 안녕을 기원하는 과정에 적극 합류하게 된다.
유족들은 이승의 유족들의 적극적인 지원과 불보살에 대한 유족들
의 간청이 고인의 영가에게 그들이 안심하는 저승으로 갈 수 있는

힘을 준다고 믿기 때문이다.

이에 법주는 의식문 염송을 통해 불보살께 간청하고, 불보살의 위신력을 기대하며 참석한 유족들이 재의 절차에 참여하도록 재의 발원자를 호명하고, 참석자들에게 참배를 시키며, 영가에게 부처님의 법공양과 현세의 음식을 제공하며 위로한다. 앞의 시작단계는 결국 고인의 영가와의 만남의 장으로서 유족들이 고인 영가의 존재를 마음에서 받아들이고 인정하고 접속하게 하는 과정이다. 그러나 중간단계는 본격적인 행위를 위한 좀 더 적극적인 절차이며 유족들이 영가와 소통하게 하는 단계로 볼 수 있다. 이 소통에 의해서 사십구재의 목적을 이루게 되기 때문이다. 따라서 이 단계는 유족이 사별을 정상적으로 애도하고 극복하게 하는 중요한 단계이다.

종결단계

이 단계는 유족들이 아쉬운 마음으로 관음시식 등 고인의 영가를 대접하는 절차를 마감하고, 불보살의 가피를 받아 다시 힘을 얻은 고인의 영가가 평안한 마음으로 집착을 놓고 새로운 시공으로 갈 수 있도록 떠나보내는 단계이다. 유족들은 현세의 시간으로는 잠시지만 의식이 제공하는 고유의 동일한 시간과 장소에 공존하면서 영가를 다시 떠나보내는 과정을 함께 함으로써 망자의 죽음을 재확인하는 절차를 밟게 되는 것으로 이에 대한 확인을 그들이 남기고 간 공양물들을 마지막의 절차에 의해 태워 보내면서 다시 한 번 남아 있는 살아 돌아오기를 바라는 희미한 희망마저 정리하게 된다. 사십구재의 각 단계에서의 목표가 마지막 절차를 통하여 완성되는 것으로 볼 수 있다.

이 단계를 통해서 유족들은 고인의 죽음을 반복해서 인정하게 되고, 그에 따라 고인의 상실을 수용하고 결국에는 그들을 떠나보내는 행위를 통해서 고인의 영가와의 분리를 수용하게 된다.

이 단계는 유족들이 현세에 재 진입하게 하는 중요한 발판을 제공한다. 이 단계를 성공적으로 마친 유족들은 망자와의 정리되지 않은 감정들을 해소하게 되고 고인의 영가가 불보살의 위신력에 힘입어 안녕한 저승으로 귀속된다는 신념을 갖게 됨으로써 애착 대상과의 별리에 대한 안도의 감정을 획득할 수 있게 된다. 이 단계의 과정을 통하여 유족이 영가를 봉송하는 표현을 노출하도록 유도하면 혹시 해결하지 못한 잔여감정 등을 마지막으로 고인의 영가의 현존감에서 노출하게 됨으로써 더욱 애도의 과정을 정상적으로 유도할 수 있게 되어 미해결된 사별 슬픔으로 고통받지 않게 도울 수 있다.

사십구재의 유족의 사별 슬픔 치유 요인

위의 네 가지 단계를 통하여 사십구재는 유족에게 망자와 해결되지 않은 일에 대한 마무리를 할 수 있는 절호의 기회를 제공한다. 또한 유족들이 고인의 사후에도 여전히 애착하기 때문에 궁금해 하는 고인의 현재 모습과 지위에 대한 의구심을 해소시켜 주고 고인의 안위에 대한 걱정을 덜 수 있게 하는 기회인 것이다. 사십

구재라는 의식의 장場을 통한 유족과 고인과의 조우와 재의 절차
에 의한 소통과 해소는 유족들 중 일부가 빠질 수 있는 우울증 등
의 증상을 예방할 수 있는 불교의 사십구재가 가진 대단히 유용한
장점이다. 따라서 유족이 사십구재의 의식을 적절히 활용하게 하
여 망자와의 관계를 재형성시키고 그 형성된 관계를 최대한 유용
하게 활용하도록 하는 것은 매우 중요한 일이다.

이를 고려하여 유족에게 초점을 맞춘 사십구재는

① 유족들로 하여금 사별을 기정사실화하도록 도와주며

② 유족이 망자의 인생을 회상하며 자신들의 생각과 감정을 표현
하는 기회를 줄 수 있고

③ 고인이 죽은 후 짧은 시일 내 유족에게 근접한 사회적 지지 관
계망을 형성하게 하는 효과를 갖고 있으며 이러한 사회적 지
지는 사별 슬픔을 애도의 과업을 촉진하는 데 도움이 될 수 있
다는 장점으로 될 수 있다.[15]

이와 같이 의식의 틀을 활용한 과정을 통하여 적절한 사회적 지
지를 받으며 사별의 슬픔을 애도하는 것이 촉진된다면 유족은 자신
의 감정을 자각하고 경험함으로써 자연스럽게 사별의 상황을 수용
할 수 있게 된다. 유족은 자신을 보호하면서, 망자 없이 사회에 적
응하며 사별의 의미를 윤택한 것으로 받아들이게 됨으로써 자신이
원치 않는 정서를 사별 후의 변화된 위치에서 이상적인 것을 선택
하여 대치代置시킬 수 있게 된다.[16]

---

15 William Worden, *ibid*, p.55.

유족 집단 사별심리 치유 요인

사십구재를 구성하는 주요 요건의 하나는 대부분 유족들이 집단을 이루어야 한다는 것이다. 따라서 유족집단의 특징과 집단목표를 파악하고 그들의 역동과 집단이 유족을 치료하는 요인을 이해한다면 보다 성공적인 의식의 의미와 기능이 야기하는 효과에 대한 이해에 도달할 수 있다.

유족들이나 참석자들은 이 사십구재 집단의 일원으로 참석하면서 집단의 일원으로서 자연스럽게 고인의 입장이 되어 보기도 하고 각기 다른 유족이나 참석자로서의 입장과 고통의 감정을 느껴보게 된다. 또한 고인과의 관계에서 친소親疎 여부에 따라 참석자들이 노출하는 고인과의 사별로 인한 감정의 종류와 농도를 구별하여 감지할 수 있게 된다.

유족집단의 사별에 대한 반응은 사십구재 의식을 통하여 사회적인 성격의 것으로 받아들여지기도 한다. 따라서 유족들과 자연스럽게 함께 자리를 같이 해 주고 그들의 처지에 같이 머물러 주며 지지를 표시하는 사회적 배경은 유족집단의 사별의 애도 과정을 긍정적으로 촉진시킨다. 죽음이 망자와 특히 애착관계에 있던 사람들에게는 상당한 슬픔과 고통을 가져오지만 한 사람의 감정적 세계만 전체적으로 황폐해지는 경향은 드문데 개인의 슬픔은 집단 전체의 애도에 의해 정당함을 인정받게 되기 때문[17]이라는 이론이 이를 뒷받

---

16 William Worden, *ibid*, p.44.
17 Gere B.Fulton/ Eileen K. Metress, *ibid*, pp.358~361.

침할 수 있다.

따라서 사십구재 집단 내에서 다른 유족들이 나타내는 감정의 노출을 어떻게 정리하여 주는가는 다른 참석자들의 유족심리의 역동을 유도하게 된다. 사십구재 과정에서 유족들은 과거경험을 분석·논의·해석·재창조하고 무의식적 수준에서 작용하는 방어와 저항을 훈습하는 데 중점을 두게 된다.[18] 하지만 이렇게 촉발된 사십구재 중의 유족집단원으로서 심리 역동은 다음과 같은 치료적 요인을 유족집단에 제공할 수 있다.[19]

① 유족들은 집단 내에서 공고한 관계를 만들 수 있으며 이러한 관계는 안전하며 좋은 결과를 가져온다.

② 유족들은 유족을 비롯한 참석자들이나 법주에게서 감정의 전이를 느낄 수 있는 기회가 많이 있다. 참석자들에게 사십구재에서 역동하는 감정들이 훈습될 수 있고 그렇게 함으로써 유족으로서 자신에 대한 이해를 증진시킨다.

③ 유족들은 자신의 방어와 저항이 어떻게 작용하는지에 대해 좀 더 적극적인 통찰을 얻을 수 있다. 예를 들어 부모의 죽음에도 불구하고 이 과정을 통하여 슬픔을 느끼지 못한다면 자신과 고인과의 관계에 대한 통찰의 기회를 제공받게 되는 것이다.

④ 다른 유족들로부터도 피드백을 받을 수 있으므로 법주의 권위에 대한 의존성이 적어질 수 있다.

---

18 Gerald Corey 著, 조현춘 외 역 《집단심리상담의 이론과 실제》, (시스마프레스, 2005) 161쪽.
19 Gerald Corey, 위의 책, 161~162쪽.

⑤ 유족들은 다른 유족들의 태도를 관찰함으로써 자신도 의식하지 못했던 강한 감정을 가지고 있으며 표현할 수 있다는 것을 받아들이게 된다.

⑥ 사십구재의 환경은 자신의 감정구조에 대해 검토하도록 격려한다. 유족들은 다른 유족들이 고인에 대한 감정을 왜곡하는 방식에 직면하면 그들 자신의 저항과 왜곡에 집착하기는 어렵다. 더구나 다른 유족들이 자신과 동일한 갈등을 겪고 있음을 관찰하는 것은 방어를 약하게 할 수 있으며 자신이 혼자가 아니라는 것을 보여 준다. 저항은 개인적으로보다 집단에서 상호 노출과 탐색의 분위기 속에서 더 큰 수준으로 사라진다.

위의 개념에 부합된 사십구재가 적절히 기능하게 되면 사십구재의 목표 중 하나인 영가를 천도하는 목적을 달성하게 되는 것 외에 의식을 통해 집단원들은 고인과의 관계에서 각자 통과의례를 거친 새로운 지위를 부여받게 된다. 이는 유족집단의 구성원으로서 망자에 대한 사망의 수용에 완성도를 더하는 것으로 유족집단의 심리적 안정에 충족을 더하게 된다.

의식의 의미가 구현된 과정을 거치며 영가를 천도하는 유족들은 자비심과 이별을 앞둔 아쉬움 그리고 무엇인가 받고자 하는 기대감으로 채워지게 된다. 또한 유족, 법주, 망자는 한 집단을 이루어 마음을 주고받고 있다고 상상하게 되며 불보살의 가피 아래 죽은 자와 산 사람이 혼합된 집단의 장을 이루어 나가게 된다. 이와 같이 성공적으로 촉진된 유족집단의 감성은 아직도 생경하여 정리되지

않은 망자와의 정서적 관계성에서 망자와의 관계를 정리해 주고 거
상기간의 마무리를 용이하게 해 줄 수 있다.

유족의 사별 슬픔 치유 촉진

이제까지 보아온 것처럼 사십구재는 개인 및 집단을 심리적으
로 변화시키는 기제이다. 따라서 우리는 사십구재를 단순한 종교의
식으로 보는 관점을 넘어 사별로 어려움을 겪는 유족들을 사십구재
의식의 기제를 잘 활용하여 정상적으로 애도하게 하여 후유증 없이
조정된 현실로 안착하게 해야 할 것이다. 이를 위해서는 현재 운용
되고 있는 사십구재에 다음과 같은 점들을 보완한다면 보다 효과적
으로 유족의 애도를 촉진할 수 있을 것 같다.

법주 곧 집단 리더의 중요성과 역할 전문성 확보

사십구재에 임하는 유족집단의 심리적 역동의 수준은 개인의 차
원에서 전체 집단의 차원까지 다양하다. 따라서 법주는 사십구재의
의미와 그에 부합되는 운용에 숙달되어야 한다. 법주는 개인과 집
단의 특성을 알고 있어야 하고 그 특성을 반영하여 유연하게 재의
역할의 범위를 확대, 축소, 유지, 심화시켜 가며 중심을 놓치지 않
으면서 세밀하게 운용하는 방법 등에도 숙달되어야 한다. 예를 들

어 상주들이 가지고 있는 슬픔, 분노, 죄책감, 불안, 두려움 등의 다양한 감정 중 어느 부분에 초점을 맞출 것인가를 판별할 수 있어야 어느 부분을 집단 전체에 확대 적용시킬 것인지 개인에 국한시킬 것인지를 판단하여 적용할 수 있는 것이다.

이는 다양한 성격의 망자와 죽음의 종류와 성격, 유족 개개인과 집단의 종류를 고려하여야 준비단계에서부터 안내나 진행과정 그리고 법문, 운용 방법, 유족의 참여 내용 등에 반영할 수 있다. 이러한 반영은 유족들의 사별 슬픔이 해소될 수 있는 치유 과정에 도움이 될 수 있으므로 유족집단을 이끄는 법주의 역할은 중차대하며 사십구재의 목표의 달성 여부가 달려 있다.

이와 같은 목표 달성을 위해서는 집단을 운영하는 법주의 전문성은 유족들의 통합을 이끌어 내기 위해 가장 필수적이고 중요한 것이기 때문에 아무리 강조해도 지나치지 않는다. 그를 위해서는 유족집단에게 사십구재의 진행 과정상 유족들에게 의식의 주인공으로서 초점화해 주는 영역을 지금까지의 방식과는 다른 관점을 적용하는 것이 좋을 듯하다. 예를 들어 현대 집단 상담과 집단 치료 기법을 적용한다면 법주는 유족집단으로 이끌어 가면서 개인적인 참여, 개인적인 힘, 독려, 자발적인 자기대면, 상실성과 진실성, 자아 정체감을 자각하게 하여[20] 망자를 포함한 유족집단을 효과적으로 목표에 접근시키기 위해 적정한 과정을 유도할 수 있다.

사십구재에 이를 적용해 본다면 법주는 유족집단이 7재를 치른

---

20 Gerald Corey 著, 앞의 책, 60~62쪽.

구성이거나 7재를 거치지 않은 막재만을 거행하는 집단이라 해도 재의 절차를 시작하기 전에 약 5~10분에 걸쳐 다음과 같은 사항에 대해 사전에 오리엔테이션을 하여 유족집단을 부드럽게 의식에 진입시키고 유족들이 전 과정에 적극적으로 참여할 수 있게 하는 준비 작업을 거친다면 재를 지내는 목표를 달성하게 하는 데 용이하게 할 것이다. 그를 위해서 법주는 집단의 ① 목적의 명확화 ② 법주, 망자 및 유족 소개 ③ 의식 활동 내용 설명 ④ 규칙 설명하기 ⑤ 시간 사용 계획 ⑥ 의식이 종료된 후 경험 나누기 등의 순서를 체계화하여 설명해 주는 것이 필요하다. 목적의 명확화는 집단이 추구하는 결과에 영향을 미치는 가장 중요한 요소 중 하나이다. 이것은 또한 유족집단 성격과 운영에 대한 법주의 가늠, 집단구성원 간의 연대감 형성, 주제·역동·긴장의 수준 그리고 법주의 역할에 영향을 받게 마련이다.[21]

유족집단의 목표 설정과 자각

사십구재 의식은 그 추구하는 목적을 달성하기 위하여 세밀한 배려가 전체 집단원에게 있어야 한다. 사십구재 집단은 여러 가지 목적을 위해 개입할 수 있게 되는데 종교적인 것과 교육적인 것, 심리적인 것, 문화적인 것 등을 들 수 있다. 종교적인 것이라면 망자를 불보살의 가피로 왕생극락하게 하는 것이며 아울러 유족들이 그 공

---

21 Ed E Jacobs, 《집단상담 전략과 기술》 김춘경 역, (시그마프레스, 2006) 75쪽.

덕을 받는다는 기대감을 가질 수 있고, 심리적인 것으로는 망자와의 관계에서 남아 있는 각 개인별로 다양한 감정들인 슬픔·애린愛隣·분노憤怒·공포恐怖·죄책감罪責感·안타까움·좌절감·단절감·유기감 등의 감정을 해소할 수 있는 기회를 마련하는 것, 문화적인 것이라면 효 사상에 입각한 조상숭배의 관념에 관한 목표일 수도 있다. 따라서 집단의 특색에 맞추어 집단의 목표가 결정되어야 하며 이에 따른 유족집단에 대한 치유 목표가 적정히 조정되어야 한다.

한글 의식문 사용

한문으로 진행되는 사십구재에 참석해 보면 유족과 고인과의 관계를 거의 중재하지 못하는 듯하다.[22] 물론 법주가 주도 운영하는 의식이지만 이 의식은 법주, 고인, 유족이 같은 공간에서 무수한 비언어적인 메시지를 교환하면서 진행되는 매우 예민한 집단 상담과 치료의 역할을 수행하는 것이다.

따라서 이렇게 민감하고 다시 복원할 수 없는 일회성 심리역동이 격심한 집단에서 유족이 망자나 법주, 그리고 다른 유족에게 자신의 메시지를 정확하게 전달하는 것은 다른 어떤 불교의 의식보다 중요하다. 우란분재나 수륙재, 예수재와 달리 일회성이며 재생이

---

22 구미래, 〈사십구재의 의례체계와 의례주체들의 죽음 인식〉(안동대학교, 2005) 196~197쪽.

불가능한 의식이기 때문이다. 따라서 등단한 영가에게 법주는 그렇다 치더라도 유족이 자신의 메시지를 분명히 전할 수 있게 해야 하는 것은 지극히 당연한 일이다. 그 메시지는 언어가 나타내는 내용에 그 중요성이 있지만 유족들의 감정을 전달해 주는 것이다. 그러나 아직도 대부분의 많은 의식들이 한문으로 된 의식문으로 진행되고 있다. 영혼이 사람보다 더 신통하기 때문에 우리가 알아듣지 못하는 내용도 모두 알아듣는다는 말로 사십구재의 주인공 중 하나인 유족들이 재의 흐름에 함입할 수 있는 공감과 표출의 기회를 적절히 배려 받지 못하는 것은 모순이다.

따라서 한글 의식문을 사용한 사십구재 의식 내의 걸림 없는 의사소통은 재의 진행상 막중한 것으로 원활한 의사소통이 일어나지 않을 경우 집단원들의 자발적인 참여를 기대하는 것은 불가능하며 그로 인한 감정적 전이 등도 쉽지 않아 집단이 필요한 감정과 의사소통이 적절히 일어날 수 없다. 물론 집단원 간의 교류도 활발히 일어날 수가 없으며 집단원들을 이끌어 심리 역동의 중심으로 초점화하는 것도 힘들어진다. 그러므로 유족을 사십구재 집단의 중요한 한 축으로 참여시키기 위해서는 한글 의식문 사용이 선행돼야 한다.

유족 참여 확대

죽음에는 예기된 죽음이나 교통사고사, 사고사, 자살 등과 같이 예기치 못했던 죽음이 있다. 이 중 돌연사의 경우 유족은 고인과 정리되지 않은 복잡한 감정들을 가지고 있을 수 있다. 이러한 감정들

은 언어 등을 이용한 적절한 표출로 발산의 기회를 갖지 못하면 복
잡한 사별 슬픔의 유형 곧 우울증과 같은 정신장애의 유형으로 변
형될 위험성이 있다. 따라서 시의적절한 방법을 통한 기회를 갖는
것이 중요하다.

또한 집단에서 유족 한 사람의 감정의 표현은 다른 참가자들에게
쉽게 전이된다. 따라서 유족집단 내에서 애도 감정의 표현은 순기
능적 감정 전이를 일으킬 수 있으며 집단을 짧은 시간에 통합된 감
정에 이르게 할 수 있다. 이것이 곧 사십구재라는 시간과 공간이 설
립된 목적 중 하나이며 이를 통해 유족과 고인은 진정한 만남을 이
루게 되고 융합되게 된다.

이러한 융합은 유족의 억압된 감정들을 처리하게 함으로써 가능
해지며 결과적으로 사별 슬픔을 적절히 해소하도록 촉진한다. 그러
므로 유족의 심리 치료에 사용되는 다음과 같은 방법들이 적절하게
시행된다면 사십구재의 목적을 달성하는 데 큰 도움이 될 수 있을
것 같다. 하지만 다음과 같은 방법들은 재의 목적이나 안정성을 방
해하지 않는 범위 내에서 운용하는 것이 중요하다. 격렬한 감정의
표출은 사전에 엄격히 조정되어야 할 것이다. 즉 유족과의 사전 협
의나 교감을 통하여 법주의 적절한 기획이 필요하다.

① 사십구재 참여자 소개하기

사람이 다른 사람과 만날 때는 말과 행동으로 인사를 하며 자신
의 존재를 알리고 상대의 존재를 인정함으로써 소통할 수 있는 발
판을 마련한다. 그러나 아직까지 사십구재의 과정에서 유족들로 하

여금 자신을 소개하며 집단의 일원으로 시작할 기회가 있는 운영 방법은 많지 않다.

참석한 유족들이 집단 내에서 자신을 소개하는 시간은 법주에 의해 재의 초기에 집단 상담의 운용방법에서처럼 적절히 만들어져야 한다. 이러한 부분은 여태까지 해오던 대로 묵묵히 절을 하거나 맏상주 ○○○복위라고 상주의 이름만 의식 중에 불리어진다면 참석자들은 자신이 이 의식에 참여하는 일원으로 적정히 인정받고 있는지, 자신이 이 재를 통해 고인과 만나도 되는 것인지, 고인에게 본인이 참석을 신고하여 본인이 참석하고 있는 것을 고인이 혹시 알고나 있는지 등의 의구심과 혼란을 느끼게 되므로 재에 심리적으로 안착하고 동참할 수 있는 기반이 마련되지 못한다.

재의 장에서 자신을 소개하는 것은 다른 유족집단원에게 자신의 존재를 알리는 것뿐 아니라 법주, 그리고 고인의 영가에게도 자신의 임재臨在를 선언하는 것이다. 고인에게 유족을 소개하는 시간을 갖는 것은 살아 있을 때의 지위에서 변화된 지위에 있는 고인과 참석자들 간의 새로운 위치에서의 소통을 시작하게 할 뿐 아니라 법주와 유족을 비롯한 전체 참석자들 간의 소통을 시작하게 하는 것이다. 그러므로 '소개하기'는 사십구재를 진행하는 전체 참석자들 간의 소통도 더욱 긴밀하게 이루어지게 할 수 있다.

사십구재의 과정에서 평소 고인과 가까운 관계의 유족들이 고인과 꼭 해후하고 싶은 마음이 있다면 그들에게 재의 일원으로서 당당히 자신의 존재와 감정을 노출할 수 있는 발판을 제공하지 않는 운용방법을 더욱 안타깝게 느낄 수 있다. 따라서 이 소개하기는 어

떤 면에서 사십구재의 원활한 시작을 구동시키는 중요한 기제로 볼
수 있다.

② 편지읽기

망자의 생존 시 해결했어야 했던 일들, 해소됐어야 할 감정들, 이
러한 일들을 임종 전에 표현하고 해소할 수 있었다면 얼마나 다행
스러운 일일까? 하지만 그런 기회를 놓쳤다면 필시 사후에도 그에
대한 아쉬운 감정은 남아 있게 된다. 해결되지 못하고 남아 있는 감
정들은 상·장례나 사십구재라는 공적인 의례를 통하여 표현될 기
회가 부여된다. 재는 이러한 표현이 당당하게 허용되는 기회를 제
공하기 때문이다. 더욱이 자살, 교통사고, 사고, 피살 등으로 돌연
사를 당한 유족들에게는 정리하지 못한 죄책감, 분노 등의 감정을
표현할 기회가 마땅치 않다.

사십구재는 고인을 공식적으로 생생하게 만날 수 있는 기회이
다. 사십구재에 앞서 고인과의 조우에 대비하여 유족들이 자신들의
감정을 미리 정리하여 편지 등을 준비하게 하여 사십구재의 장에서
표현하게 한다면 감정을 표현하는 과정은 물론 그를 준비하는 과정
의 심리역동으로 내밀하고 세밀한 잔여 감정을 정리할 수 있게 한
다. 법주는 이를 위해 세밀하고 내밀한 정도의 내용과 표현을 위하
여 유족들과 의논하는 기회를 가져야 한다. 그 과정에서는 사용 가
능한 시간, 노출의 정도, 표현의 방법 등을 협의하여 유족이 편지읽
기, 말하기 등을 통해 자신의 심상을 고인의 영가에게 표현할 기회
를 줄 수 있도록 하여야 한다.

③ 빈 의자에 위패 올려놓기

이미 시련, 대령, 관욕을 통하여 심리적으로 형성된 고인의 이미지는 망자의 위패로 상징된다. 더욱이 그 위패를 의자에 올려놓는 행위는 유족의 심상에 자리 잡고 있는 고인을 고인이 좌정한 모습으로 투사함으로써 유족들의 마음에 확연히 자리 잡게 된다. 그럼으로써 유족들은 의자에 고인이 좌정하고 있는 모습을 통해 고인을 현세에서 생생하게 만나고 있다고 여겨지게 된다. 이와 같은 구도는 망자가 같은 시간과 공간에 함께 존재한다는 느낌을 주며 해후의 기쁨과 고인의 안녕을 확신하며 안도감을 주게 된다.

망자와 유족 사이에 남아 있는 복잡한 감정을 해소하기 위해서는 망자에 대해 간접적으로 얘기하는 것보다 현재 시제時制로 직접 이야기하는 것이 매우 중요하다.[23] 사십구재의 현장에서 유족들로 하여금 망자에 대한 생각이나 감정을 토로할 기회를 주게 되면 유족에게는 어떤 식으로든 감정의 변화가 일어나는 효과를 보게 된다. 게다가 개인에게 일어난 감정적 변화는 다른 참석자들에게 전이되어 집단의 역동을 쉽게 일으킬 수 있게 되고 다시 그 전이를 받게 되어 전체 집단이 역동에 휩쓸릴 수 있는, 사십구재의 목표 달성을 촉진한다.

그러나 법주는 재의 엄숙성을 유지하는 데 주의하여야 하고 정신분열증이나 경계선 인격 장애 등의 증상이 있는 사람에게는 이러한 기회를 제공하는 것은 충분히 주의하며 고려되어야 한다.[24]

---

23 William Worden, *ibid*, p.112.

④ 좋은 작별하기

　종결 과정을 성공적으로 마무리하는 것은 시작을 잘 하는 것과 더불어 매우 중요하다. 마무리는 불보살의 가피加被로 저승으로 떠나가는 영가에게도 중요하지만, 보내는 유족과 참석자들에게도 어떠한 이별을 재경험하게 하는가를 결정하게 하므로 매우 중요한 과정이다. 예를 들어 교통사고로 갑자기 사망한 고인의 유족들은 그 죽음을 둘러싼 사고에 관한 힘든 상상과 기억들을 가지게 된다. 그러한 힘든 상상과 기억들은 사십구재의 절차를 통해 고인의 영가를 다시 만나 그를 목욕시키고, 옷을 새로 입혀 주고, 먹여주고, 최종적으로는 불보살의 품에 안기게 함으로써 유족의 심리에서 재생再生시키고 단장시켜 편안한 모습에 대한 상상을 기억으로 하여 다시 저승으로 보낼 수 있게 된다. 이렇게 개선되고 장엄되어 떠나는 영가의 모습을 유족들이 재경험함으로써 망자에 대해 느끼는 죄책감, 불쌍함, 두려움과 같은 힘든 감정들은 변화되고 완화될 수 있다. 이러한 마지막 작별의 과정과 마무리하는 과정은 유족들의 사별에 대한 애도과정을 정상적인 것으로 유도할 수 있다.

　유족들에게 영가들이 이승에서 저승으로 다시 떠나게 된다는 사실은 마지막 과정인 봉송의식을 통해서 확인된다. 그러나 고인의 영가를 유족들이 마음으로 떠나보내는 것은 유족들이 영가에게 작별인사를 언어나 절을 하는 몸짓으로 표현함으로써 더욱 심도 있게 유족 스스로에게 각인시킬 수 있다. 따라서 봉송하기 전에 마지막

---

24 William Worden, *ibid*, p.112.

염불을 하는 시간에 참석자 개개인이 위패 앞에서 각자의 작별인사를 언어 혹은 몸짓 등의 비언어적 의사표시로 나름대로 충분히 할 수 있는 기회를 반복적으로 주는 것도 고려해야 한다. 유족들이 스스로 망자에게 작별 인사를 하는 동작은 유족이 망자의 죽음을 인정하고, 망자가 그들 곁을 떠나간다는 사실을 확인하는 것으로서 흔히 망자의 죽음을 인정하지 못하고 애착하는 유족의 심리를 정리하고 현실로 복귀하도록 도움을 줄 것이다.

맺는말

사십구재의 과정을 보면 죽었던 영가가 다시 우리의 곁으로 왔다가 또 다시 떠나감을 알 수 있다. 이를 통해 생과 사의 구별이 없는 윤회세계를 여실히 보여 준다. 우리는 사십구재라는 의식의 틀을 통하여 중유의 삶으로 전변한 영가들을 만날 수 있다. 그 만남이 불보살의 주선으로 이루어진 것이지만 아직도 많은 불자 유족들이 사십구재에 참석하며 갖는 아쉬움은 적지 않다.

사십구재는 유족들과 망자 사이에 공유했던 과거의 사건들을 재齋의 시공時空으로 끌어와 매듭을 풀고 화해와 통합을 이끌어 내는 망자와 유족 간의 본능적인 영합일 수 있다. 그럼으로써 망자는 이승의 애착을 풀고 업을 소멸하여 상승上乘의 과보果報를 기대하게 되며 유족들도 재齋를 올린 공덕에 대한 보상인 안심安心의 기대를 갖게 되는 것이다.

《지장보살본원경地藏菩薩本願經》〈이익존망품利益存亡品〉에서 보듯이 "또한 만약 그가 죽은 뒤 49일 안에 가족들이 여러 가지 공덕을 지어 주면 그 사람은 영원히 악도를 여의고 인간과 천상에 태어나서 뛰어나고 묘한 즐거움을 받을 것이며 현재의 가족들도 한량없는 이익을 받을 것입니다"[25]라고 하여 망자를 위해 여러 가지 공덕을 짓는 결과만을 바라볼 것이 아니라 그 공덕을 짓게 되는 과정에 진입하는 유족들의 자비를 통하여 망자와 유족 간의 폐쇄된 마음이 아닌 소통의 길이 열리는 것도 알 수 있다.

유족들이 망자를 위한 자비의 방편을 베풀기 위해서는 기본적으로 해결되지 않은 원망이나 부정적인 감정보다는 망자를 저승이나 극락으로 보내겠다는 자비로운 태세에 기반을 두고 있어야 가능하다.

"만일 정성을 다하여 깨끗하게 만든 음식을 갖추어 부처님과 스님들께 올리면 죽은 사람은 그 공덕의 칠분의 일을 얻을 것입니다. 그러므로 장자여, 염부제 중생이 목숨을 마친 부모나 가족들을 위하여 재를 베풀어 공양하되 지극한 마음으로 정성을 다하면 산 사람도 죽은 사람도 모두 다 이익을 얻게 될 것입니다"[26]라는 경의 말씀처럼 사람이 죽은 후에 다른 사람들이 그를 위해 아무리 열심히

---

25 《地藏菩薩本願經》〈利益存亡品〉卷第13 (大正藏, 412a쪽).
　"若能更爲身死之後七七日內廣造衆善. 能使是諸衆生永離惡趣. 得生人天 受勝妙樂 現在眷屬利益無量."
26 《地藏菩薩本願經》卷第7 〈利益存亡品〉(大正藏, 13 412a쪽).
　"如精勤護淨奉獻佛僧. 是命終人七分獲一. 是故長者閻浮衆生. 若能爲其父母乃至眷屬. 命終之後設齋供養志心勤 懇 如是之人存亡獲利."

기도하고 재를 성대하게 지내 주어 그 사람의 사후의 안녕을 기원한다 할지라도 그 공덕은 실제 재를 지내는 당사자에게 더 많이 돌아간다고 하였다.

결국 사십구재는 망자를 위한 '재'라기보다는 산 자인 유족들을 위한 '재'라고 해도 과언이 아니다. 따라서 유족들은 사십구재라는 틀 내의 주인공의 하나로서 엄연히 초점화되어야 하고 그들의 망자에 대한 감정을 확연히 드러내어 마지막으로 만날 수 있는 기회를 최대한으로 유용하게 사용할 수 있어야 한다.

사람들은 사십구재의 의식문을 통해 누세累世에 걸친 수많은 부모, 형제, 종친 등 일체 유연열위 영가有緣列位 靈駕 등과 유주무주 고혼孤魂들이 사십구재의 인연 공덕으로 불보살들의 가피력을 입어 왕생극락할 수 있도록 반복해서 거양擧揚하고 축원한다. 그러나 망자들로 하여금 염불과 법문을 듣고 회심하여 깨달음의 세계로 나아가게 하려고 한다면 우리는 망자들이 사십구재의 장場에서 대면하는 이승의 대상들과의 관계에 대해서도 더욱 주목해야 한다. 망자들의 대상인 유족들은 망자들과 애착, 원증, 갈망, 분노, 죄책감, 공포, 두려움 등의 정리되지 않은 감정으로 대면할 수 있다.

망자들의 회심回心은 부처님의 가피와 법문을 통해서만 비롯되는 것은 아니다. 망자의 마음은 갈등의 대상인 유족이 변화되고 진솔한 마음을 보임으로써도 감동할 수 있게 될 것이다. 그러한 감동이 변화를 촉발함으로써 해결되지 못한 사연과 그에 따른 마음들이 정리되어 더욱 천도가 용이하게 촉진될 수 있을 것이다. 따라서 이를 통해 우리는 법주, 망자 그리고 유족이 포함된 집단의 다양한 대상

관계가 전체 집단의 통합성에 보다 중요한 변수로 작용하고 있다는 것을 알 수 있다.

따라서 앞으로 법주는 유족들이 영가들과 가일층 원활한 의사소통을 나눌 수 있는 방법과 방편들을 사용함으로써 유족들이 재에 적극적으로 참여할 수 있도록 배려하며 집단을 운영하는 것이 중요할 듯하다. 이러한 체계 하에서 유족들은 망자와 보다 깊게 만날 수 있을 것이다. 또한 그것은 억압하였거나 외면하였던 자신과의 만남을 촉진하는 것이 될 것을 말하는 것이며 이러한 자신과의 참만남을 이룬 연후에 유족은 망자와의 진정한 만남을 이룰 수 있게 되는 것을 말한다.

이러한 진정한 상봉이 이루어진 후에야 자연스러운 분리의 순간이 고통 없이 도래하게 될 것이며, 망자나 유족들이 각자의 본연의 세계인 자신들의 시간으로 복귀할 수 있을 것이다.

불교여성개발원 Well-Dying 운동본부 설립에 임하여

인간은 누구나 존엄성을 가진 존재로 그 존엄성을 존중받아야 한다. 따라서 누구나 품위 있는 죽음을 맞이할 권리가 있다. 이것이 웰다잉 운동 본부를 발족한 이유이다.

홀로 비참한 죽음을 맞이하는 독거노인을 보며 그들도 이웃의 따뜻한 배웅을 받으며 떠날 수는 없을까? 회복될 가망이 없음에도 불구하고 마지막 순간까지 병원에서 고통을 받으며 두려움 속에 가는 환자를 보며 그들이 가족들과 좀 더 편안한 이별을 할 수는 없을까? 피하고 도망하다 어쩔 수 없이 당하는 죽음이 아니라 스스로 준비하고 성숙된 죽음을 맞이할 수는 없을까?

우리는 누구나 죽는다는 사실을 알면서도 철저하게 외면하며 살다가 어느 날 갑자기 본인이나 가족에게 일이 닥치면 어떻게 해야 할지 몰라 당황하고 고통스러워한다. 이런 고통들을 미리 예방하고 편안하고 품위 있게 임종을 맞이하고 또 보내드릴 수 있도록 하자는 것이 웰다잉 운동 본부의 설립취지이다.

잘 사는 것 못지않게 잘 죽는 것도 중요하다. 왜냐하면 죽음은 끝이 아니라 새로운 시작을 의미하며, 삶과 죽음은 궁극적으로 하나이기 때문이다. 이러한 깨달음을 통해 생로병사로부터 해탈의 길을 제시하신 부처님의 가르침을 따라 누구나 생로병사의 고통으로부터 벗어날 수 있는 운동을 펼치고자 한다. 그리고 그 방법에 있어서는 불교라는 종교적 틀에서 벗어나 대중들에게 친근하게 다가갈 수 있는 문화운동으로 접근하고자 한다.

이에 불교여성개발원에서는 웰다잉 문화운동을 통하여 생사일여라는 불교적 생사관과 다양한 명상 전통을 바탕으로 현대인의 문화적 감수성에 울림을 주는 프로그램을 개발하고자 한다. 특히 우리 사회의 경직되고 경쟁적인 문화에서 오는 피로를 풀어 주고 본인과 가족들이 여유 있고 품위 있는 죽음을 맞이할 수 있도록 새로운 문화운동을 벌이고자 한다.

이러한 문화운동을 통해 우리 사회의 깨어진 공동체성을 회복하고 서로의 마음의 장벽을 허물고, 상처를 치유하며, 차별 없이 평등하고 행복한 사회를 만드는 데 기여하고자 한다.

이제 복지도 문화복지의 시대다. 도움을 주는 자와 받는 자가 정해져 있지 않고 누구나 도움을 주고받을 수 있는 문화를 만드는 것, 물질적 지원뿐만 아니라 진솔한 마음을 나누는 것, 이것이 문화복지다. 웰다잉 문화운동은 일방적인 지원이 아닌 공동체성의 회복을 통한 상호 소통과 순환이라는 문화 복지의 모델을 창출할 것이다.